IMAGES
of America

Rochester's Latino Community
Bilingual Edition

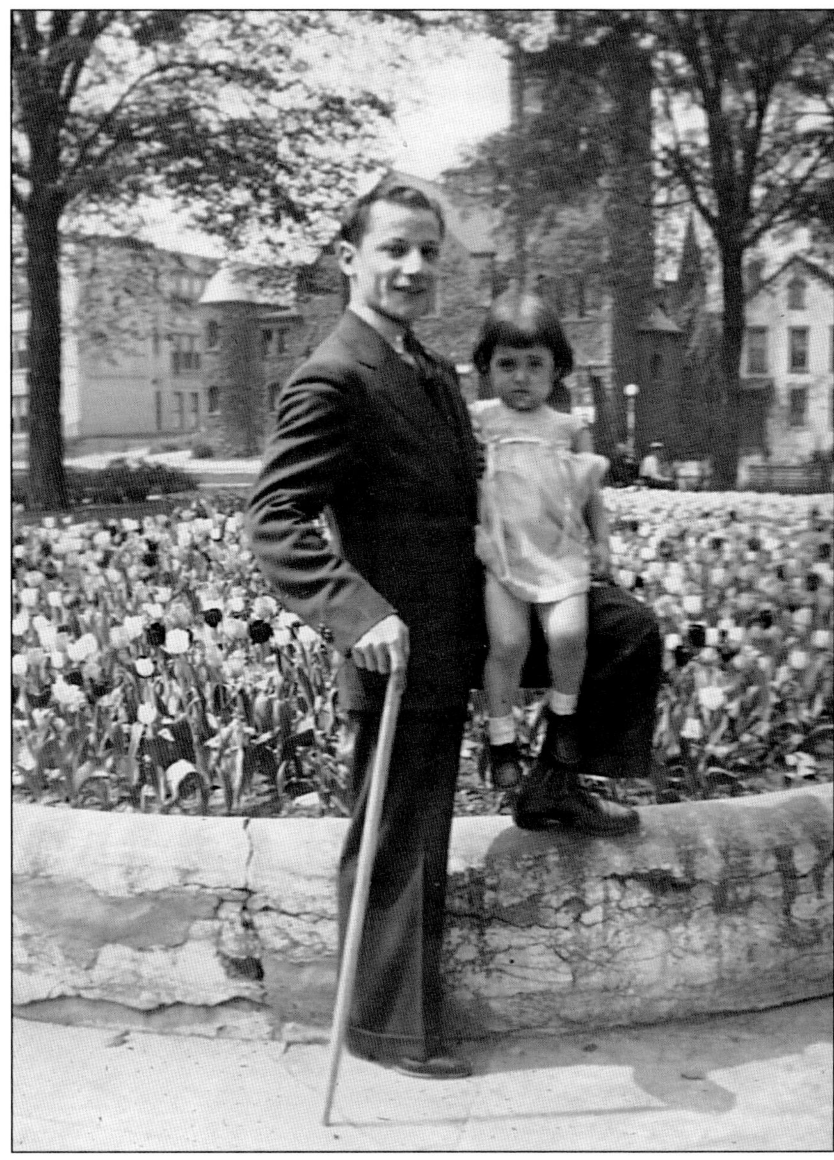

Octavio "Carlos" Lopez was one of the first Puerto Ricans to make Rochester his home. The Lopez family arrived in the mid-1920s. In this 1936 photograph, Lopez and his niece Rita Lopez enjoy the tulips in Corn Hill on what is now Frederick Douglass Circle. (Doreen Lopez.)
Octavio "Carlos" López fue uno de los primeros puertorriqueños en hacer de Rochester su hogar. La familia López llegó a mediados de 1920. En esta fotografía de 1936, López y su sobrina Rita López disfrutan de los tulipanes en Corn Hill en lo que hoy es el Círculo Frederick Douglass.

On the Cover: In the heart of one of Rochester's original Latino neighborhoods, the children of two pioneering families, Ivette Diaz and Roberto Salgado, were wed on November 14, 1959, at St. Bridget's Parish. (Ivette Salgado.)
En la portada: En el corazón de uno de los barrios latinos originales de Rochester, los hijos de dos familias pioneras, Ivette Díaz y Roberto Salgado, se casaron el 14 de noviembre de 1959, en la parroquia de Santa Brígida.

IMAGES of America

Rochester's Latino Community

Bilingual Edition

Julio Saenz

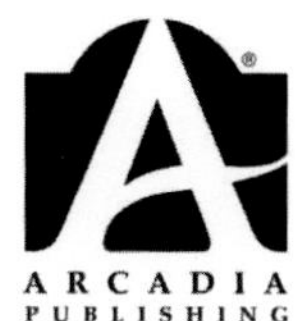

ISBN 978-0-7385-7510-0

Published by Arcadia Publishing
Charleston, South Carolina

Printed in the United States of America

Library of Congress Control Number: 2010940120

For all general information, please contact Arcadia Publishing:
Telephone 843-853-2070
Fax 843-853-0044
E-mail sales@arcadiapublishing.com
For customer service and orders:
Toll-Free 1-888-313-2665

Visit us on the Internet at www.arcadiapublishing.com

This book is dedicated to my mother and all my Saenz, Lora, and La'Boy family.

Este libro está dedicado a mi madre y a toda mi familia Saenz, Lora y La'Boy.

Contents
Tabla de Contenido

Acknowledgments

I want to thank the dozens and dozens of local families who opened up their treasured family photo albums and provided the images and stories that where woven into this book, the Ibero-American Action League for the use of their archives, publisher Michael Kane and editor/vice president of news Karen Magnuson with the *Democrat and Chronicle* who generously granted me permission to reproduce images from the newspaper's archives, and Ira Srole for providing images from the City of Rochester archives and his own personal collection.

I also wish to thank my editor at Arcadia Publishing, Rebekah Mower, for her guidance and support in completing this book.

Finally, thank you to the pioneers who built this community and all the people of the greater Rochester area who have always welcomed newcomers and made them feel at home.

Agradecimientos

Quiero dar las gracias a las tantas familias locales que abrieron sus álbumes de fotos familiares queridos y compartieron las imágines y las historias que fueron entretejidas en este libro, la organización Ibero-American Action League por el uso de sus archivos, editor Michael Kane y editor/vicepresidente de noticias Karen Magnuson del *Democrat and Chronicle* quien generosamente me concedió el permiso para reproducir imágines de los archivos del periódico, e Ira Srole por proporcionar imágines de la ciudad de Rochester y archivos de su colección personal.

También quiero agradecer a mi editor de Arcadia Publishing, Rebeca Segadora, por su orientación y apoyo en la realización de este libro.

Por último, gracias a los pioneros que construyeron esta comunidad y todo el pueblo del área de Rochester, que siempre dio la bienvenida a los recién llegados y les hizo sentir como en casa.

Photo credit abbreviations/Abreviaturas de foto-créditos:

Doreen Lopez–DL
Ivette Salgado–IL
Ibero-American Action League–IA
Padilla family–PF
Hector Arguinzoni–HA
Perez family–PZF
Margie Maneiro Crespo–MMC
Gladys Pedraza Burgos–GPB
Victor Burgos–VB
Felicita Mitrano–FM
Rose Mary Villarubia–RMV
City of Rochester–ROC
Democrat and Chronicle–D&C
Julio Vazquez–JV
Roberto Burgos–RB
John Rodriguez–JR
Edwin A. Rivera–ER
Emilio Serrano–ES
Campos family–CF
Pedro Nuñez–PN
Guzman family–GF
Rosa Martinez–RM
Shamilah Mendez–SM
Ortiz family–OF
Ira Srole–IS
Rochester Museum and Science Center–RMSC
Luisa Barrs–LB
Eastman Kodak–EK
Jackie Ortiz–JO
Ricardo Figueroa–RF
Rochester Community Baseball–RCB

Introduction

The seeds of the Rochester region's Latino community can be found in the 1890s with the arrival of Eastman Kodak executive and George Eastman confidant Domingo Delgado. The community began to take root in the 1940s when migrant laborers from Puerto Rico were recruited to work the region's many farms. Latino culture and identity truly came into its own when many of its cultural, religious, and political institutions began to blossom in the 1960s. This book will cover the arrival, growth, and transformation of this important demographic in the Rochester region.

From its simple beginnings, the community has grown into a vibrant area with over a billion dollars a year in combined purchasing power. This economic upward mobility has changed what were once the core Latino neighborhoods. Many Latinos now live in every suburb and town in Monroe County, and beyond, and work in every professional field imaginable. This transcendence, along with the passing of many pioneers, makes this a crucial time to compile the history of Rochester's Latino community into a book for the first time.

This book of historical photographs records the faces and stories of the people who made all of this possible. Most of the photographs in *Rochester's Latino History* are from private family collections and have never been published or shared with the public. Outsiders often marvel at the family-like feel of Rochester's Latino community, and in many ways, this is a family album of its achievements and milestones.

Introducción

Los origenes de la comunidad Latina de Rochester se pueden encontrar en el año 1890 con la llegada del ejecutivo de Eastman Kodak y confidente de George Eastman, Domingo Delgado. La comunidad comenzó a echar raíces alrededor de 1940 cuando los trabajadores migrantes procedentes de Puerto Rico fueron reclutados para trabajar en granjas de la región. La cultura latina y su identidad realmente se manifestó cuando muchas de sus instituciones religiosas, políticas y culturales comenzaron a florecer en 1960. Este libro cubrirá la llegada, el crecimiento y la transformación de este importante grupo demográfico en la región de Rochester.

Desde sus humildes comienzos, la comunidad ha crecido hasta convertirse en una zona muy dinámica, con más de mil millones de dólares al año en el poder adquisitivo combinado. Este ascenso económico ha cambiado lo que antes eran el núcleo de los barrios Latinos. Muchos Latinos viven en cada barrio y pueblo en el condado de Monroe, y más allá, y trabajan en todas los profesiones imaginables del campo. Esta trascendencia, junto con el paso de muchos pioneros, hacen de este un momento crucial para compilar la historia de la comunidad Latina de Rochester en un libro por primera vez.

Este libro es de fotografías históricas registros de los rostros y las historias de la gente que hizo posible todo esto. La mayoría de las fotografías de *La Historia Latina de Rochester* son de las coleciones privadas de familias y nunca se han publicado o compartido con el público. Los forasteros a menudo se maravillan con el ambiente familiar de la comunidad Latina de Rochester, y de muchas maneras, se trata de un álbum familiar de sus logros y éxitos.

One
Uno

The Pioneers

Los Pioneros

Latinos may have lived in Rochester before the 1890s, but the earliest Eastman Kodak documentation shows that Puerto Rican Domingo Delgado began to work for the company in 1897, establishing their non-European export markets.

Other Latinos continued to arrive, like the Lopez brothers who emigrated from Puerto Rico in the 1920s. They settled in the old Dutchtown neighborhood of Rochester.

Many employment agencies recruited agricultural workers from Puerto Rico's countryside to come work in the area's many farms. Eventually some of these workers decided to make Rochester their permanent home. After World War II and the Korean War, many Puerto Ricans that served in the US Armed Forces also decided to stay in the area.

By the 1950s, the Latino families had formed two principal neighborhoods on the city's northeast side with several Latino grocery stores, restaurants, and churches.

Latinos pudieron haber vivido en Rochester antes de la década de 1890, pero la documentación más temprana de Eastman Kodak muestra que el puertorriqueño Domingo Delgado comenzó a trabajar para la compañía en 1897 estableciendo la organización no-europea de exportación.

Otros latinos continuaron llegando, como los hermanos López, quienes emigraron de Puerto Rico en alrededor de 1920. Se asentaron en el antiguo barrio Dutchtown de Rochester.

Muchas agencias de empleo contrataron a los trabajadores agrícolas de campos de Puerto Rico para venir a trabajar en muchas fincas de la zona. Con el tiempo algunos de estos trabajadores decidieron hacer Rochester su hogar permanente. Después de la Segunda Guerra Mundial y la Guerra de Corea, muchos puertorriqueños que sirvieron en las Fuerzas Armadas de EE.UU. también decidieron quedarse en la zona.

En 1950, las familias latinas habían formado dos barrios principales de la parte noreste de la ciudad con varias tiendas y restaurantes y iglesias Latinas.

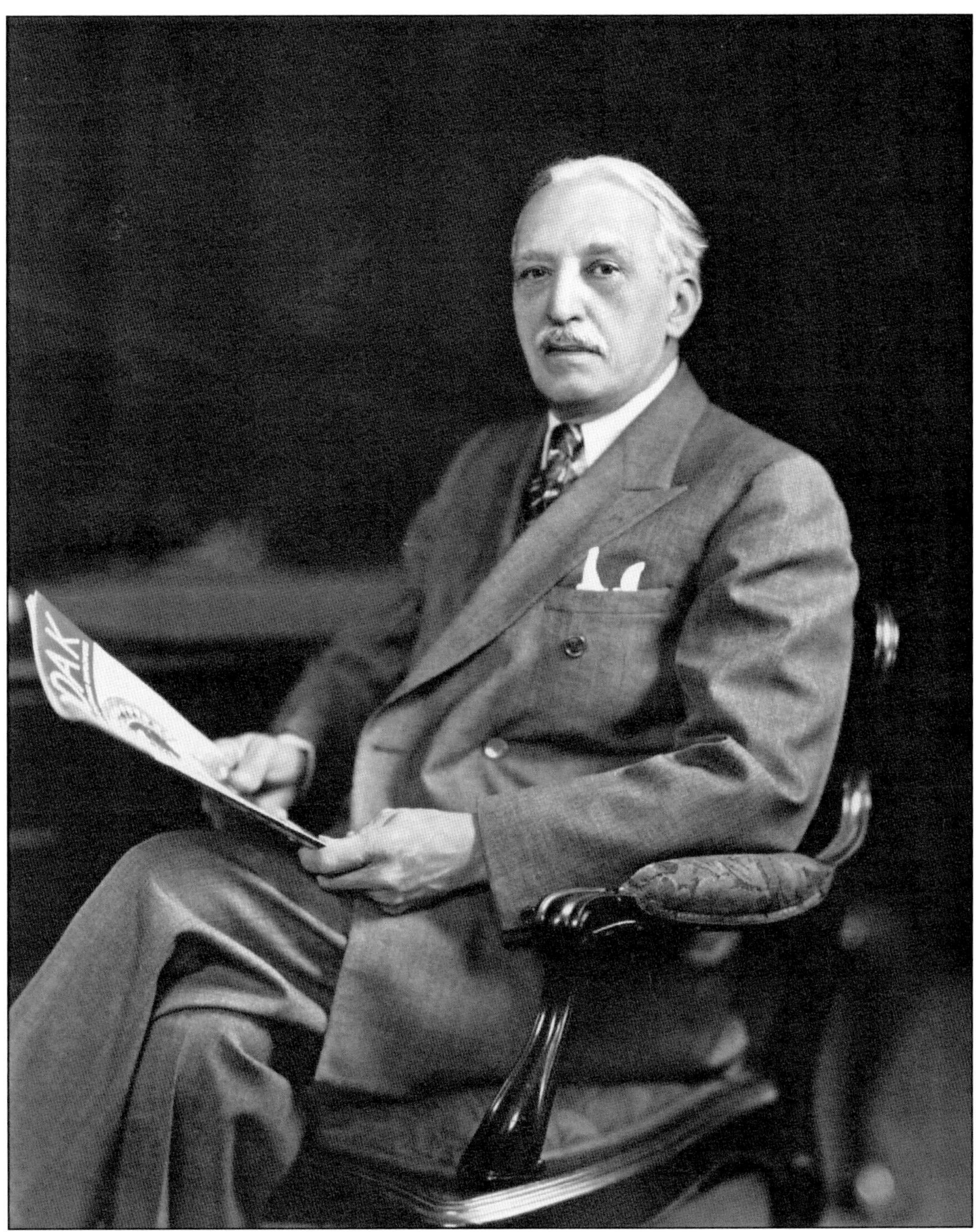

Domingo Delgado was a pioneer in both the business world and as the first known Puerto Rican in the Rochester area. Delgado was responsible for establishing Eastman Kodak's non-European foreign markets and was with the company for many decades. (IA.)
Domingo Delgado fue un pionero en el mundo de los negocios y fue el primer conocido de Puerto Rico en el área de Rochester. Delgado fue responsable por establecer mercados exteriores no-europeos para Eastman Kodak y trabajó con la empresa por muchas décadas.

Octavio "Carlos" Lopez came from Puerto Rico in 1929 to live with two older brothers who were already established in Rochester's Dutchtown neighborhood. He worked at a restaurant before moving on to Kodak and eventually owning a successful import/export firm for several decades. This photograph is from 1931. (DL.)
Octavio "Carlos" López llegó de Puerto Rico en 1929 para vivir con dos hermanos mayores que ya estaban establecidos en el barrio Dutchtown de Rochester. Trabajó en un restaurante antes de trabajar para Kodak y eventualmente fue dueño de una impresa de importación y exportación por varias décadas. Esta fotografía es de 1931.

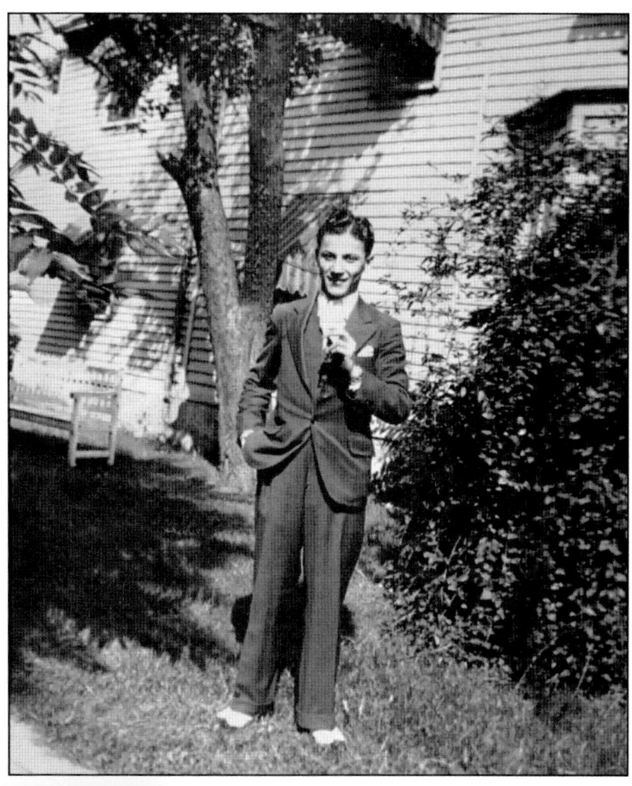

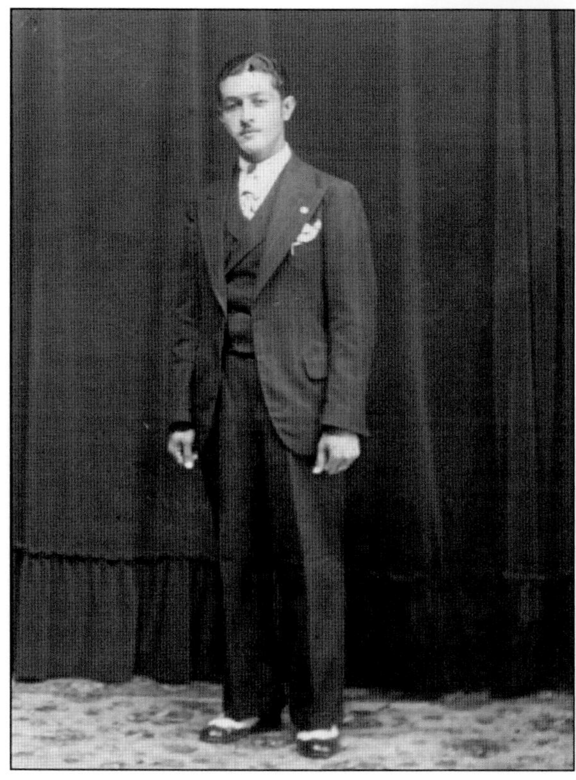

A close friend of the Lopez family was Julio Diaz, who also lived in the Dutchtown area beginning in the late 1920s. (DL.)
Un amigo cercano de la familia López fue Julio Díaz, quien también vivió en la zona Dutchtown a partir de 1920.

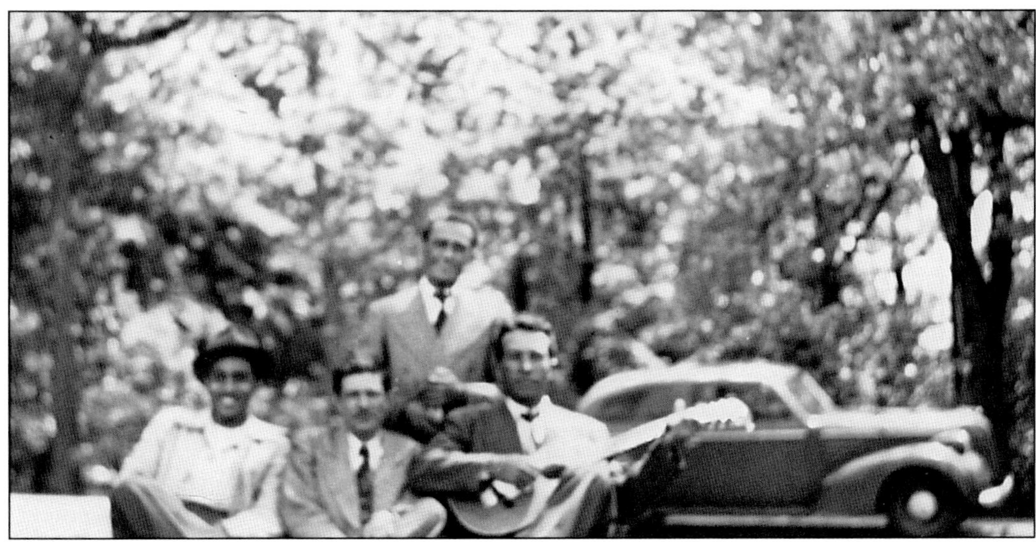

In the early 1940s, Puerto Rican families gather for music and camaraderie on Kent Street. From left to right are Saturno Alvarez, Angel Colon, Rafael Gartul, and Jose Calderon. (PF.)
A principios de 1940, las familias puertorriqueñas se reunian por la música y la camaradería en la calle Kent. De izquierda a derecha, Saturno Alvarez, Angel Colón, Gartul Rafael, y José Calderón.

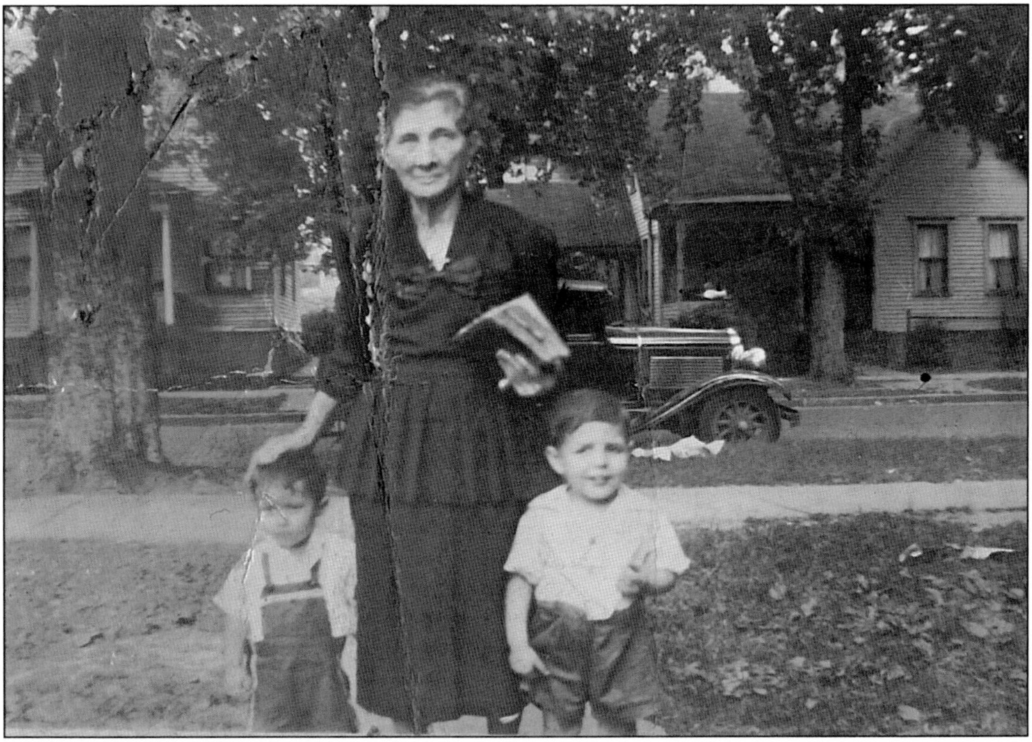

In 1945, a Puerto Rican family returns home from church on the west side. From left to right are future horse-racing jockey David Zambrana, Francisca Cordova Colon, and Arturo Piñeiro. (PF.)
En 1945, una familia puertorriqueña regresa a su casa después de ir a una iglesia en la parte oeste. De izquierda a derecha están el futuro corredor de caballos David Zambrana, Francisca Córdova Colón, y Arturo Piñeiro.

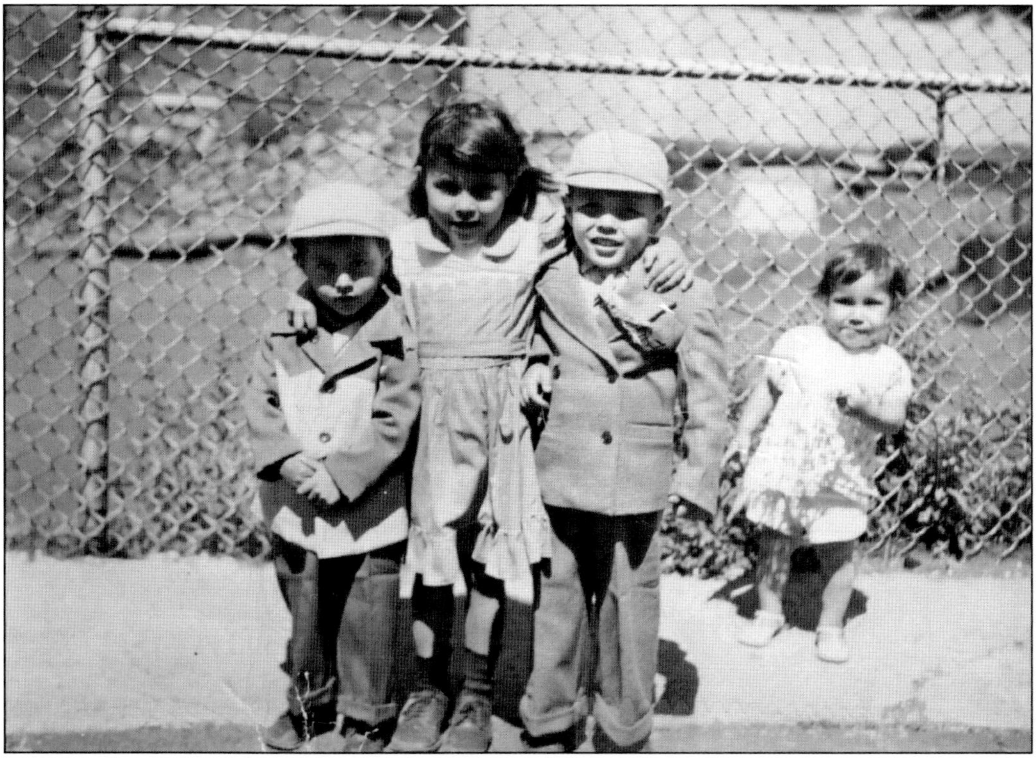

The early community was tight knit and often related, as were David Zambrana, Lydia Padilla, Arturo Piñiero, and Gloria Padilla, pictured from left to right in 1949. (PF.)
La comunidad en sus inicios era muy unida y se relacionaba a menudo. Así eran David Zambrana, Lydia Padilla, Arturo Piñiero, y Gloria Padilla en esta foto de izquierda a derecha en 1949.

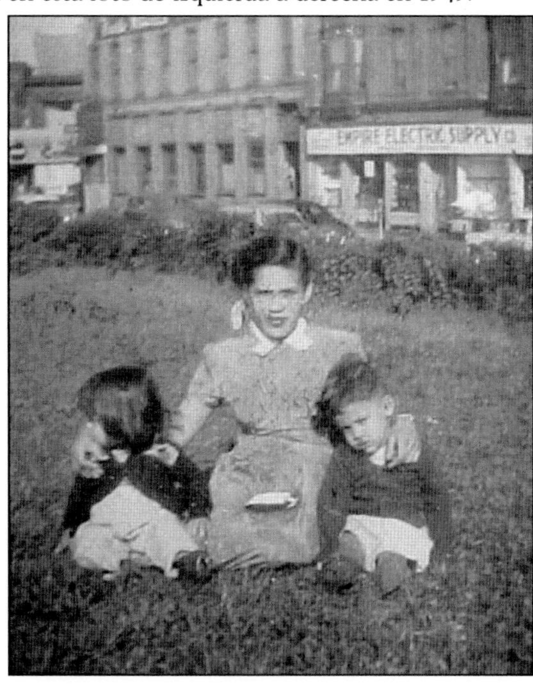

Like many Puerto Ricans, the Arguinzoni family, pictured here in 1950 on Central Avenue, first lived in New York City and then moved on to Rochester. Matriarch Sandra Arguinzoni sits with her daughter Carmen, on the left, and son Hector, on the right. (HA.)
Como muchos puertorriqueños, la familia Arguinzoni, representada aquí en 1950 en la Avenida Central, primero vivió en Nueva York y luego se trasladó a Rochester. Matriarca Sandra Arguinzoni sentada con su hija Carmen, a la izquierda, y su hijo Héctor a la derecha.

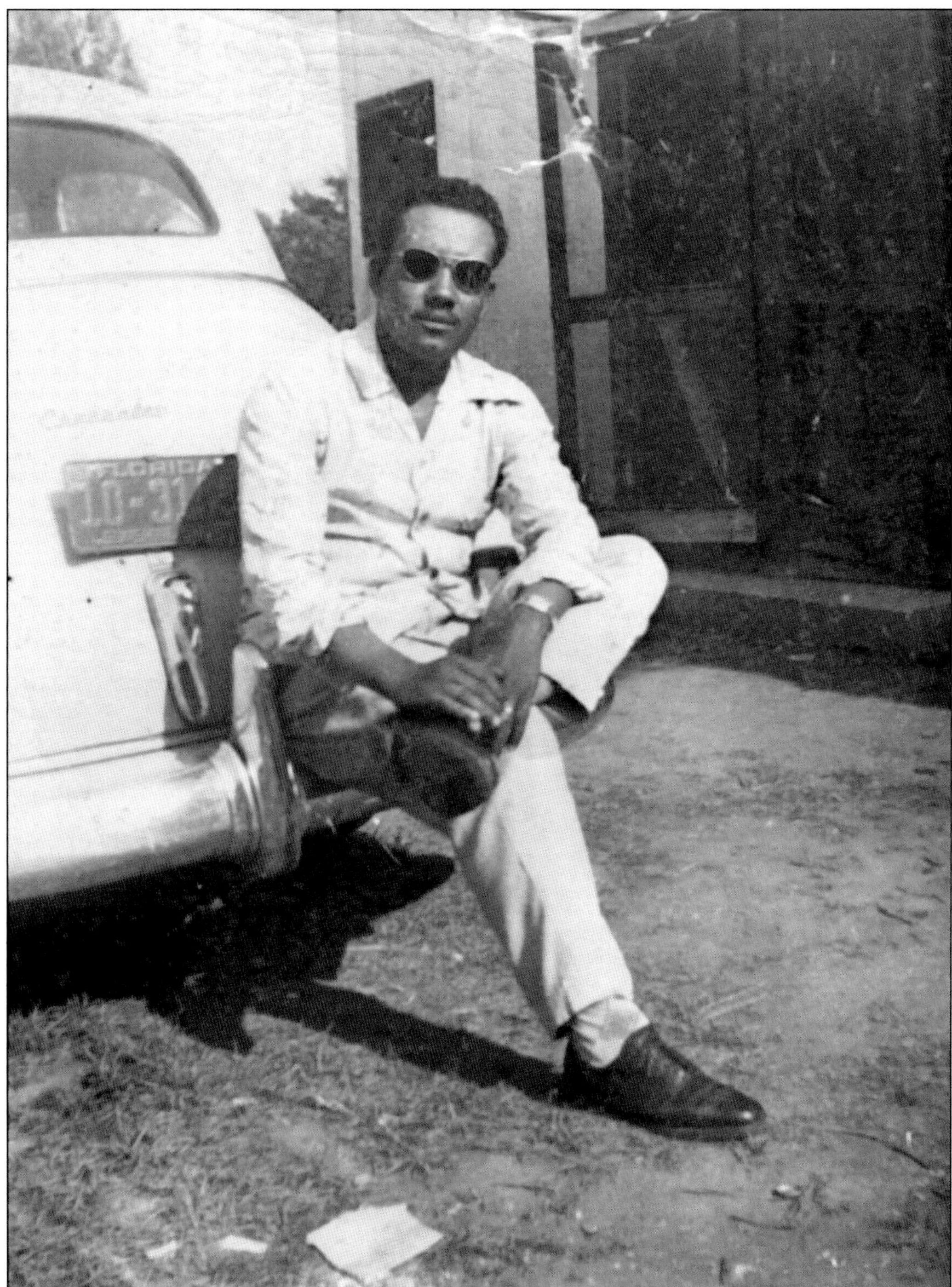

The Perez family, who raised many local leaders, started its story in Rochester with the arrival of Felix Perez, pictured here working on a farm in Brant, New York, in 1951. (PZF.)
La familia Pérez formó a muchos líderes locales y comenzó su historia en Rochester con la llegada de Félix Pérez, representado aquí trabajando en una granja en Brant, Nueva York, en 1951.

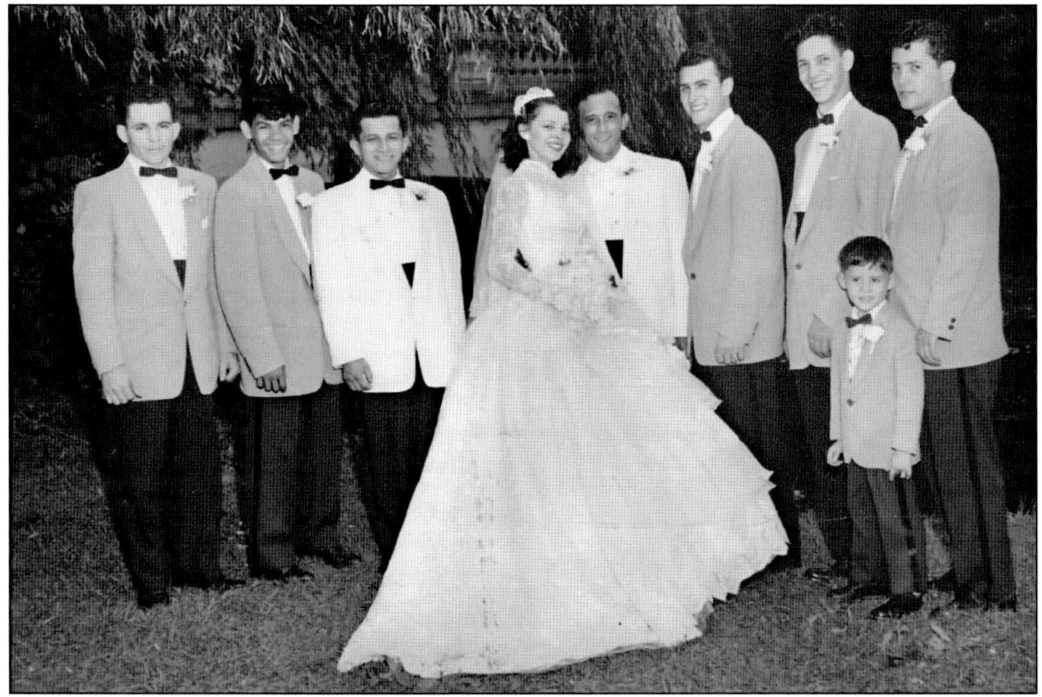

By the early 1950s, several hundred Latinos made their lives in Rochester. Two early families are shown here in the marriage of Ana and Ralph Gartula in 1952. (PF.)
A principios de 1950, cientos de latinos hicieron sus vidas en Rochester. Dos de las primeras familias se muestran aquí en el matrimonio de Ana y Ralph Gartula en 1952.

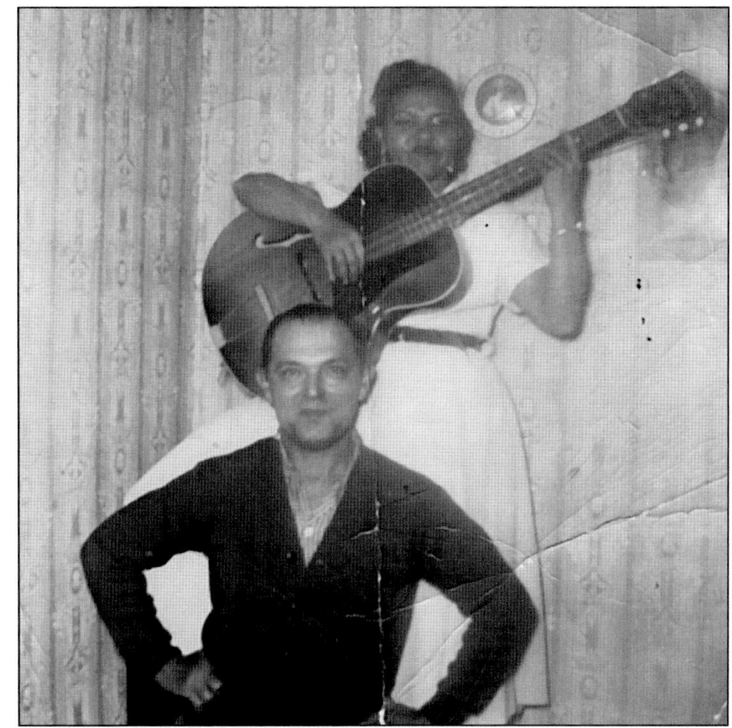

With no Latino entertainment or nightlife options, many families entertained themselves at each other's homes. Shown here are Juan Bermudez and Olegaria Morales in 1952. (PF.)
Sin opciones de entretenimiento nocturno o latino, muchas familias se entretenían en sus respectivos hogares. Aquí se presentan Juan Bermúdez y Olegaria Morales en 1952.

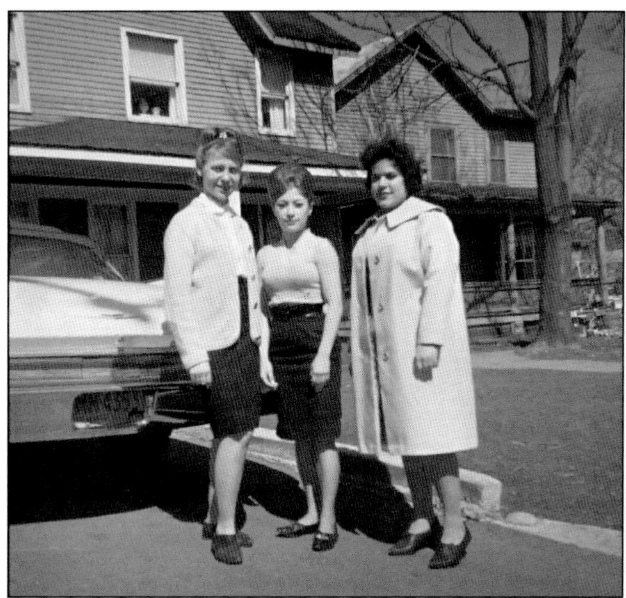

Many Puerto Rican families also settled in the neighborhood near St. Patrick's Church. In this 1951 photograph, from left to right, Judy Leonardo, Luz Padilla, and Carmen Rodriguez stand outside the Padilla home on Broad Street. (PF.)
Muchas familias de Puerto Rico también se asentaron en la zona cerca de la iglesia de San Patricio. En esta fotografía de 1951, de izquierda a derecha son Judy Leonardo, Luz Padilla y Carmen Rodríguez se paran al frente de la casa Padilla en la calle Broad.

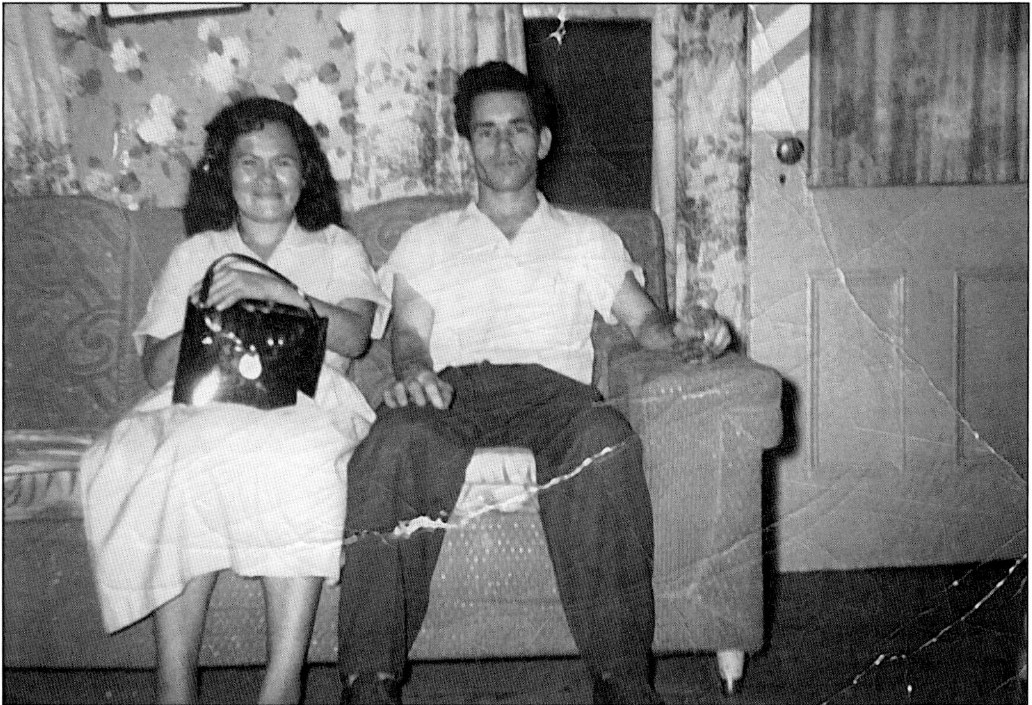

Berta and Valois Ortiz met in Indiana, where they both had immigrated for work opportunities. She was from Mexico, and he was from Puerto Rico. They are pictured here in 1952 in the Scio Street area where they settled. They are the grandparents of Rochester City councilwoman Jackie Ortiz. (PZF.)
Berta y Valois Ortiz se conocierón en Indiana, donde ambos habían emigrado por oportunidades de trabajo. Ella era de México, el era de Puerto Rico. Ellos aparecen en esta fotografía en 1952 en la zona de la calle Scio donde se establecieron. Ellos son los abuelos de Jackie Ortiz, consejal de la Cuidad de Rochester.

In this 1953 photograph, the children of Hector and Carmen Sandra Arguinzoni can be seen not long after the family arrived from New York City. Hector would go on to become a well-known local musician and artist, designing many of the posters for the Puerto Rican Festival. (HA.)
En esta fotografía de 1953 los hijos de Héctor y Carmen Sandra Arguinzoni se pueden ver poco después de llegar de Nueva York. Héctor llego a ser un músico conocido y artista local y fue el que diseñó muchos de los carteles para el Festival Puertorriqueño.

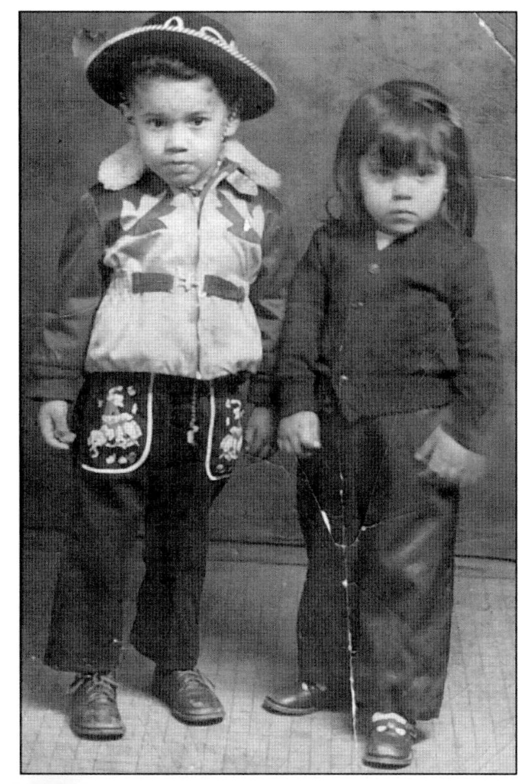

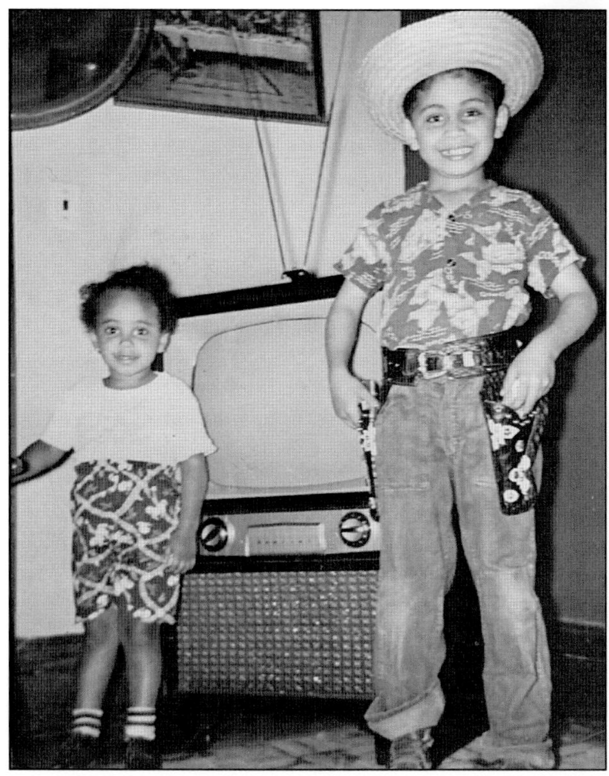

Raymond and Maria Perez pose in their living room on Woodward Street, near Mount Carmel Parish, in 1955. Like many Puerto Ricans at the time, they settled near their church. (PF.)
Raymond y María Pérez posan en su sala de estar en Woodward Street, cerca de la Parroquia Monte Carmelo, en el 1955. Como muchos puertorriqueños de la época, se establecieron cerca de su iglesia.

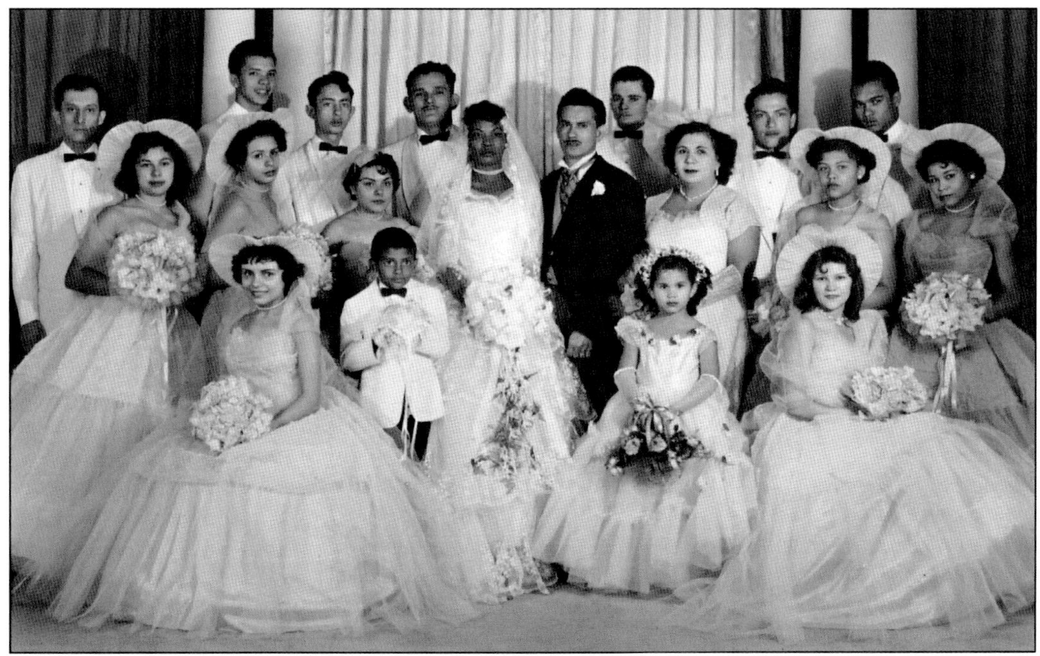

Another two key families of that early period were joined in marriage in 1956 with the wedding of Gladys Antonetti and Domingo Carbonell. (MMC.)
Otras dos familias principales de ese período inicial se unieron en matrimonio en 1956 con la boda de Gladys Antonetti y Domingo Carbonell.

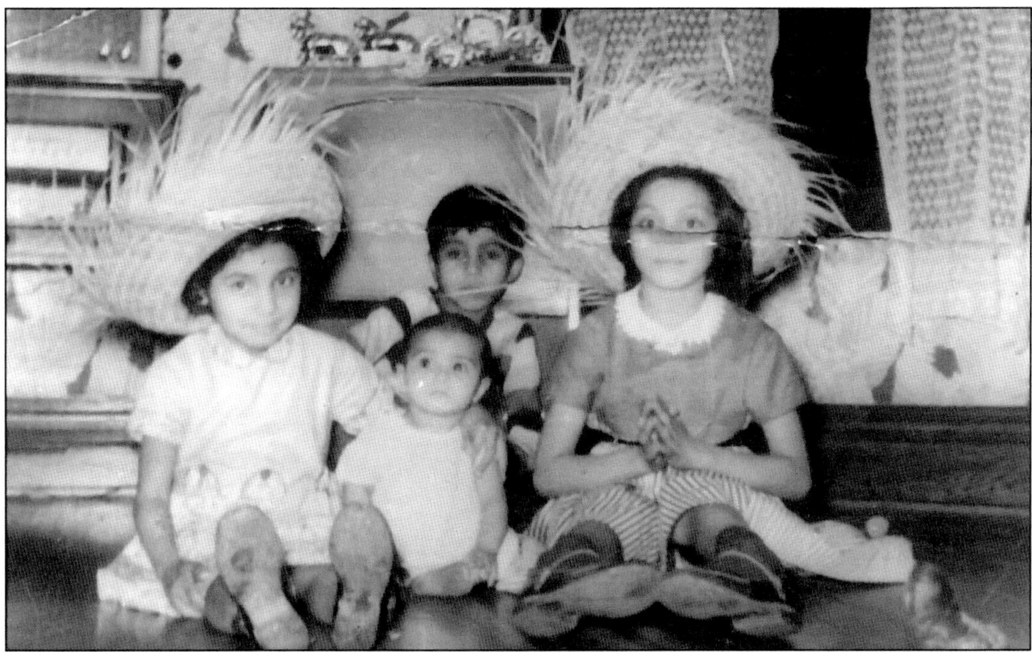

The Pedraza family also arrived from Puerto Rico and settled near Mount Carmel Parish. From left to right are Natalia, Gladys, Martin, and Angela Pedraza in April 1957. (GPB.)
La familia Pedraza también llegó de Puerto Rico y se establecieron cerca de la parroquia Monte Carmelo. De izquierda a derecha, Natalia, Gladys, Martin, y Angela Pedraza, en abril de 1957.

The Burgos family arrived in the mid-1950s and lived in the Hanover Houses on Joseph Avenue, which can be seen in the background. Pictured here from left to right are Al, Jose "Papo," Jose, and Victor Burgos. (VB.) La familia Burgos llegó a mediados de 1950 y vivió en las Casas de Hannover en la Avenida Joseph, que se puede ver en el fondo. En esta foto de izquierda a derecha Al, José "Papo," José y Víctor Burgos.

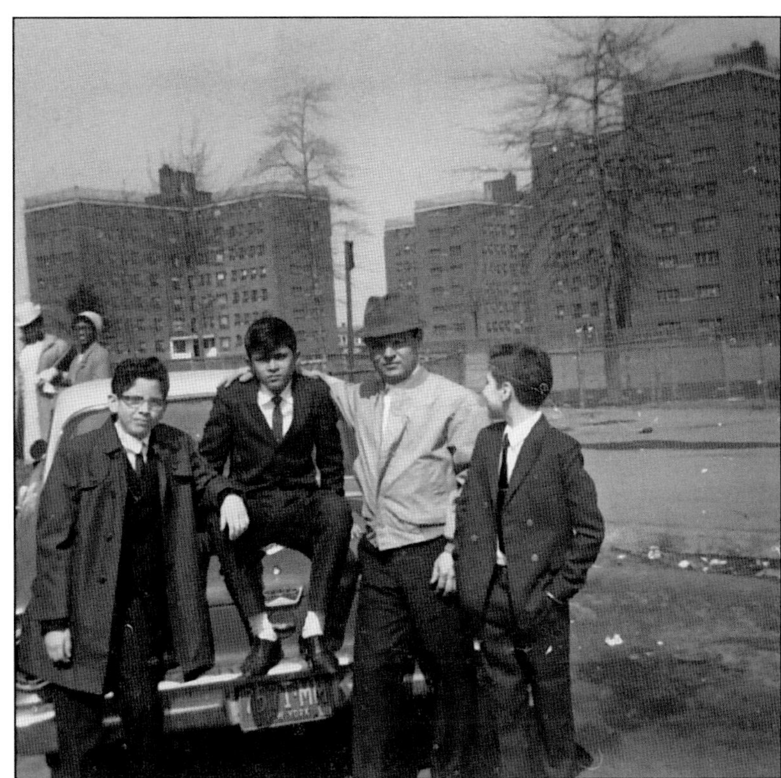

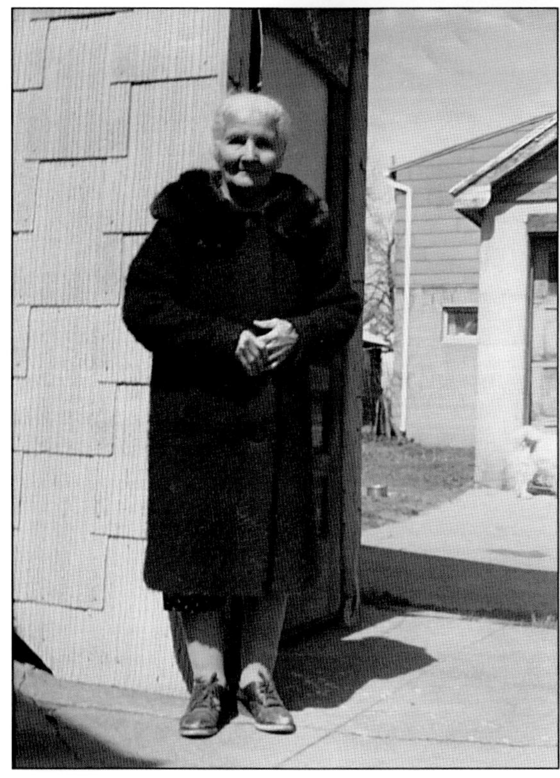

An early leader in the Mount Carmel neighborhood was Amalia Gabian, known as Doña Mayo because her birthday was in May. Pictured here in 1970, she disciplined neighborhood children and advocated for the community. (FM.) Una de las primeras líderes en el barrio de Monte Carmelo fue Amalia Gabian, conocida como Doña Mayo debido a que su cumpleaños era en mayo. En ésta foto, de 1970, ella disciplinaba a los niños del vecindario y abogaba por la comunidad.

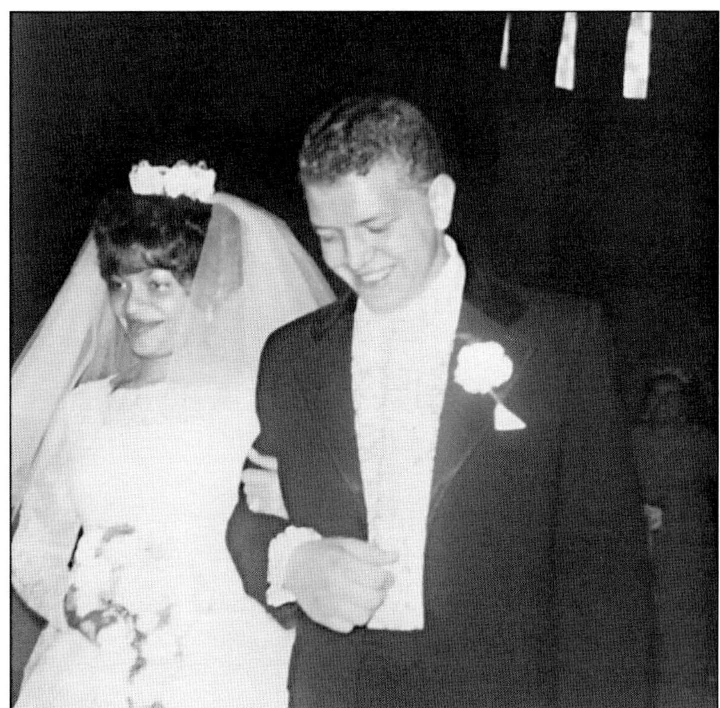

In this 1972 photograph, Luz Diaz and John Holland tie the knot at Mount Carmel Parish. Leaders in their own right, they are also the parents of WOKR-13 anchor Norma Holland. (PZF.)
En ésta fotografía de 1972, Luz Díaz y John Holland se casan el la iglesia Monte Carmelo. Líderes por derecho propio, también son los padres de la conductora de la estación de televisión WOKR-13 Norma Holland.

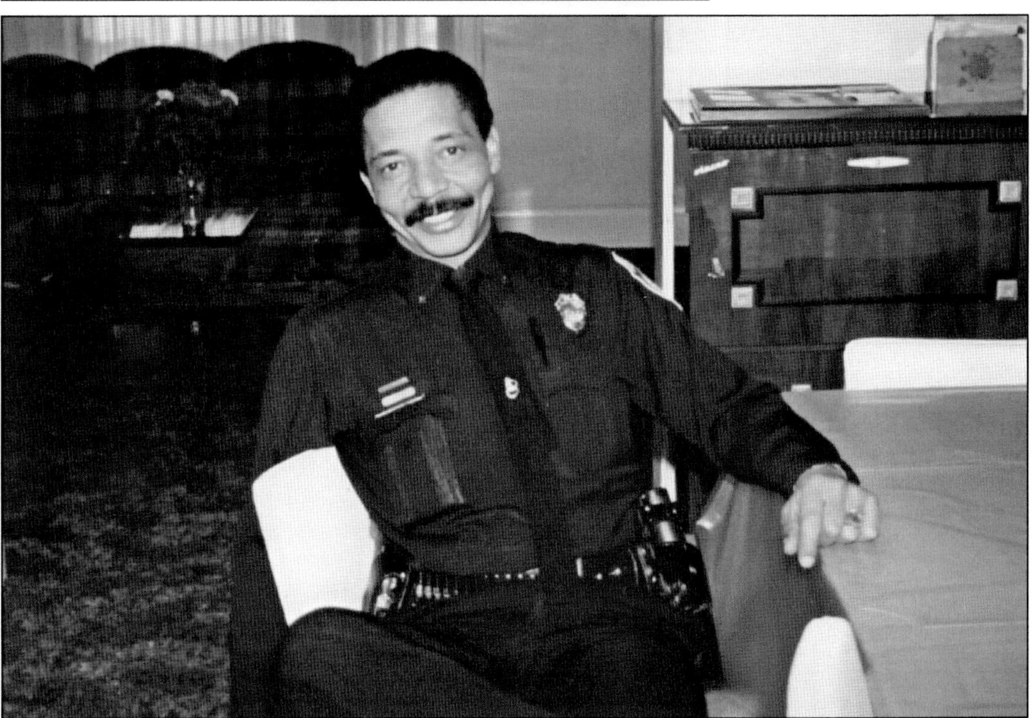

Felix Montalvo, shown here in 1989, was the first Latino police officer in Rochester, joining the force in the early 1970s. (PF.)
Félix Montalvo, que se muestra aquí en 1989, fue el primer policía latino en Rochester, uniéndose a la fuerza alrededor de 1970.

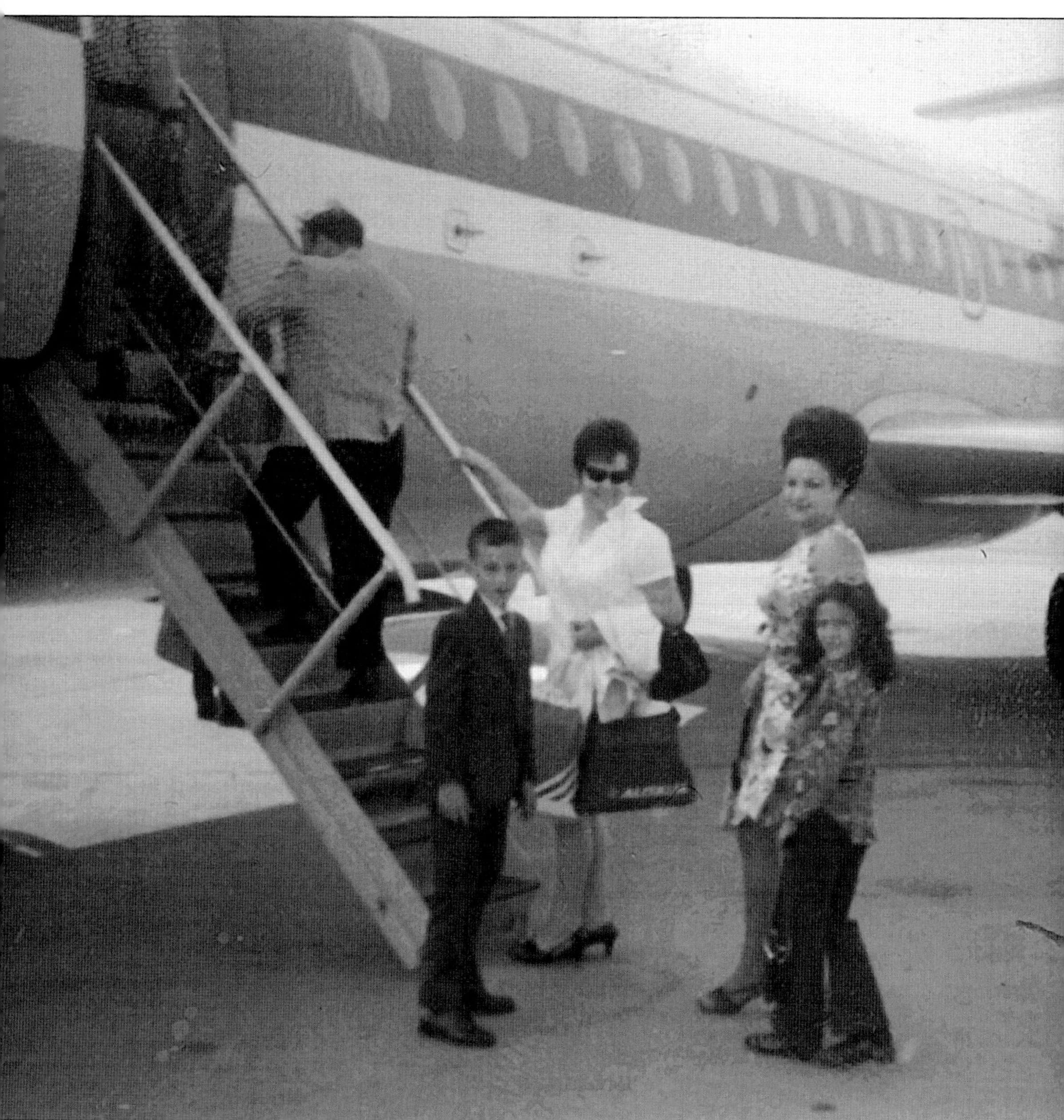

The Puerto Rican migration to the United States was the first air migration in history. Here, the Villarubia family boards a jet back to visit the island. (RMV.)
La migración de Puerto Rico a los Estados Unidos fue la primera migración aerea en la historia. Aquí la familia Villarubia toma un avión de regreso a visitar la isla.

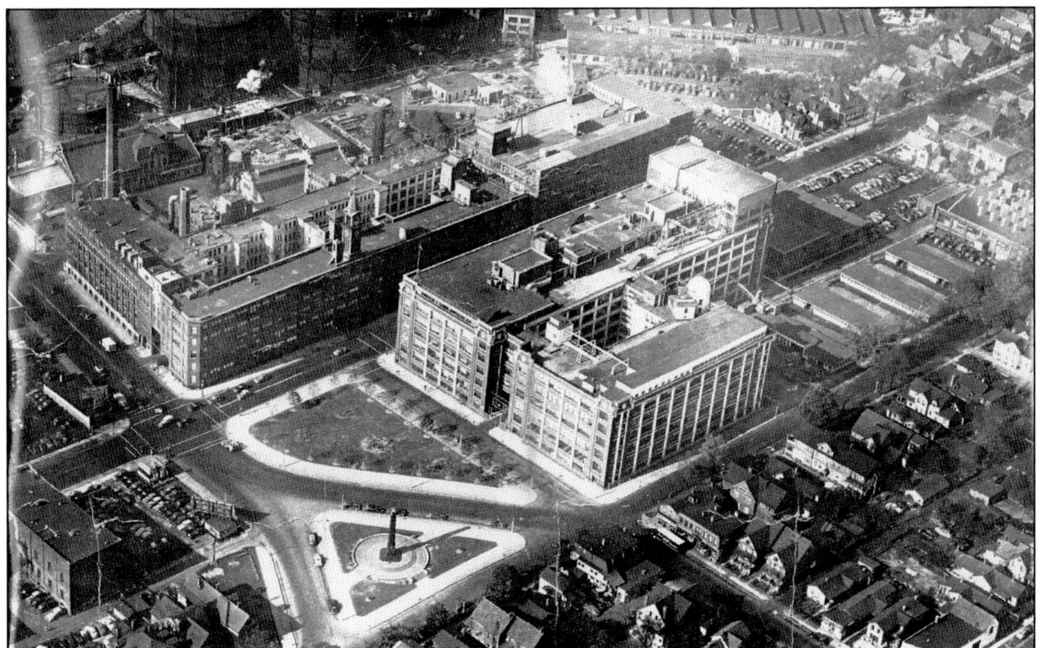

The other former major Latino neighborhood near St. Bridget's Parish can be seen here south of the old Bausch and Lomb factory. The area was demolished in the early 1970s during urban renewal. (RB.)
El otro barrio latino principal cerca de la parroquia de Santa Brígida se puede ver aquí al sur de la antigua fábrica de Bausch and Lomb. La zona fue demolida en los inicios de 1970 durante la renovación urbana.

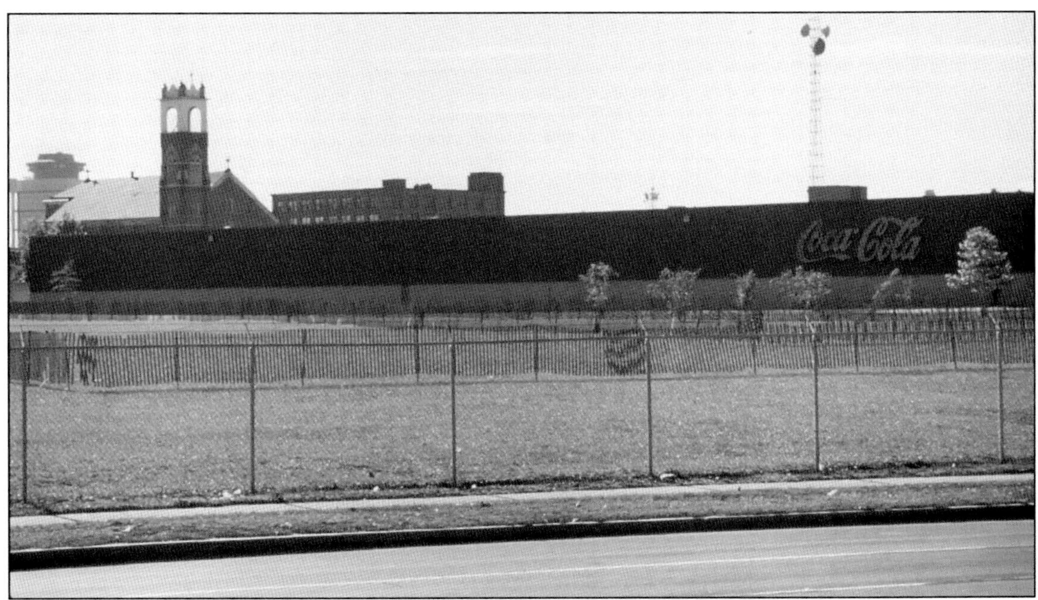

In this post–urban renewal photograph, the homes have been replaced with green space and the Coca-Cola plant. St. Bridget's Parish is still visible in the background. (ROC.)
En esta fotografía despues de la renovación urbana, las casas han sido sustituidas por espacios verdes y la planta de Coca-Cola. La parroquia de Santa Brígida sigue siendo visible en el fondo.

Two
Dos

Religious Life

Vida Religiosa

According to Rochester's Fr. Laurence Tracey, "Latinos live a life centered around their faith." It is not part of what they do, but a part of everything they do. That statement is proven in the history of Rochester's Latino community. The community's first enclaves sprang up within walking distance of their churches. The original Latino barrios in Rochester were around St. Bridget's Church, Our Lady of Mount Carmel Parish, First Spanish Church of the Nazarene, and St. Patrick's Church. When urban renewal programs of the early 1970s demolished the neighborhood surrounding St. Bridget's Church, the community simply packed up and moved up the road to surround St. Michael's Church on North Clinton Avenue.

The intertwined social and spiritual life gave birth to many of the area's cultural celebrations and its most important Latino organizations. Once the Rochester Catholic Diocese established the Spanish Apostolate, it soon gave the first grant, staffing and building to start the Ibero-American Action League.

Según el Padre Laurence Tracey de Rochester, "los latinos viven una vida centrada en torno a su fé." No es parte de lo que hacen, pero una parte de todo lo que hacen. Esta afirmación se demuestra en la historia de la comunidad latina de Rochester. Los primeros enclaves de la comunidad surgieron a pocos pasos de sus iglesias. Los barrios Latinos originales de Rochester estaban cerca de la parroquia Santa Brígida, la parroquia Nuestra Señora de Monte Carmelo, Primera Iglesia del Nazareno y la Iglesia de San Patricio. Cuando la renovación de los programas urbanos demolió el vecindario de la iglesia de Santa Brígida en los inicios de 1970, la comunidad simplemente empacó sus maletas y se trasladó a la próxima calle para rodear la Iglesia de San Miguel en la avenida North Clinton.

La vida social y espiritual entrelazada dio a luz a muchas de las celebraciones culturales de la zona y sus organizaciones latinas más importantes. Una vez que la Diócesis Católica de Rochester estableció el apostolado hispano, se dio la primera donación, dotación de personal y edeficio para iniciar la Ibero-American Action League.

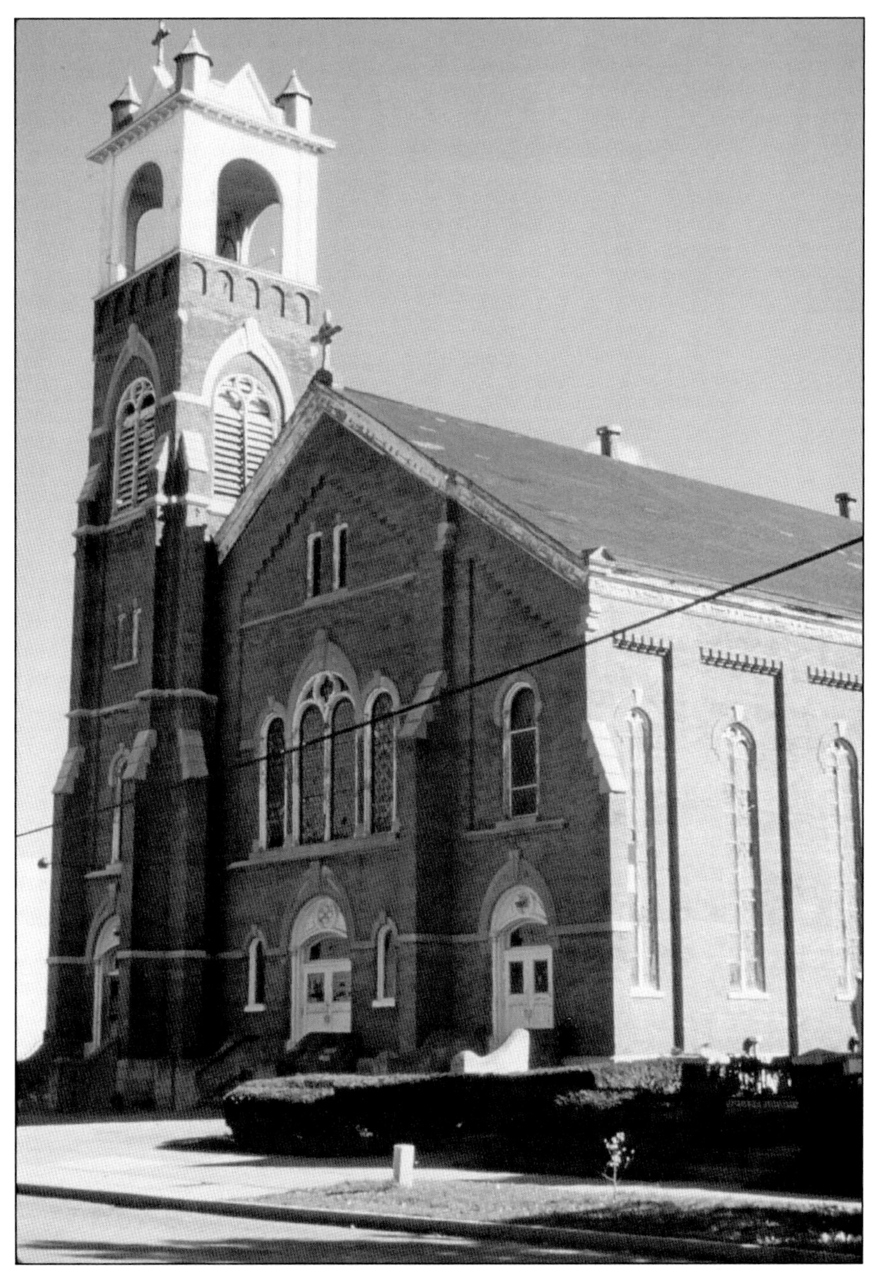

St. Bridget's Catholic Church located on St. Bridget's Drive was dedicated in 1875. It opened its doors to new Latino arrivals in the 1950s, when some churches did not welcome them. Once its surrounding housing was leveled, most parishioners moved to St. Michael's Church. In 1997, the building was closed, and the remaining St. Bridget's congregation eventually merged with Immaculate Conception Parish. (ROC.)

Iglesia Católica de Santa Brígida se encuentra en St. Bridget's Drive que fue dedicada en 1875. Abrió sus puertas a los latinos recién llegados alrededor de 1950, cuando algunas iglesias no les daban la bienvenida. Una vez que su vivienda fue nivelada, la mayoría de los feligreses se fueron a la Iglesia de San Miguel. En 1997, el edificio fue cerrado, y el resto de la congregación de Santa Brígida con el tiempo se fusionó con la Parroquia de la Inmaculada Concepción.

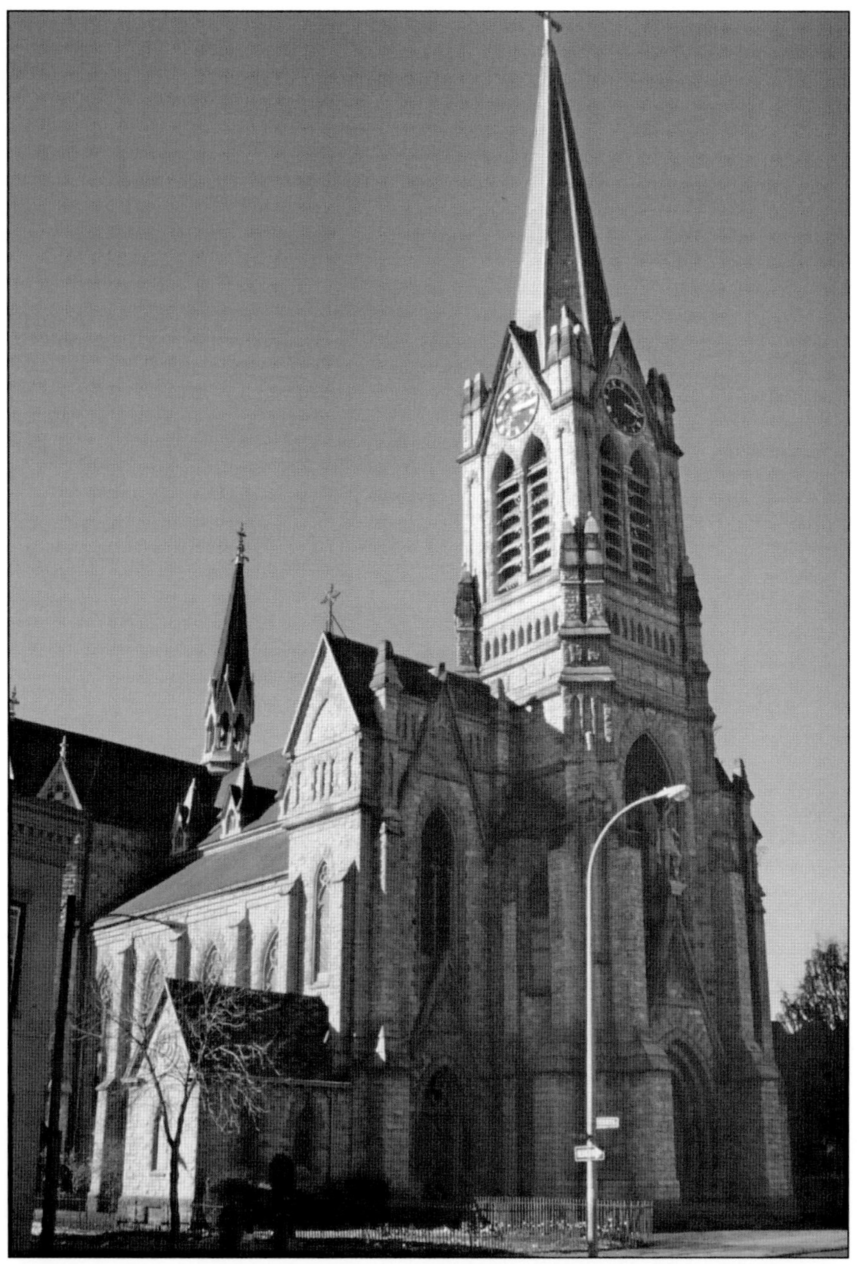

St. Michael's Catholic Church, located on the corner of North Clinton and Clifford Avenues, is one of the icons most often associated with Rochester's Latino community. Even with all the modern office towers downtown, St. Michael's 24-story steeple ranks it as the 10th-tallest building in Rochester. Its massive physical presence and location in the heart of the traditional barrio make it the center of the community for many. (ROC.)

La Iglesia Católica de San Miguel, ubicada en la esquina de las avenidas Clinton Norte y Clifford, es uno de los iconos más asociados con la comunidad latina de Rochester. Incluso de todas las oficinas modernas, los 24 pisos de San Miguel se ubican como el décimo edificio más alto de Rochester. Su presencia física masiva y la ubicación en el corazón del barrio tradicional lo convierten en el centro de la comunidad para muchos.

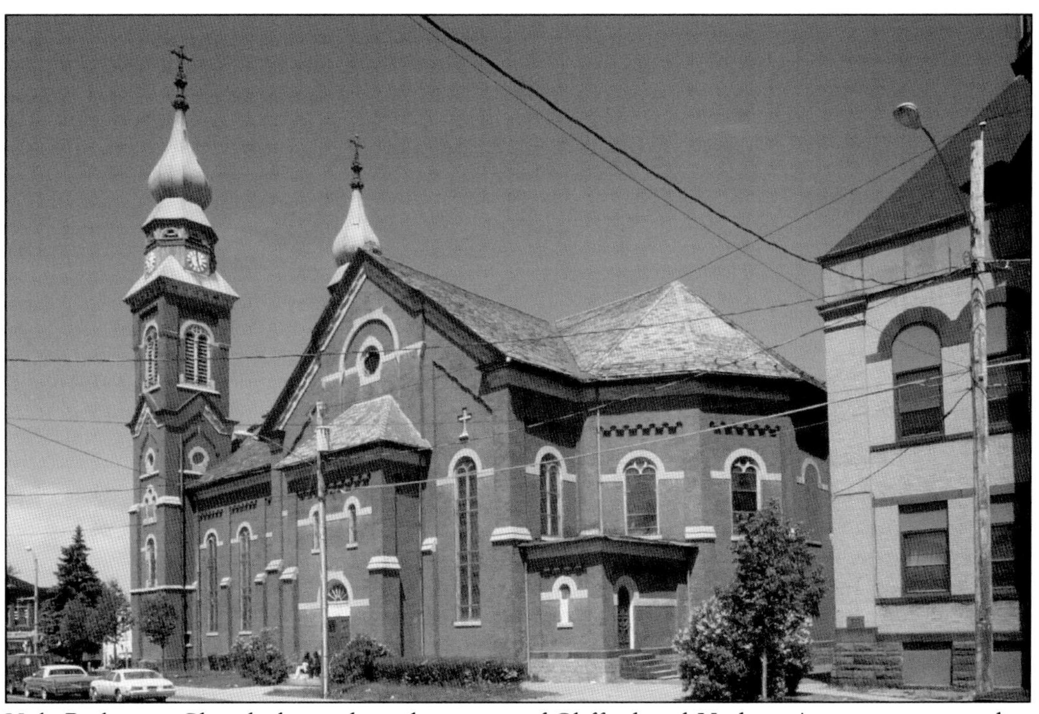

Holy Redeemer Church, located on the corner of Clifford and Hudson Avenues, was another parish with a traditionally Hispanic congregation. (ROC.)
La Iglesia del Santísimo Redentor, ubicada en la esquina de las avenidas Hudson y Clifford, tradicionalmente fue otra parroquia con una congregación hispana.

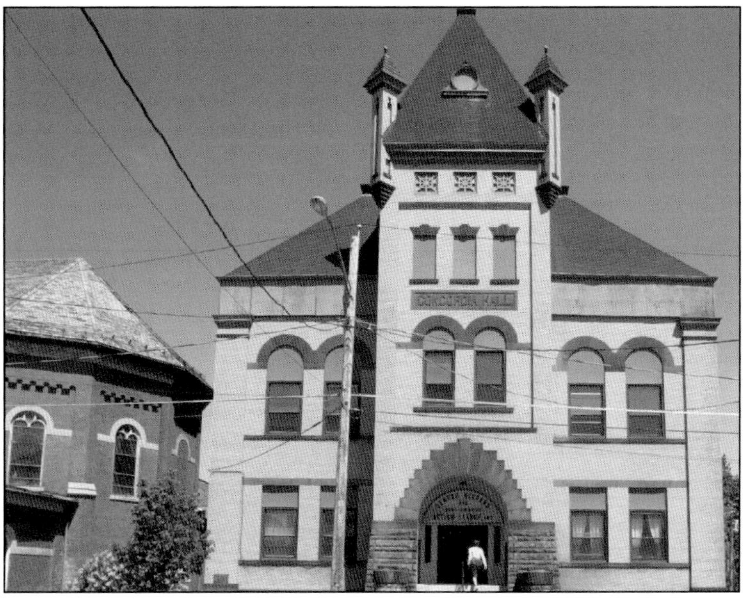

Holy Redeemer's Concordia Hall was the home of the Spanish Apostolate as well as the Ibero-American Action League's first headquarters and now houses Ibero's Eugenio Maria de Hostos Charter School. (ROC.)
El Concordia Hall del Santísimo Redentor fue donde se ubicó el apostolado hispano y la Ibero-American Action League y ahora alberga la escuela Eugenio María de Hostos Charter School.

These young Latinas receive their First Communion at Mount Carmel Church in 1964. (GPB.)
Estos jóvenes latinos reciben su Primera Comunión en la Iglesia Monte Carmelo en 1964.

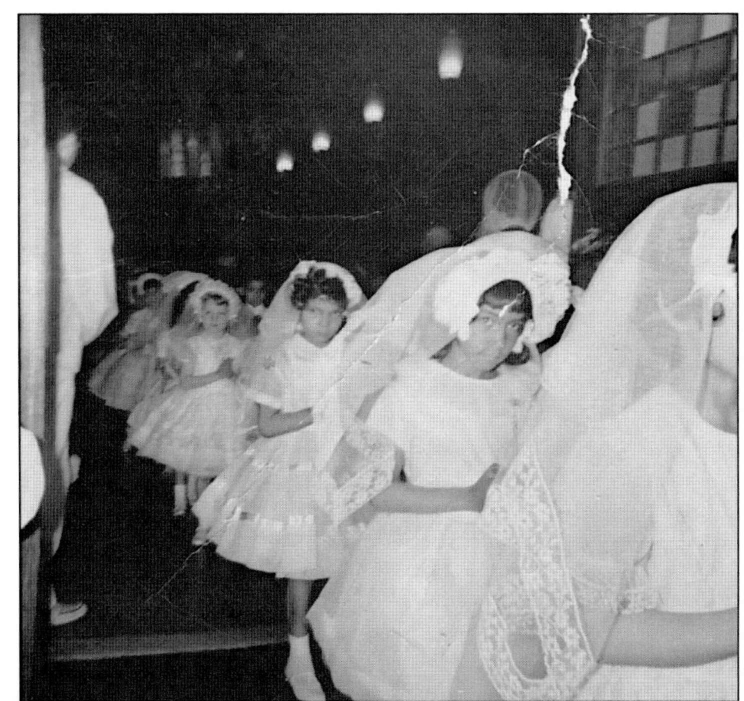

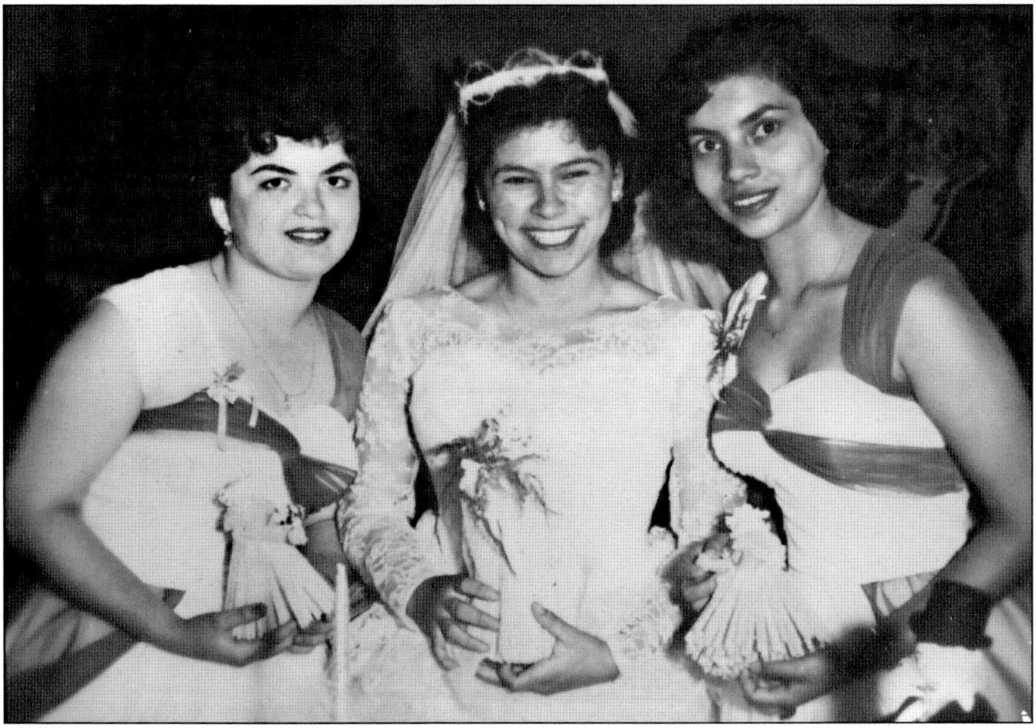

On September 14, 1957, Ivette Salgado Diaz (left) and Emily Rivera (right) celebrate the wedding of Zaida Erazo-Aponte (center) at St. Bridget's Church. (IS.)
El 14 de septiembre de 1957, Ivette Salgado Díaz (izquierda) y Emilio Rivera (derecha) celebran la boda de Zaida Erazo-Aponte (centro) en la Iglesia de Santa Brígida.

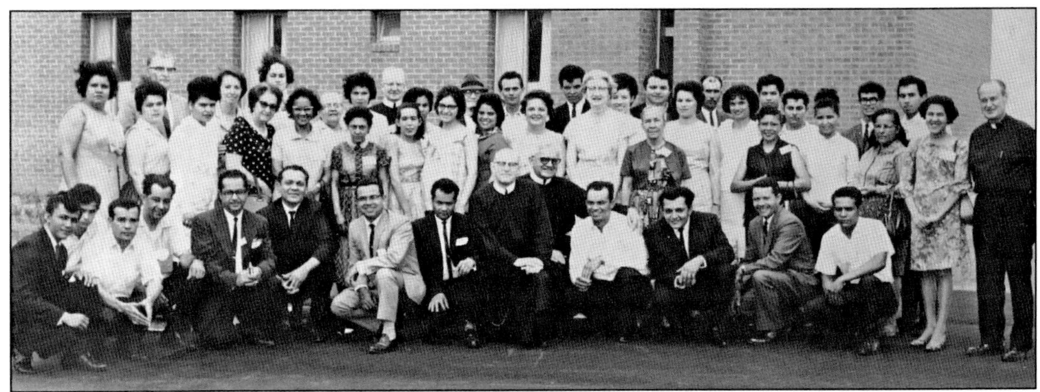

Spanish-language spiritual retreats and workshops proved to be very popular and counted many emerging leaders among the attendees. With the rise of Fidel Castro and the influx of refugees, Cubans new to the area also began attending workshops like this one in 1966. (GPB.)
Retiros espirituales y talleres en español demostraron ser muy populares y contaban con muchos líderes emergentes entre los asistentes. Con el ascenso de Fidel Castro y la afluencia de refugiados, los cubanos recién llegados también comenzaron a asistir a talleres como éste en 1966.

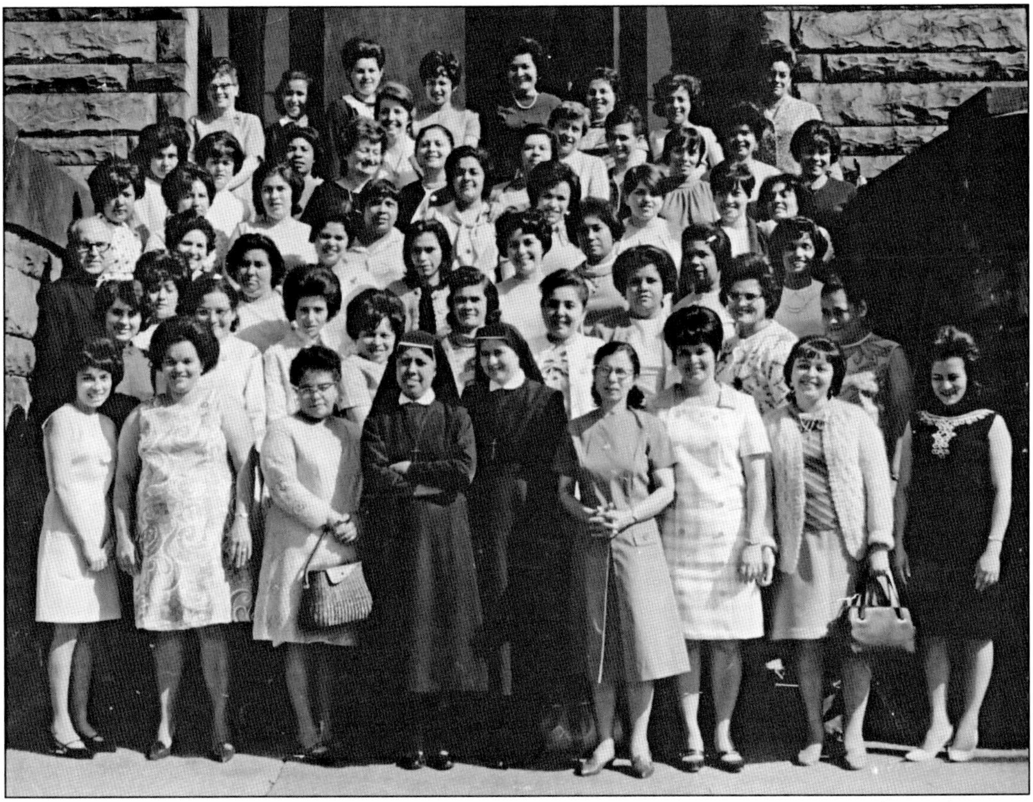

This female-only retreat from 1968 also includes many pioneer families. It is significant because it includes nuns from Mexico who would continue a ministry for local Latinos for the next 20 years. (GPB.)
Este retiro para mujeres en 1968 incluye también a muchas familias pioneras. Es significativo porque incluye las monjas de México quienes siguieron un ministerio para los latinos por los proximos 20 años.

This male-only counterpart retreat from 1968 includes the recently ordained Fr. Laurence Tracey in the upper right-hand corner. (GPB.)
Este retiro de hombres en 1968 incluye el recién ordenado Padre Laurence Tracey en la esquina derecha superior.

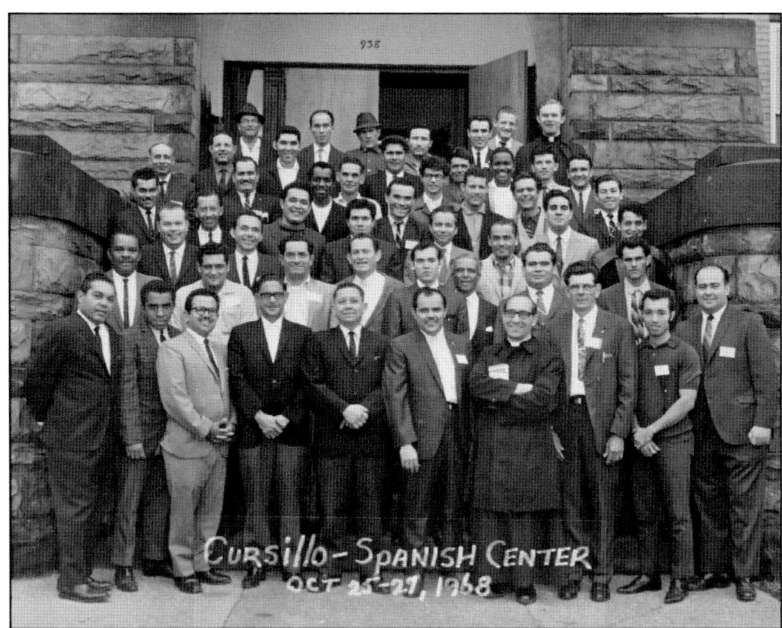

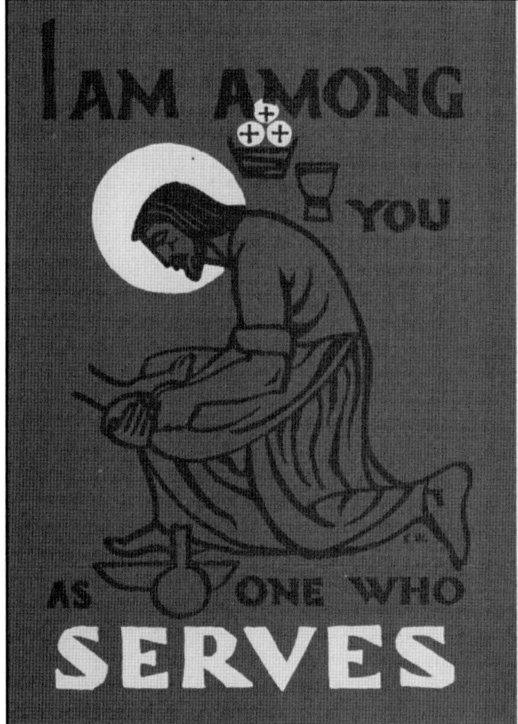

In the very act
of trying to make ourselves
pastors, fathers
and teachers of men,
we must make
ourselves their brothers.
This we must
remember and strive
to put into practice
according to the example
that Christ left to us.

PAUL VI

LAURENCE C. TRACY
Ordained a Priest
June 4, 1966

This original ordination card from June 4, 1966, was handed out to commemorate the ordination of Fr. Laurence Tracey. Father Tracey would go on to become a tireless advocate for Latinos and an icon in the community. (MMC.)
Esta tarjeta original de la ordenación el 4 de junio de 1966, fue entregada para conmemorar la ordenación del Padre Tracey Laurence. El Padre Tracey se convertiría en un incansable defensor de los latinos y un icono en la comunidad.

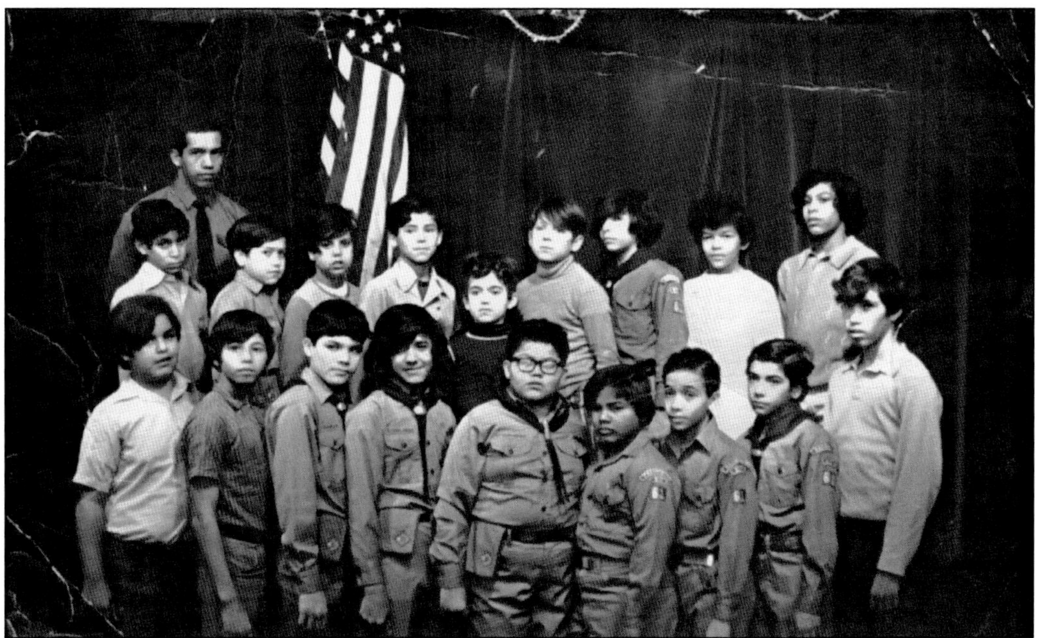

The church played a vital role in all aspects of life. This is a 1968 photograph of Mount Carmel Church's Boy Scouts, the first troop for Latinos. (PZF.)
La iglesia hizo un papel vital en todos los aspectos de la vida. Esta es una fotografía de 1968 de los Boys Scouts de la Iglesia Monte Carmelo, la primera tropa de Latinos.

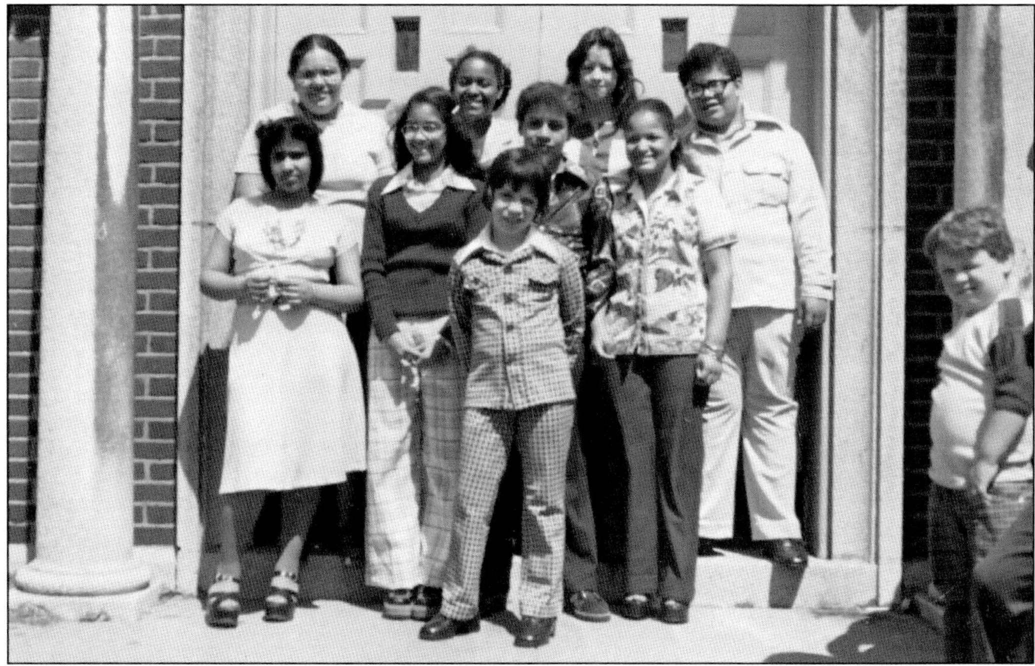

This 1973 Mount Carmel Church children's choir includes Ida Perez (far left), who would become the president of the Puerto Rican Festival. (PZF.)
Este coro de niños de la Iglesia Monte Carmelo en 1973 incluye a Ida Pérez (izquierda), quien se convertiría en presidenta del Festival Puertorriqueño.

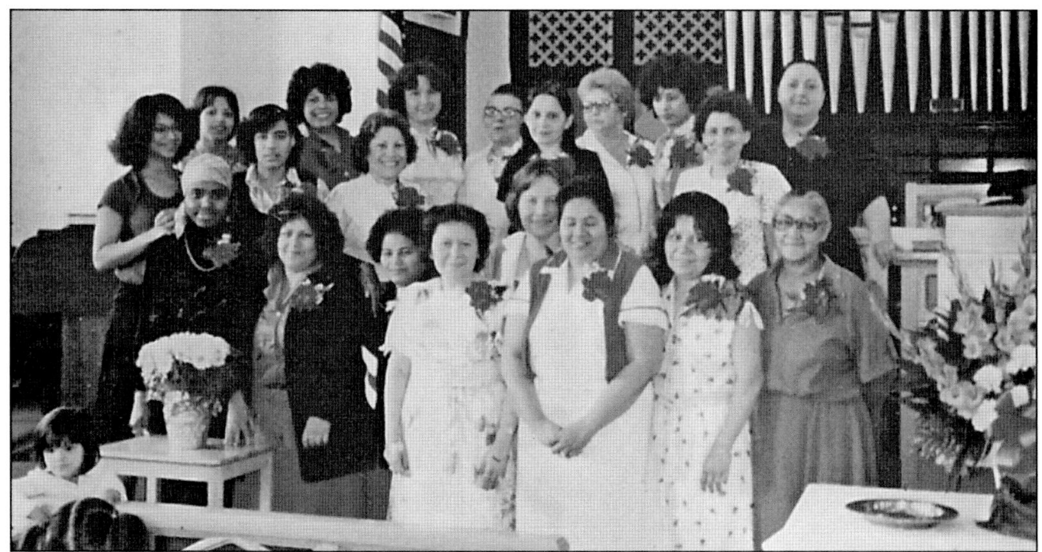

The First Spanish Church of Nazarene is one of the oldest churches in the community, having been founded in the 1950s. This photograph from the late 1970s depicts a Mother's Day celebration at the congregation's former location at 597 North Goodman Street. (FM.)
La Primera Iglesia del Nazareno es una de las iglesias más antiguas de la comunidad, fue fundada alrededor de 1950. Esta fotografía tomada a finales de 1970 representa una celebración del Día de la Madres en la antigua ubicación de la congregación en 597 de la calle North Goodman.

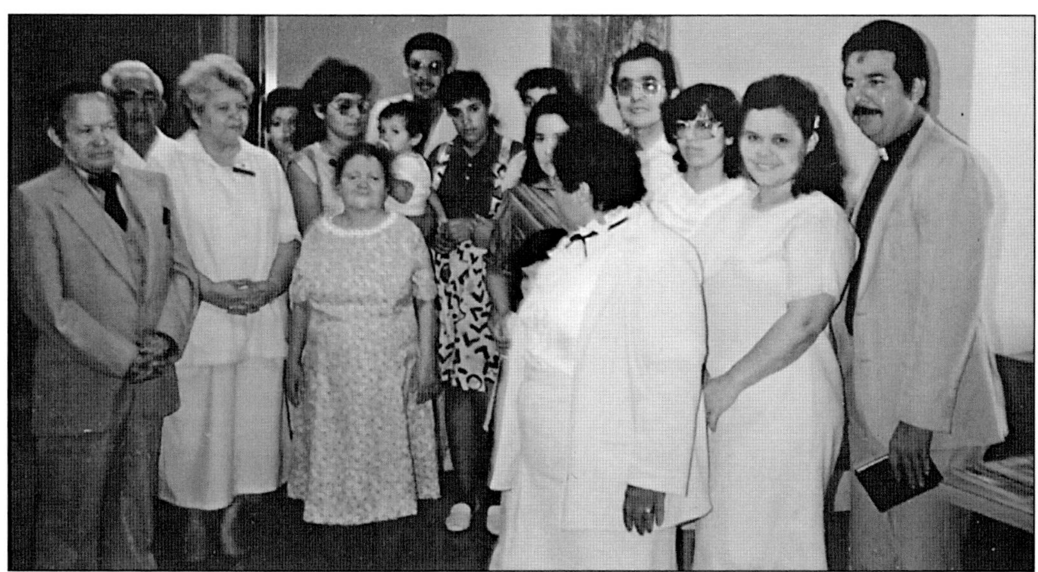

Taken in 1981 at the First Spanish Church of Nazarene, this image shows Ramon Morales, who ministered for many years to migrant workers, at far left, followed by Peter and Felicita Mitrano. Also in the photograph are Ana Maria Morales, Ruth Morales Rivas, Carmen Lorenzo, Silvia Colon, Maria Milagros Montalvo, Esperanza Antonetti, and Carmen Martinez. (FM.)
Tomada en 1981 en la Primera Iglesia del Nazareno, ésta imagen muestra a Ramón Morales, quien atendió durante muchos años a los trabajadores migrantes, en el extremo izquierdo, seguido por Pedro y Felicita Mitrano. También en la fotografía están Ana María Morales, Ruth Morales Rivas, Carmen Lorenzo, Silvia Colón, María Milagros Montalvo, Esperanza Antonetti, y Carmen Martínez.

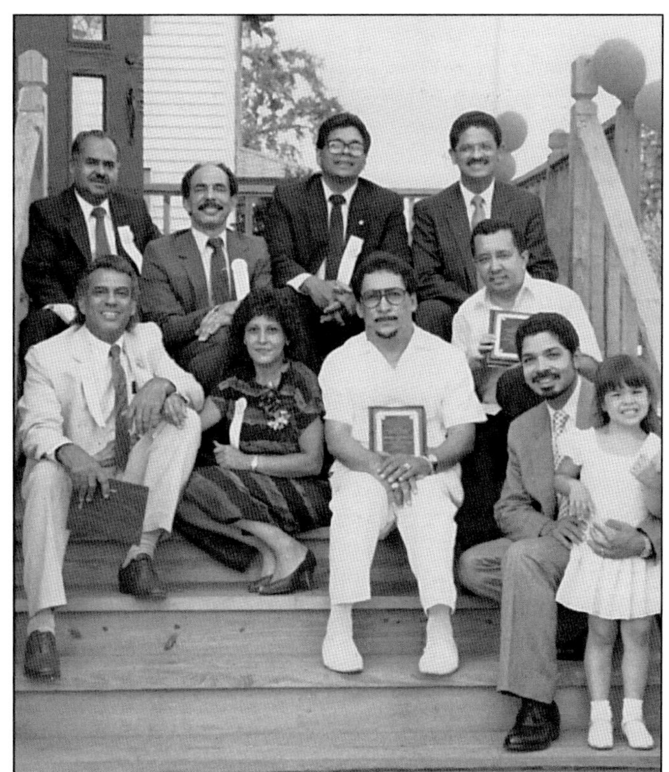

The First Spanish Church of the Nazarene recognized several community leaders in 1989. Sitting on the church steps are, from left to right, (first row) Pedro Maneiro, Nancy Padilla, Domingo Martinez, Juan Padilla, and Roberto Burgos holding his daughter Vanessa Burgos; (second row) Pastor Enrique Rivera, Augustin Ramos, Pastor Ernesto Bello, and an unidentified person. (RB.)
La Primera Iglesia del Nazareno reconoció a varios líderes de la comunidad en 1989. Sentados en las escaleras de la iglesia de izquierda a derecha, (primera fila) Pedro Maneiro, Nancy Padilla, Domingo Martínez, Juan Padilla, y Roberto Burgos, con su hija Vanessa Burgos; (segunda fila) el Pastor Enrique Rivera, Agustín Ramos, el Pastor Ernesto Bello y un desconocido.

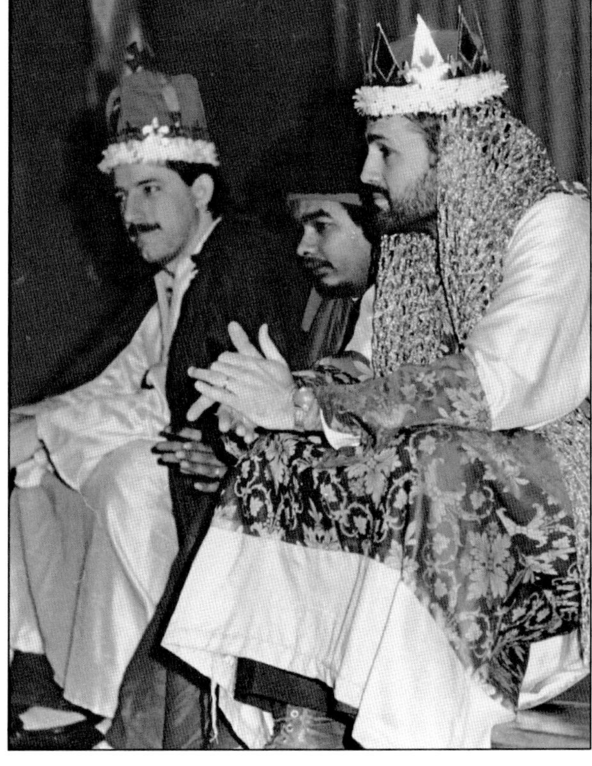

Latino churches all over Rochester celebrate Three Kings Day every year as the day when the biblical magi visited the infant Jesus. The celebration shown here was held on January 6, 1989. (RB.)
Las Iglesias latinas en todo Rochester celebran el Día de los Reyes cada año como el día en que los Reyes Magos visitaron al niño Jesús. La celebración se muestra aquí y se celebra el 6 de enero de 1989.

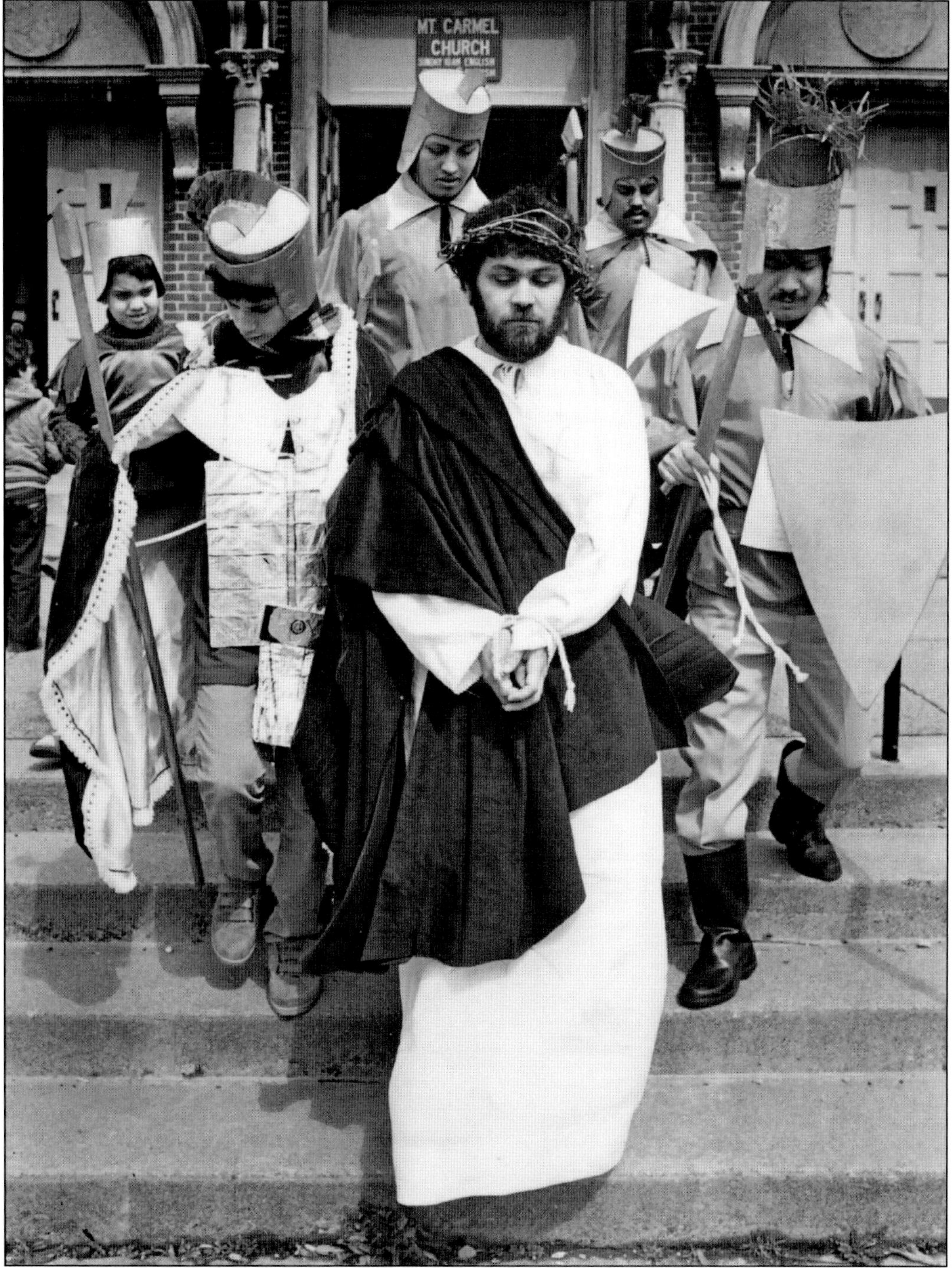

Reenactments of Good Friday, such as this one at Mount Carmel Church in 1986, are another important annual event among the Hispanic faithful. (PZF.)
Representaciones del Viernes Santo, como ésta en la Iglesia Monte Carmelo en 1986, es otro evento importante anual entre los fieles hispanos.

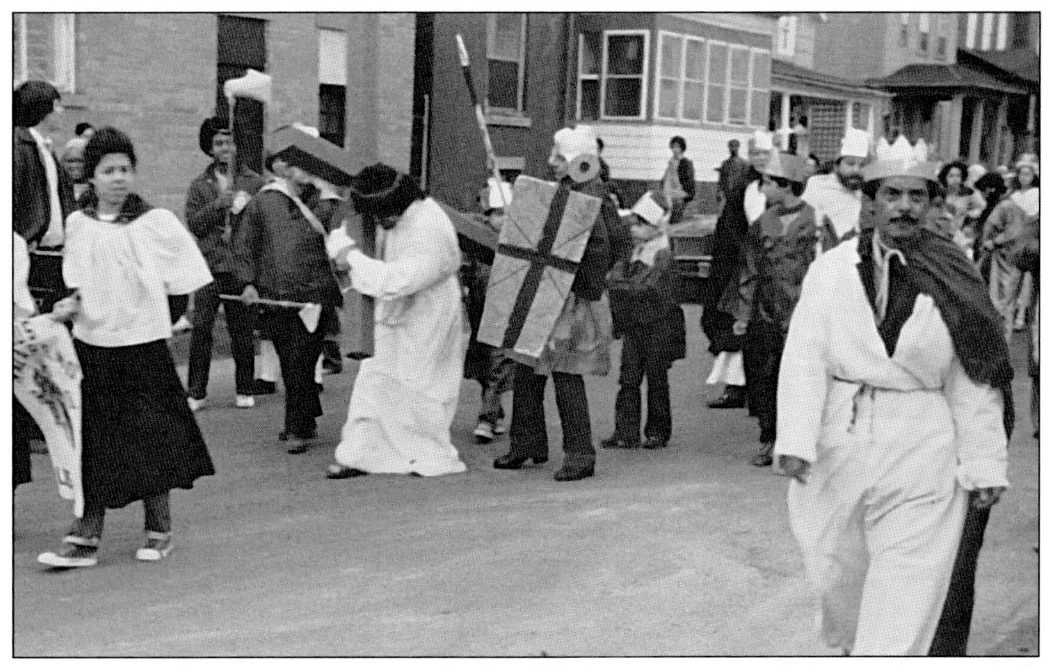

Shown here is the procession portion of a Good Friday reenactment of the crucifixion, which took place at the Mount Carmel Church a few years prior in 1979. (PZF.)
Aquí se muestra parte de la procesión del Viernes Santo, recreación de la crucifixión, que tuvo lugar en la Iglesia Monte Carmelo unos años antes de 1979.

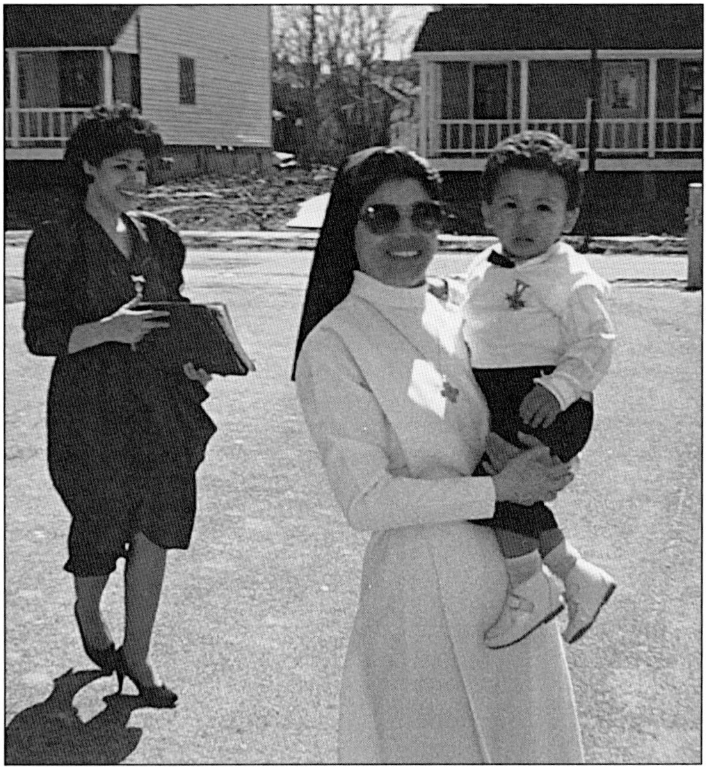

Las Monjas de Mexico was a group of nuns from Mexico that began working in the Rochester community in the mid-1960s and continued for over 30 years. Here Janet Vargas accompanies Sr. Maria Antonetta Zapata, who holds Pedro Orlando Nuñez in the early 1980s. (PZF.)
Las Monjas de México fue un grupo que comenzó a trabajar en la comunidad de Rochester a mediados de 1960 y continuó durante más de 30 años. Aquí Janet Vargas acompaña a Sor María Antonetta Zapata, quien sostiene a Pedro Orlando Núñez a principios de 1980.

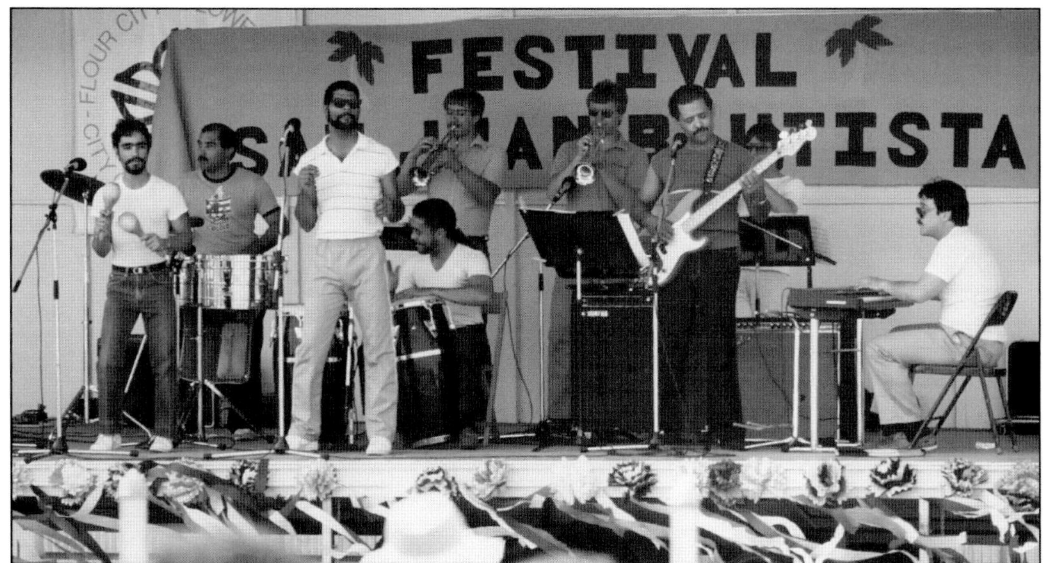

The Feast Day of St. John the Baptist, the patron saint of Puerto Rico, was celebrated with a joint festival of all the Latino Catholic churches. Elia Quiñones organized the event, which included live music, for many years. (ROC.)

La Fiesta de San Juan Bautista, el santo patrón de Puerto Rico, se celebró con un festival que reunió a todas las Iglesias católicas latinas. Elia Quiñones organizó el evento, que incluyó música en vivo, durante muchos años.

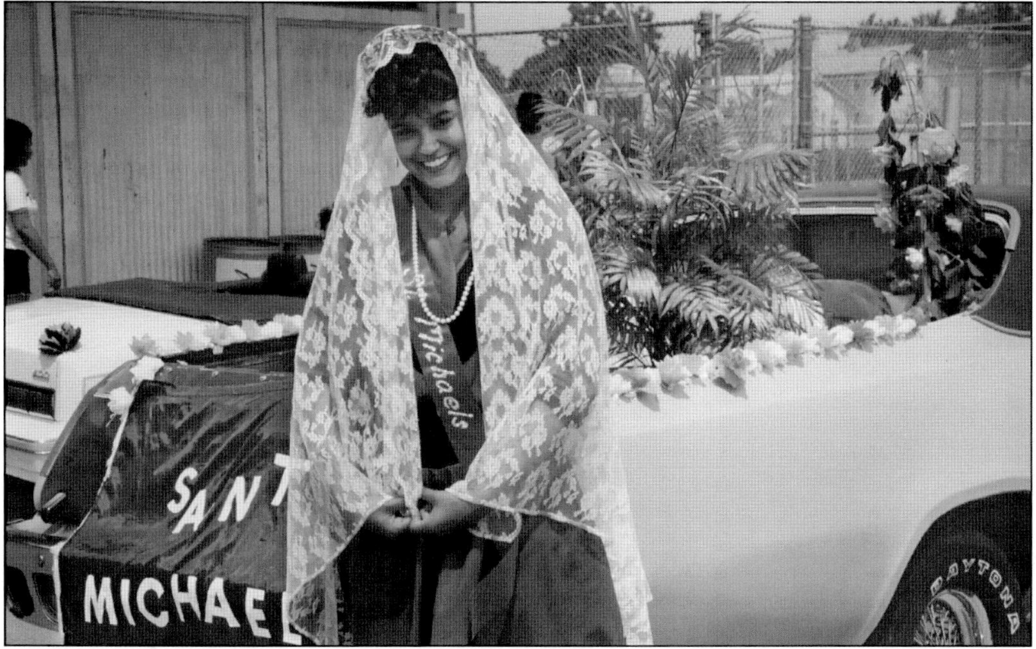

Each church selected a princess for the Feast Day of St. John the Baptist Festival. The princess participated in the parade through the community while wearing her sash and a lace shawl. (ROC.)

Cada iglesia seleccionó una princesa para la Fiesta de San Juan Bautista. Las princesas participaron en el desfile a través de la comunidad usando un cinturón y un rebozo de encaje.

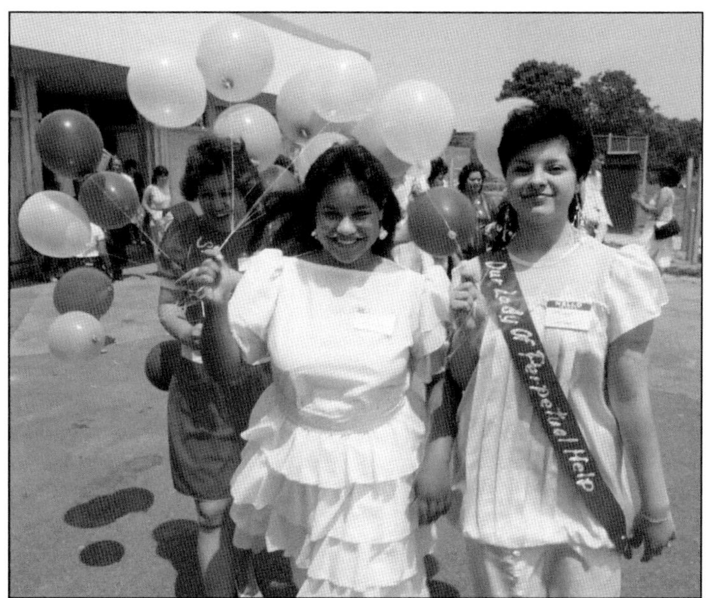

Shown here accompanied by her friends at the festival, Lucy Torres was the chosen princess of Our Lady of Perpetual Help Church in 1985. The festival and parade died out with the clustering of churches that began in the late 1990s. (ROC.)
Se muestran acompañados de sus amigos en el festival, Lucy Torres, quien fue elegida la princesa de la Iglesia Nuestra Señora del Perpetuo Socorro en 1985. El festival y el desfile se concluyeron con la agrupación de iglesias, que comenzó al final de 1990.

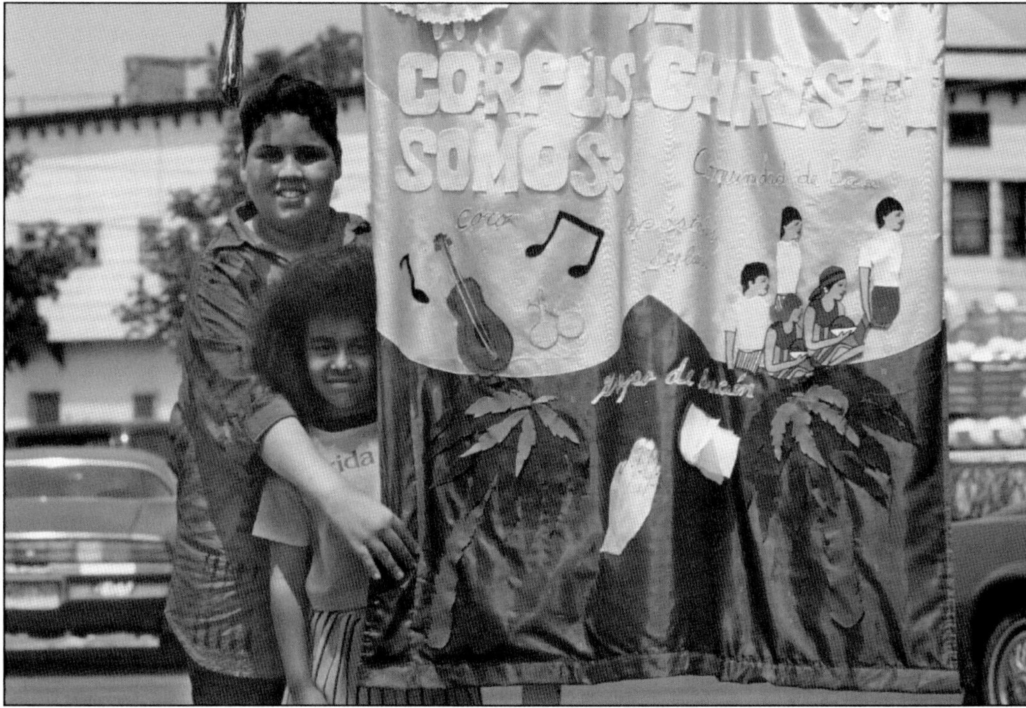

Children carrying a banner with the slogan "We are Corpus Christi" march in the 1985 parade. Many traditionally Latino churches closed beginning in the late 1990s as more and more Latinos moved to the suburbs. Corpus Christi, St. Francis/Holy Redeemer, and the historic Mount Carmel Church merged to form Our Lady of the Americas Church in 2008. (ROC.)
Los niños portando una pancarta con el tema "Somos Corpus Christi" en el desfile de 1985. Muchas Iglesias tradicionalmente latinas cerraron a partir de los inicios de 1990 como más y más latinos se mudaron a los suburbios. Corpus Christi, San Francisco/Santisímo Redentor, y el histórico Monte Carmelo se fusionaron para formar la Iglesia Nuestra Señora de las Américas en el 2008.

Three
Tres

Community Organizing

Organización de la Comunidad

The spirit of cooperation has long been an underlying value among Rochester Latinos. The first families often acted as unofficial ambassadors to newcomers, helping them find housing, jobs, schools, and other basics. Many pioneers talk of the safe places that welcomed Latinos to eat, such as Rocky's Italian Restaurant in the 1950s.

Yet there were also those who were not welcoming. Police harassment of Latinos reached a boiling point in February 1969. When many Latinos were beaten and arrested for congregating in Midtown Plaza, the community organized and picketed the Public Safety Building.

The 1960s also saw the birth of the Ibero-American Action League. The original group was part of the Rochester Catholic Diocese's Spanish Apostolate. The agency grew quickly and added many necessary programs, such as childcare, job training, and education.

The 1980s and 1990s saw the founding of many other important groups, such as Latinas Unidas, the Latino Summits, and the United Way's Latino Leadership Development Program.

El espíritu de cooperación ha sido durante mucho tiempo un valor subyacente entre los latinos de Rochester. Las primeras familias a menudo actuaban como embajadoras para los recién llegados, ayudandolos a encontrar vivienda, trabajo, escuelas y otras necesidades. Muchos pioneros hablan de los lugares seguros que le dieron la bienvenida a los latinos para comer, como el restaurante Rocky's Italian Restaurant en los 1950s.

Sin embargo, hubo también quien no les daban la bienvenida. El acoso policial de los latinos llegó a un punto de ebullición en febrero de 1969. Cuando varios latinos fueron golpeados y detenidos por congregar en centro comercial Midtown Plaza, la comunidad se organizó y protestó frente al Edificio de Seguridad Pública.

Los 1960s también vieron el nacimiento de Ibero-American Action League. El grupo original fue parte de la Diócesis Católica del Apostolado Hispano de Rochester. La agencia creció rápidamente y agregó muchos programas necesarios, tales como el cuidado infantíl, capacitación laboral y educación.

Los años de 1980s y 1990s vieron la fundación de muchos otros grupos importantes, tales como Latinas Unidas, Latino Summits y United Way's Latino Leadership Development Program.

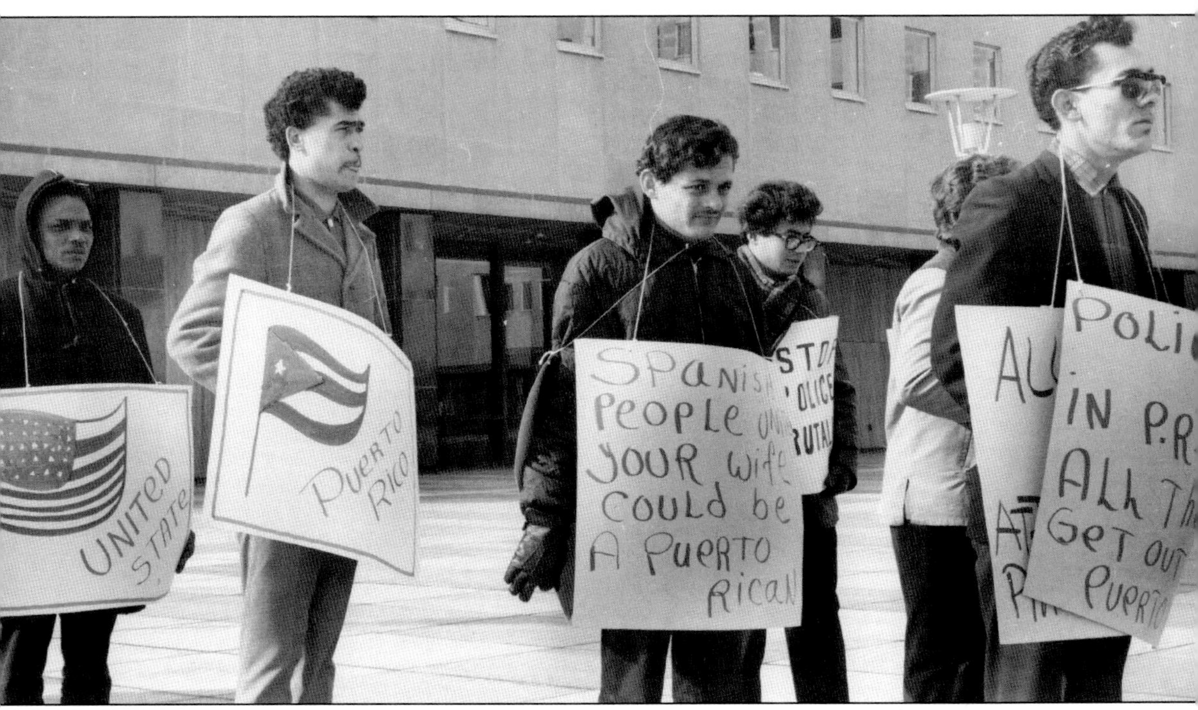

The outrage over the incidents of police brutality at Midtown Plaza led to the community organizing and picketing outside of the Public Safety Building in the chill of February 14, 1969. (D&C.)
La indignación por los incidentes de brutalidad policial en el Midtown Plaza llevó a la comunidad a organizarse y protestar afuera del Edificio de Seguridad Pública en el frío del 14 de febrero de 1969.

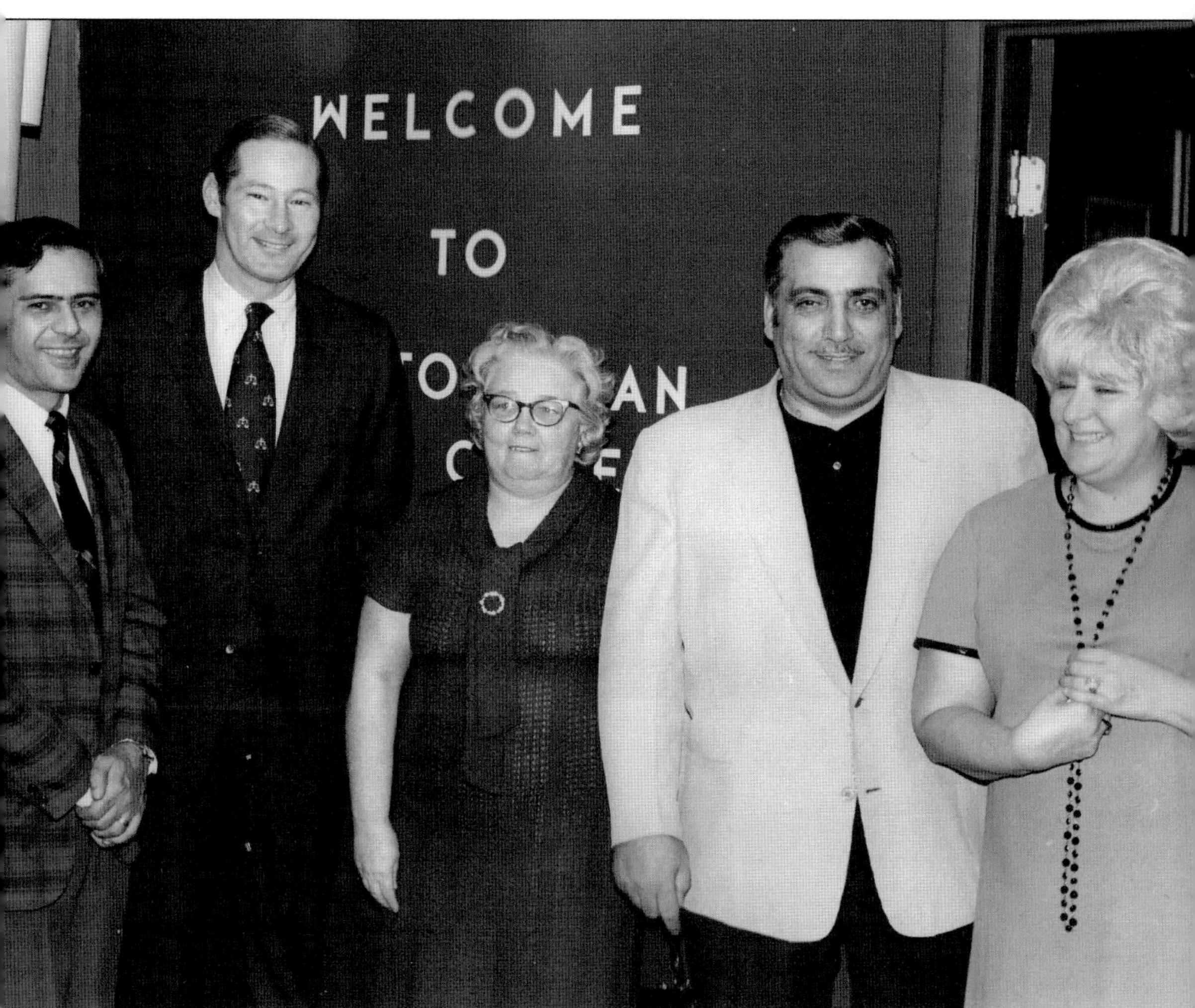

The assignment of officer Joseph Malone as liaison to the Spanish-speaking community greatly improved relations. Pictured from left to right in 1970 are Ibero executive director Jorge Colon, Rochester mayor Stephen May, unidentified, officer Joseph Malone, and Malone's wife. (IA.)
La asignación de oficial Joseph Malone como enlace a la comunidad de habla hispana mejoró muchas de las relaciones. En la foto de izquierda a derecha en 1970 están el director ejecutivo de Ibero Jorge Colón, el alcalde de Rochester Stephen May, una desconocida, oficial Joseph Malone, y su esposa.

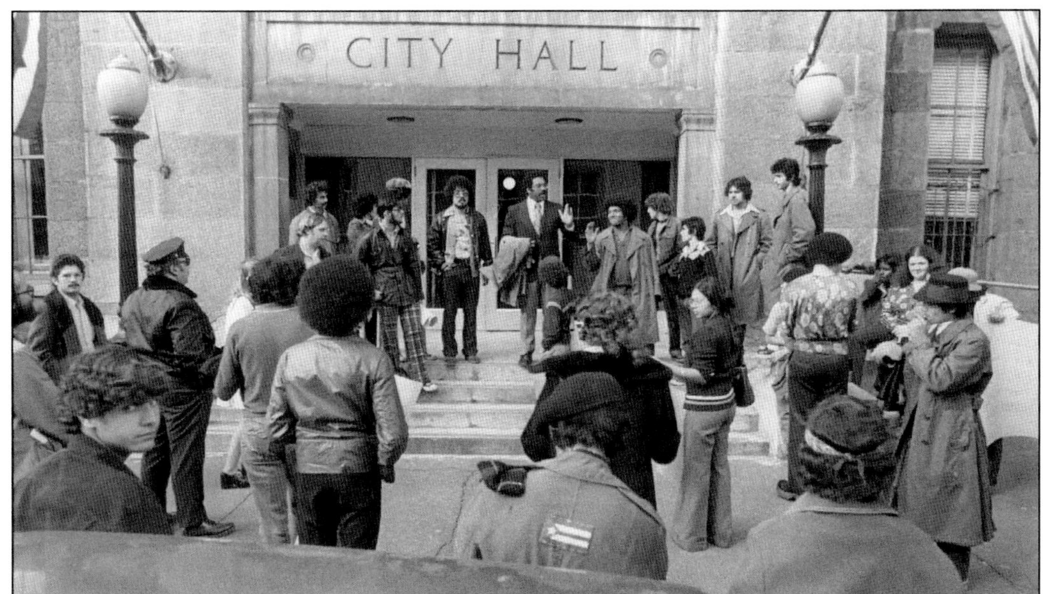

Domingo Garcia (holding his jacket) addresses a crowd of marchers on the steps of the old Rochester City Hall on October 17, 1974. The group had just concluded a peaceful march to demand money to build a youth center on Thomas Street. (D&C.)
Domingo Garcia (con la chaqueta) dirige una multitud de personas que marchan en los escalones de la municipalidad vieja de Rochester el 17 de octubre de 1974. El grupo acaba de concluir una marcha pacífica para demandar dinero para construir un centro juvenil en la calle Thomas.

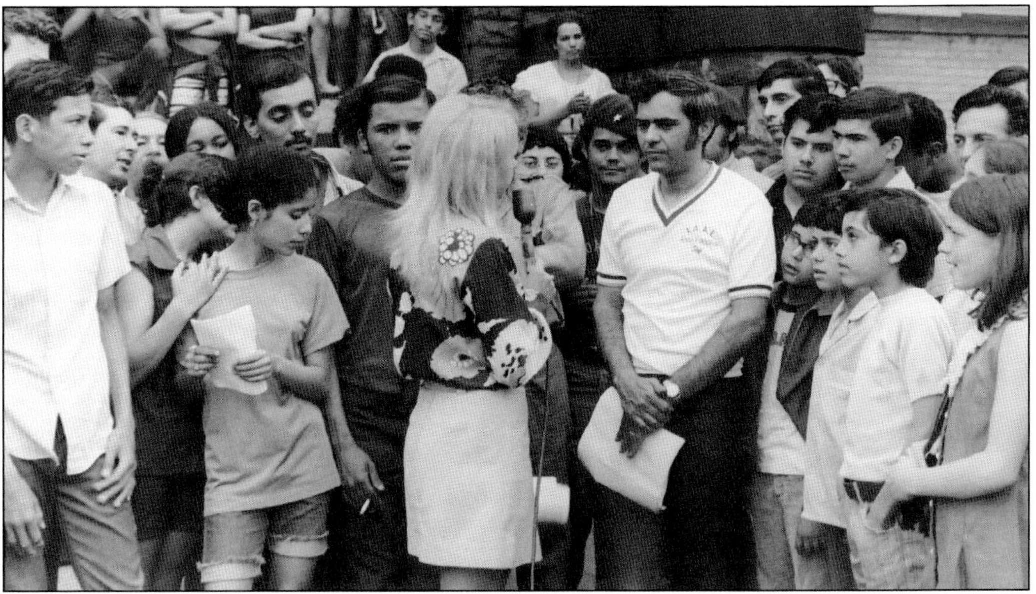
Jorge Colon Sr. was chosen as the first executive director of Ibero. In this 1968 photograph, he stands surrounded by participants of Ibero's Summer Youth Program while being interviewed by a local television station. (IA.)
Jorge Colón Sr. fue elegido como el primer director ejecutivo de Ibero. En ésta fotografía de 1968, se encuentra rodeado por los participantes del Programa de Verano de Ibero mientras era entrevistado por una emisora de televisión local.

One of Ibero's first and most successful job training programs was the Bilingual Secretary Training (BEST) program started in 1972. Learning shorthand was an important skill at the time for a secretary. (IA.) Uno de los programas de capacitación laboral más exitosos de Ibero fue el programa de Formación de Secretarias Bilingüe (BEST), iniciado en 1972. La taquigrafía era una hábilidad importante en aquiel tiempo para una secretaria.

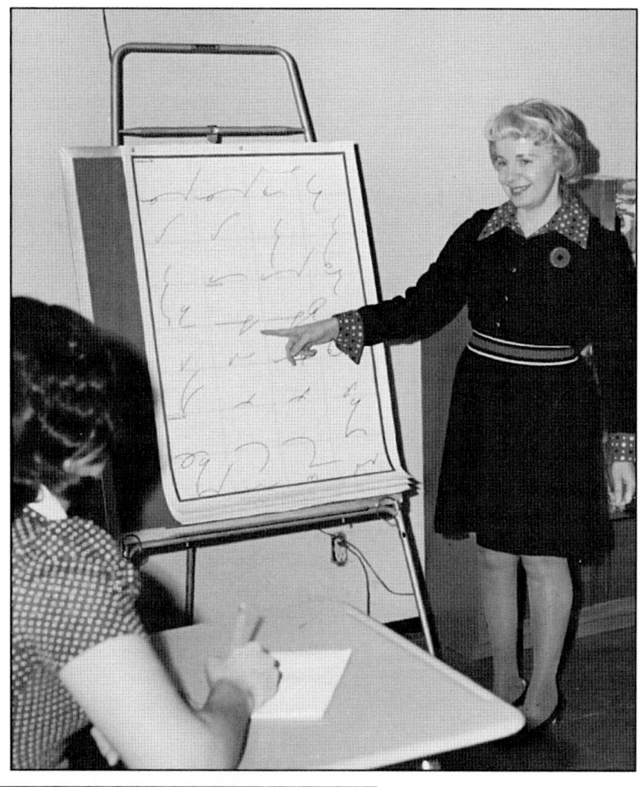

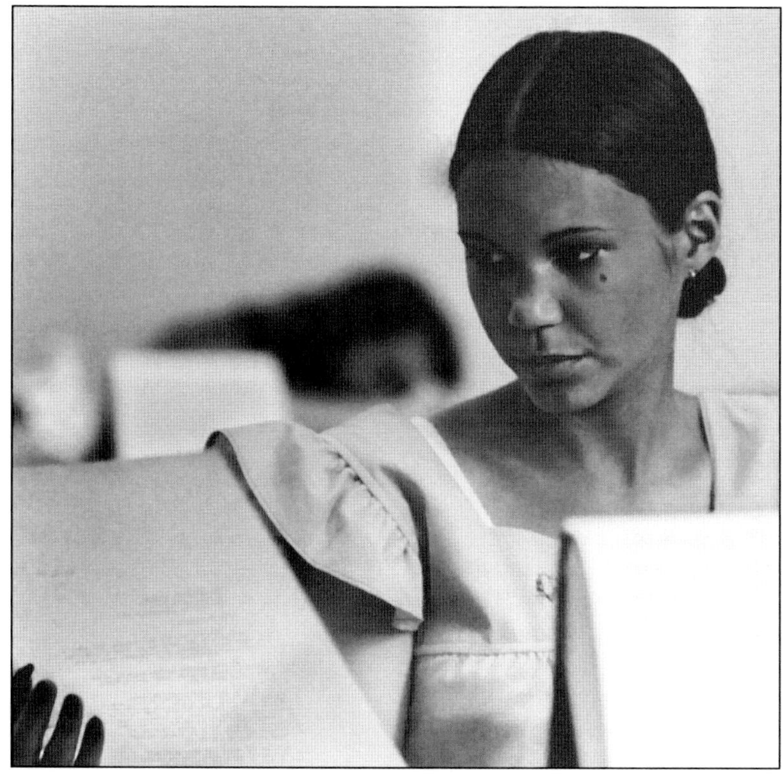

The program found great success as the growing Hispanic demographic dictated the need to hire bilingual secretaries at many companies. Student Maritza Sanchez practices her typing in 1972. (IA.) El programa encuentró un gran éxito cuando la creciente población hispana dictó la necesidad de contratar secretarias bilingües en muchas compañías. Estudiante Maritza Sánchez practica su escritura en 1972.

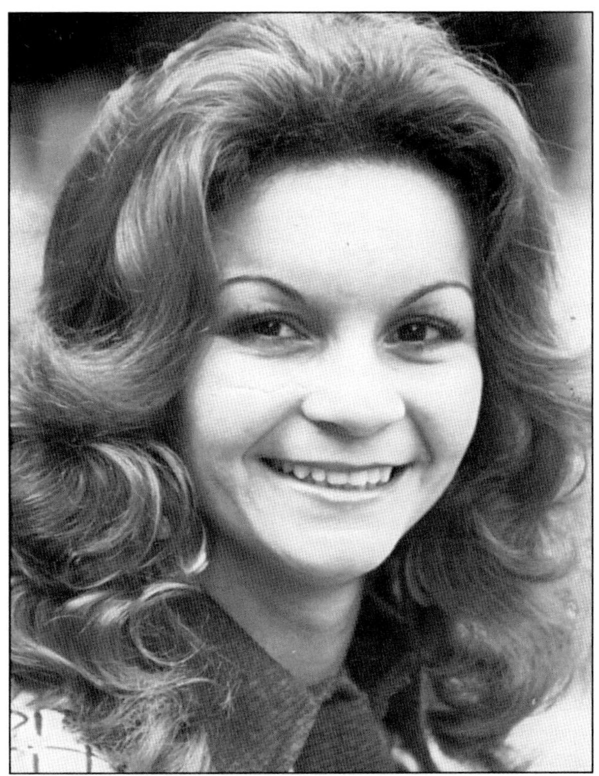

Hilda Rosario Escher first came to work for Ibero in the BEST program upon her arrival from Puerto Rico in 1973. She became the executive director of Ibero 33 years later. (IA.)
Hilda Rosario Escher comenzó a trabajar para Ibero en el programa BEST a su llegada de Puerto Rico en 1973. Ella se convirtió en la directora ejecutiva de Ibero 33 años después.

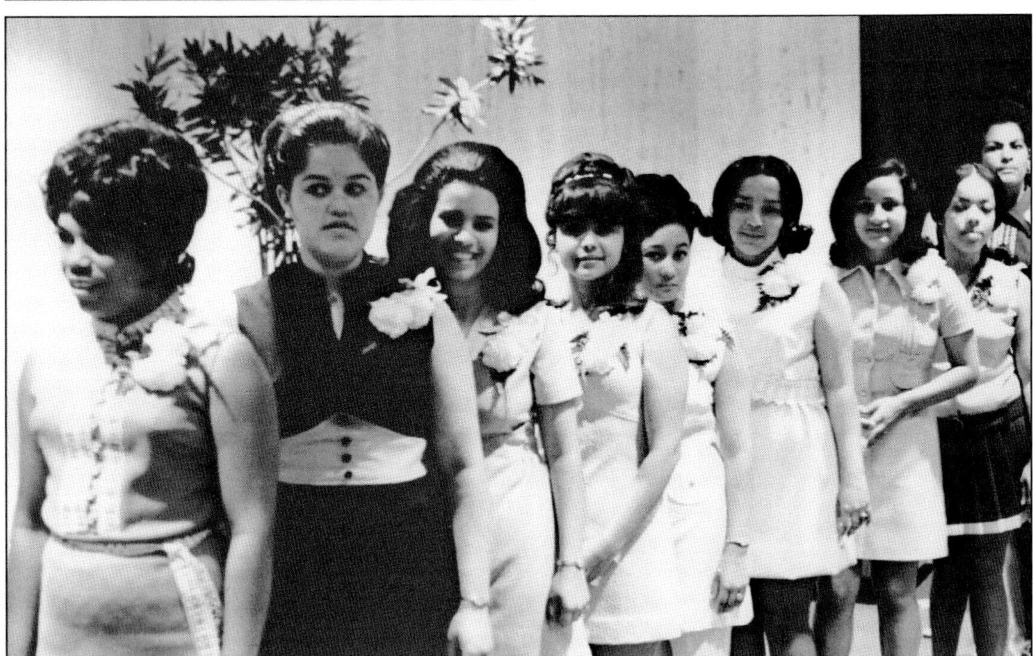

The 1972 BEST graduating class would be the first of many, as the program would continue in various iterations to the present day. (IA.)
La generación de 1972 del programa BEST sería la primera de muchas, ya que el programa continuaría en varias iteraciones hasta la actualidad.

The bilingual day-care program launched by Ibero in the early 1970s was the first bilingual education of any kind to be offered in Rochester. (IA.)
El programa bilingüe de guardería comenzado por Ibero en 1970 fue la primera de educación bilingüe de cualquier tipo que se ofreció en Rochester.

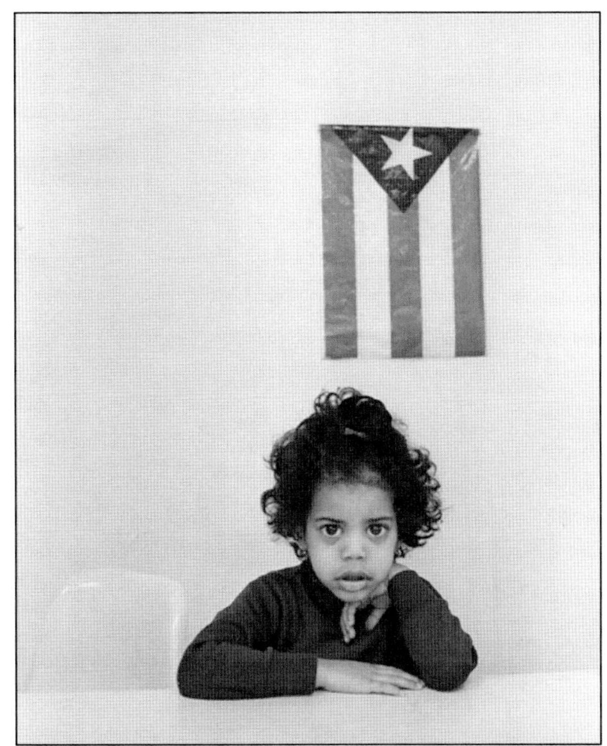

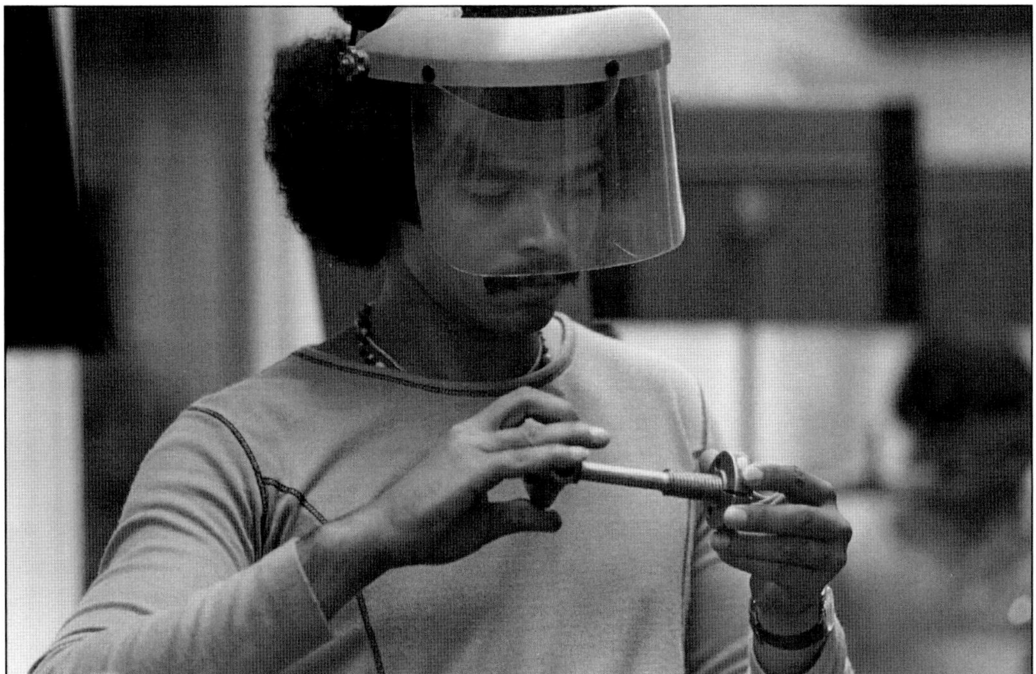

Ibero's job training programs also trained Latinos in skills needed for higher-paying jobs in the area's many factories. (IA.)
Los programas de capacitación laboral de Ibero también entrenaron a los latinos en las habilidades necesarias para empleos mejor remunerados en muchas fábricas de la zona.

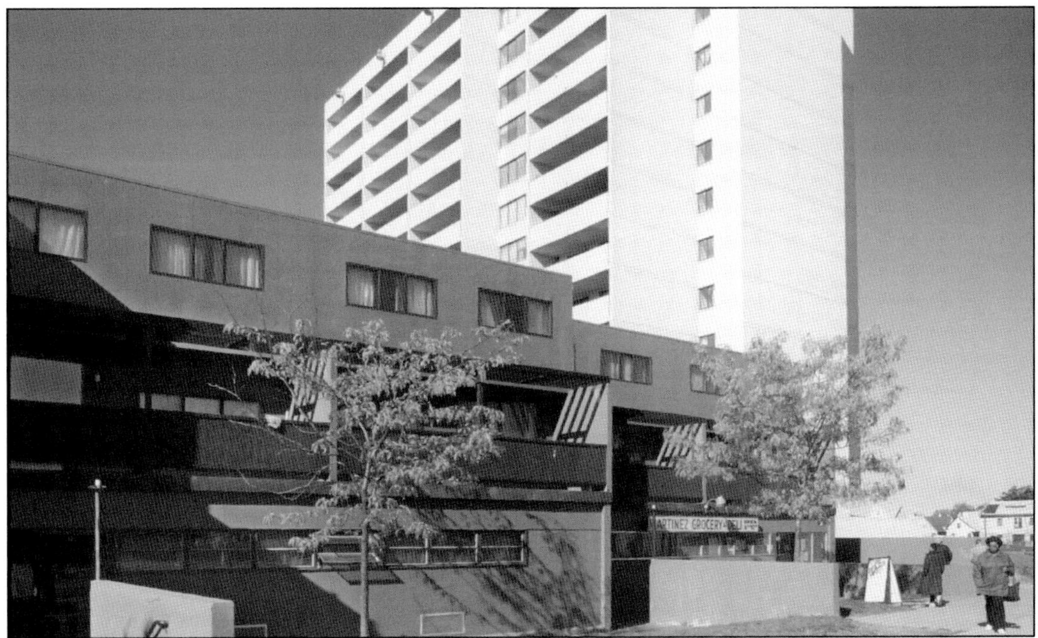

Latinos had settled in many of the oldest neighborhoods in Rochester, thus Ibero saw the need for newer housing options for Latinos and began developing the Los Flamboyanes housing project in 1974. (ROC.)
Los latinos se habían establecido en muchos de los barrios más antiguos de Rochester, por lo tanto Ibero vio la necesidad de nuevas opciones de vivienda para los latinos y comenzó a desarrollar el proyecto Los Flamboyanes de vivienda en 1974.

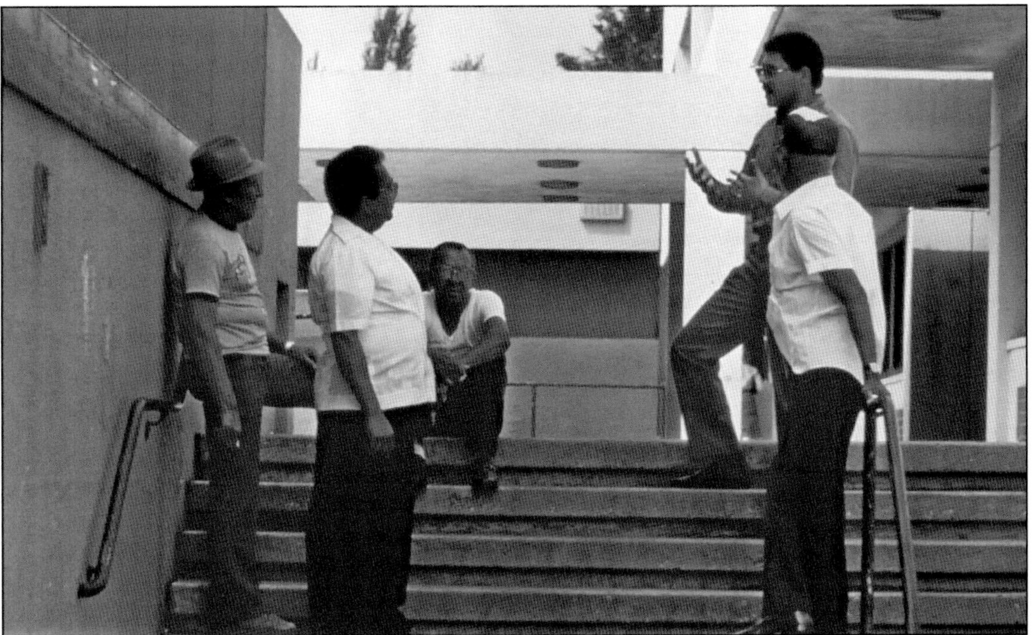

The Los Flamboyanes development opened in 1975 with 153 apartments and town houses. (ROC.)
El desarrollo de Los Flamboyanes abrió en 1975 con 153 apartamentos y casas unifamiliares.

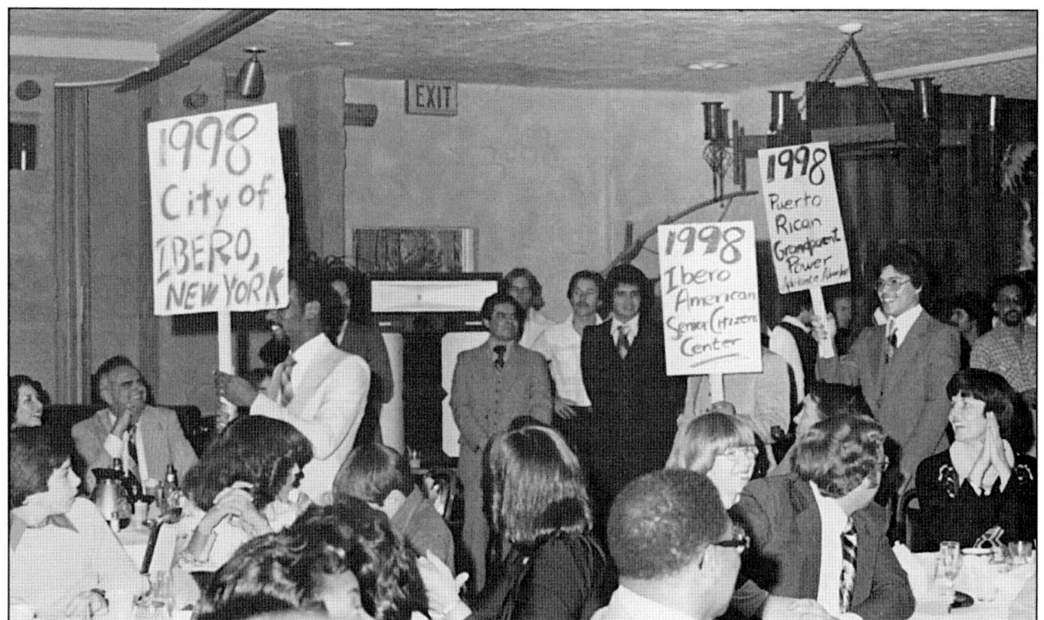

At the 10-year anniversary celebration of Ibero in 1978, seen from left to right Eugenio Marlin, unidentified, and Jose Cruz jokingly picket the crowd with future goals for the organization. (IA.)
En la celebración del décimo aniversario de Ibero en 1978, de izquierda a derecha Eugenio Marlin, un desconocido y José Cruz bromeando con la la multitud acerca de metas futuras de la organización.

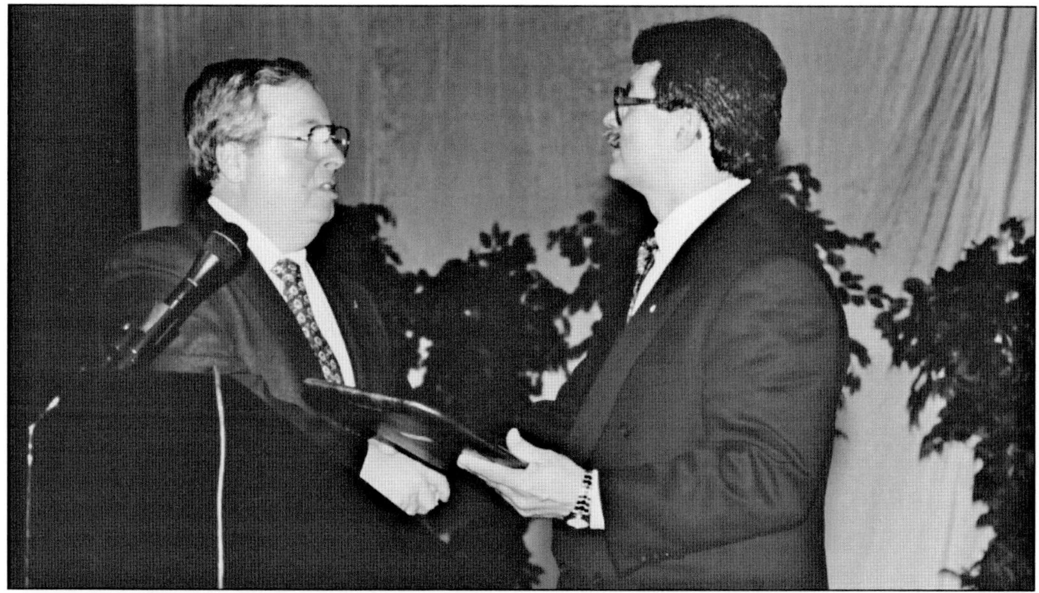

The United Way of Greater Rochester selected Ibero executive director Julio Vazquez as the executive of the year in 1996. Pictured from left to right are United Way president Joseph Calabrese and Julio Vazquez. (JV.)
El United Way of Greater Rochester seleccionó a Julio Vazquez, director ejecutivo de Ibero, como el ejecutivo del año en 1996. En la foto de izquierda a derecha, presidente de United Way Joseph Calabrese y Julio Vázquez.

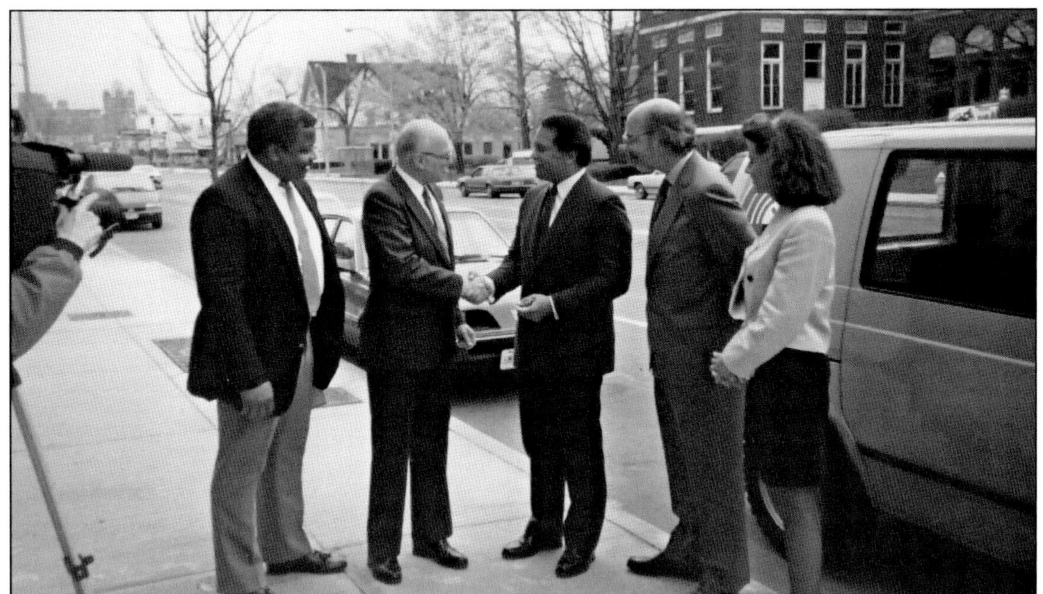

In 1987, Ibero purchased a new headquarters on Main Street after 20 years in the old Holy Redeemer Church hall. Executive director Domingo Garcia shakes hands before the television cameras. (IA.)

En 1987, Ibero compró una nueva sede en la calle principal después de 20 años en la antigua sala de la Iglesia del Santísimo Redentor. El director ejecutivo Domingo García da la mano ante las cámaras de televisión.

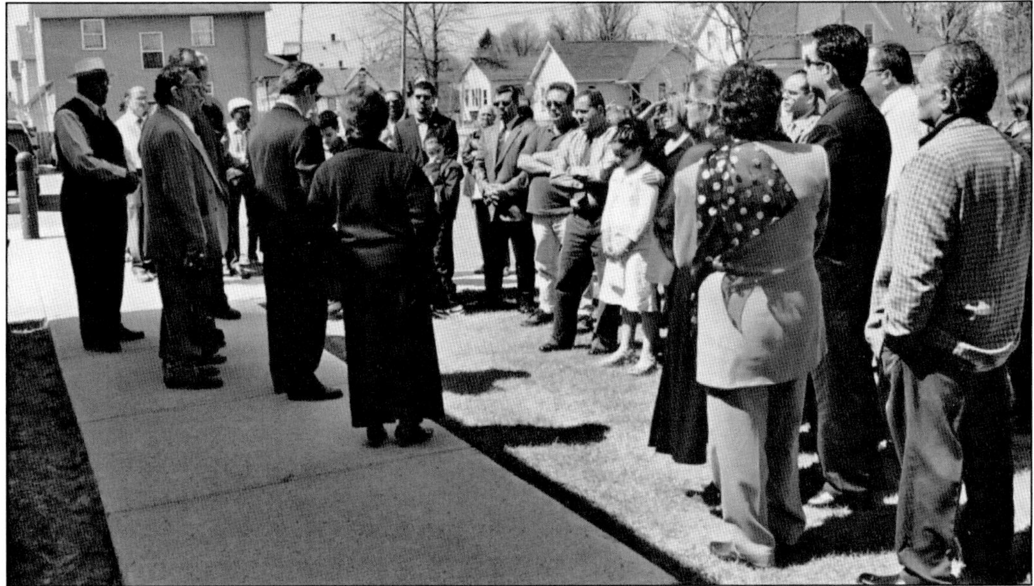

As the Latino community in Rochester continued to boom, so did Ibero, expanding to over a dozen sites. In 1997, the Jorge Colon Family Center at 777 Clifford Avenue was built and opened to the public. (IA.)

A medida que la comunidad latina en Rochester continuó en auge, también lo hizo Ibero, con su ampliación de más de una docena de sitios. En 1997 el Centro Familiar Jorge Colón, fue construído y abierto al público en 777 de la avenida Clifford.

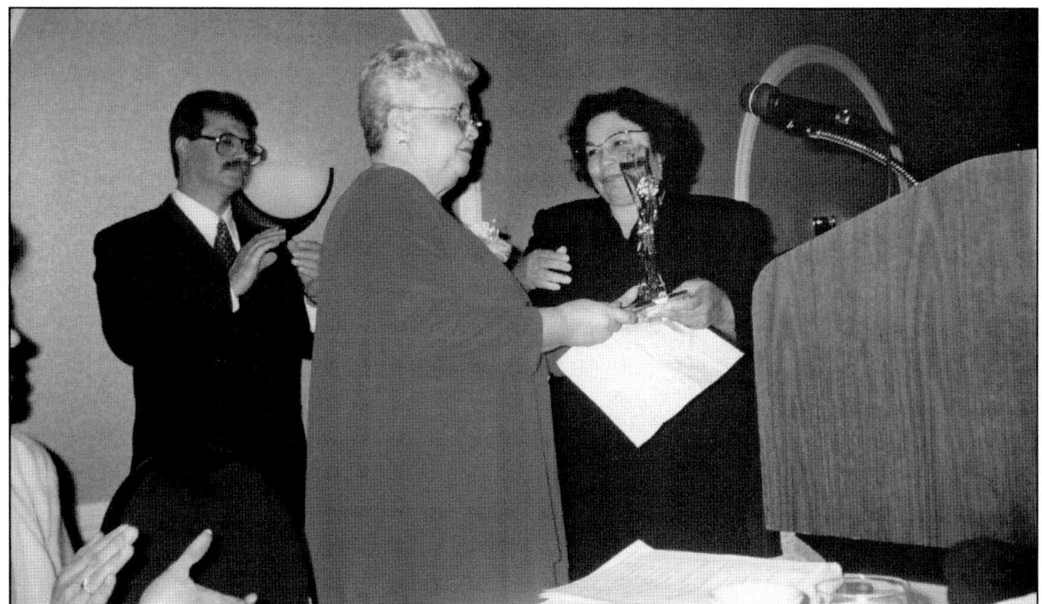

At the 29th Ibero annual dinner held on October 17, 1997, pioneer and poet Felicita Mitrano, pictured second from the left, was honored for her work in the community. (IA.)
En la vigésima novena cena anual de Ibero celebrada el 17 de octubre de 1997, la pionera y poeta Felicita Mitrano, segunda del lado izquierdo, fue honrada por su trabajo en la comunidad.

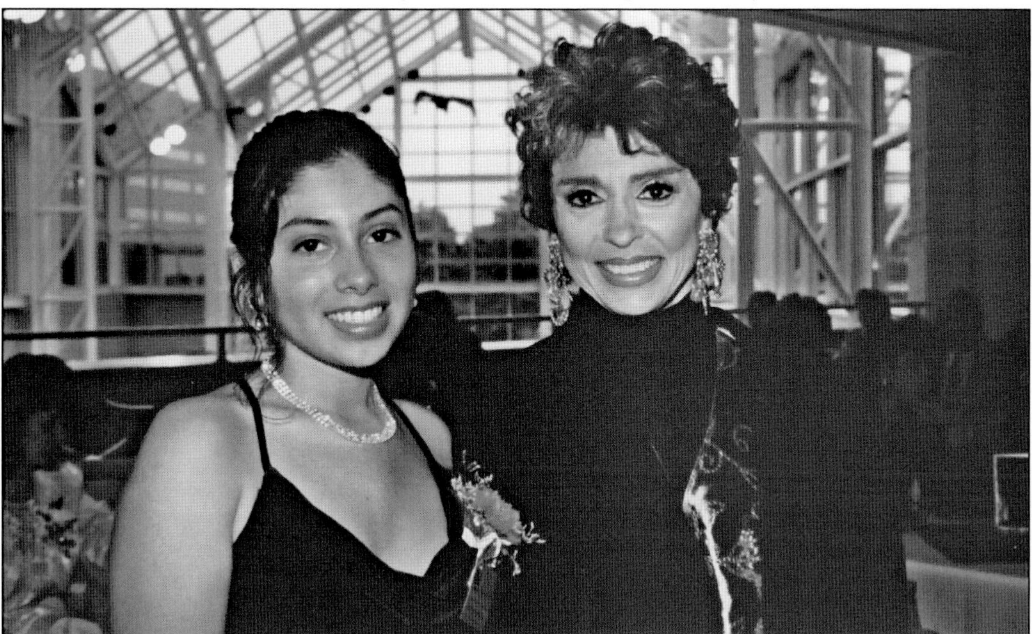

The Ibero Scholars scholarship program has also continued to grow. In this photograph from 1996, Oscar-winning Puerto Rican actress Rita Moreno poses with scholarship winner Michelle Hernandez Tomasula. (IA.)
El programa de becas de Ibero también ha seguido creciendo. En esta fotografía de 1996, la actriz puertorriqueña Rita Moreno, ganadora de un Oscar, posa con la ganadora de una beca, Michelle Hernández Tomasula.

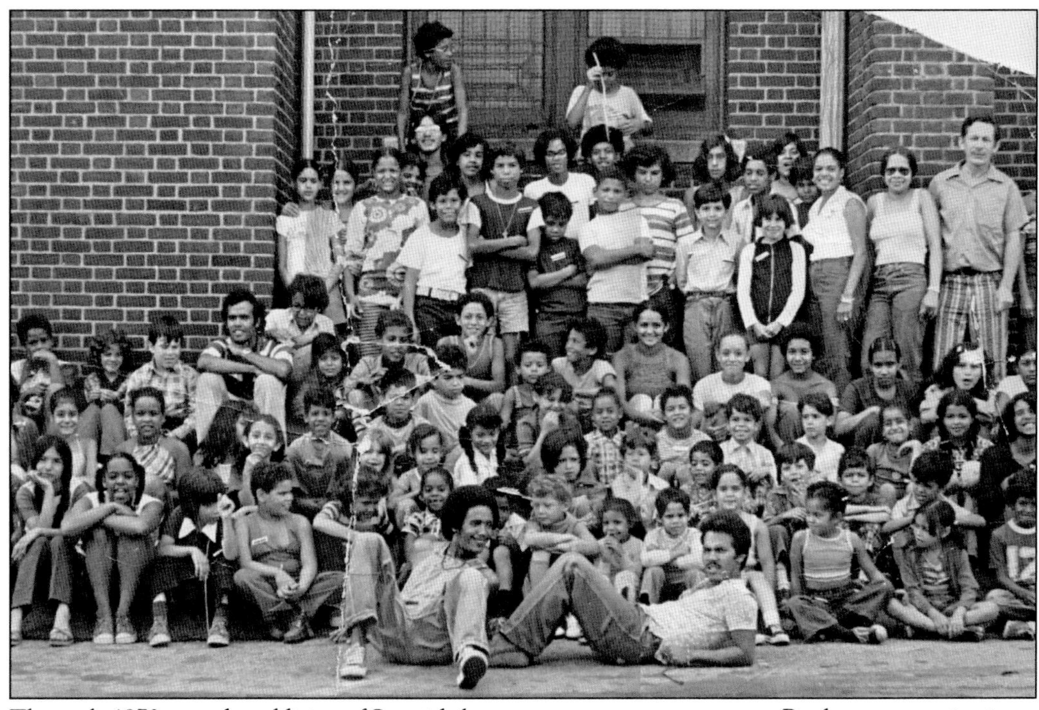

The early 1970s saw the addition of Spanish-language components to many Rochester organizations. The Lewis Street Community Center Spanish Skills Summer Program is shown in 1973. (HA.) A principios de 1970 surgió la adición de componentes del idioma español a muchas organizaciones de Rochester. Aquí se muestra el programa de verano de hábilidades de habla hispana del Centro Comunitario en la calle Lewis en 1973.

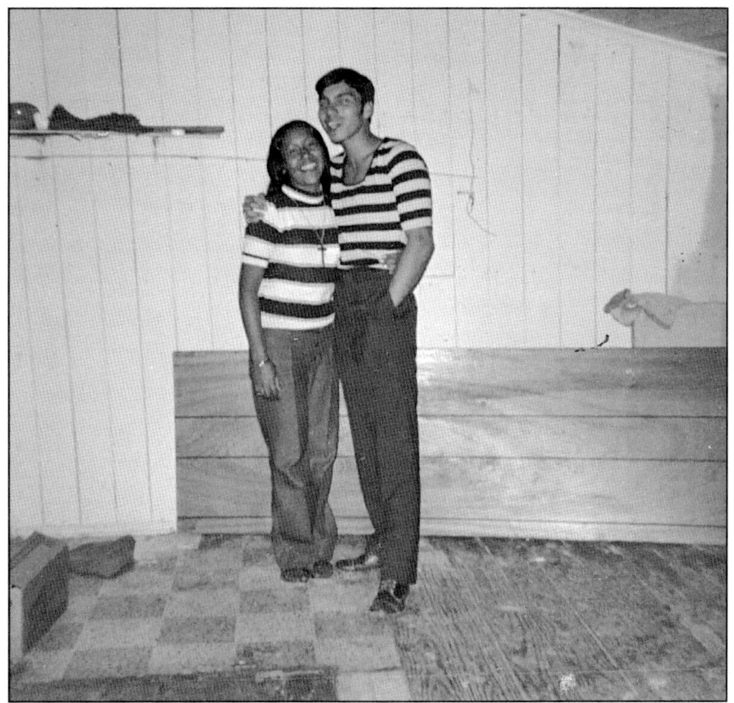

The late Raul Martinez was a local activist who went on to become the president of ASPIRA of Florida, helping hundreds of Puerto Rican students stay in school. Here he is as a teenager with Aleris Medero at a Pedraza family party in 1968. (GPB.) El difunto Raúl Martínez fue un activista local que llego a ser el presidente de ASPIRA de Florida, ayudando a cientos de estudiantes de Puerto Rico permanecer en la escuela. Aqui esta como un adolescente con Aleris Medero en una fiesta de la familia Pedraza en 1968. (GPB.)

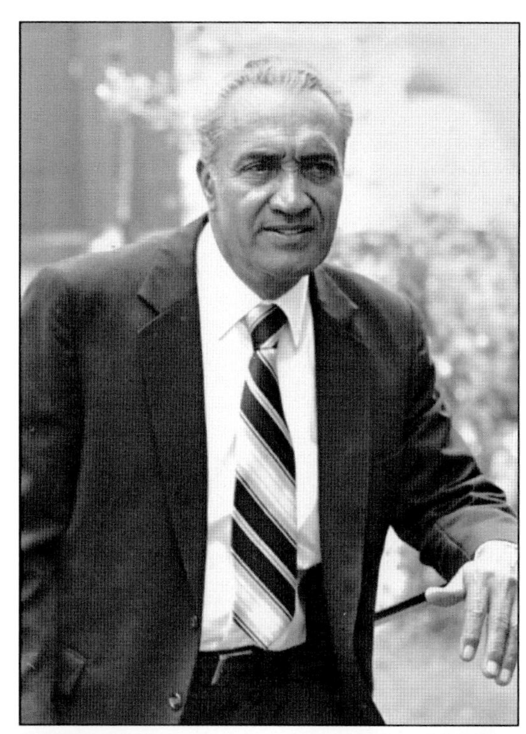

The patriarch of the Pedraza family, Pedro Pedraza, came to Rochester in the early 1950s and was active with dozens of organizations for over five decades. Pedraza helped many families settle in the area. (IA.)
El patriarca de la familia Pedraza, Pedro Pedraza llegó a Rochester a principios del 1950 y estuvo activo con docenas de organizaciones por más de cinco décadas. Pedraza ayudó a muchas familias establecerse en el area.

This photograph from the 1970 Monroe High School yearbook showcases the Puerto Rico Club. The club states its purpose as encouraging Spanish-speaking students to be more involved in the school. (HA.)
Esta fotografía del 1970 anuario de Monroe High School presenta el Club de Puerto Rico. El club declara que su propósito es animar a los estudiantes de habla hispana envolverse más en la escuela.

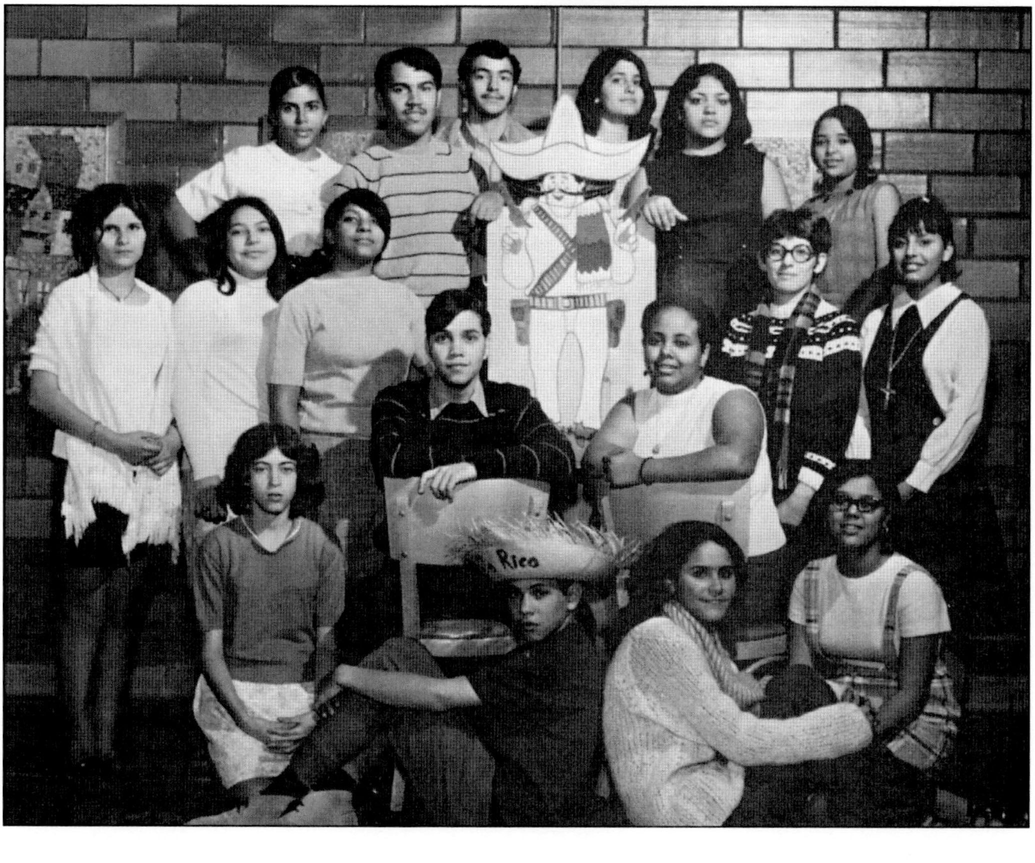

PEOPLE'S NEWS

Puerto Rican Student Union
April 30, 1971

Walk down Oakman Street, Almira Street, Clinton AVe N., and Cole Street this week and check out the mounds of garbage in front of each house. The Puerto Rican Student Union got tired of seeing our neighborhood covered with beer cans and trash. We asked the city to lend us some equipment to clean and the city promised to help; but when we gathered on Saturday to start working, the equipment was not there. The city showed us that they do not care enough about our people to lend us some equipment for us to clean our own neighborhood. With our own brooms, rakes, and shovels, we went from house to house and from yard to yard to clean up because we love our brothers and sisters. We are angry that our neighborhood looks like a garbage dump. Boarded up houses and abandoned cars filled with broken bottles and garbage are death traps for our children. Rats, roaches, and pushers flock to these death traps in great numbers.

Why is our neighborhood a garbage dump when on Culver Road and Merchant Road, a white middle class neighborhood, the streets are spotlessly clean? Why should we live with rats, roaches, and beer cans? when whites on Culver Road don't even know what a rat or roach looks like? It is our HUMAN RIGHT to live in a clean and healthy neighborhood. The City Department of <u>Public Works</u> (dpw) is not working for our our people. It forgets that we are human beings, that we pay taxes, and that we like to be clean. We are fed up with watching the dpw drive through our neighborhood leaving the garbage for us to live in.

We are hip to the games of dpw. We are uniting to make sure dpw will serve the people. If dpw does not deal with the garbage,we will deal with dpw.

POWER TO THE PEOPLE

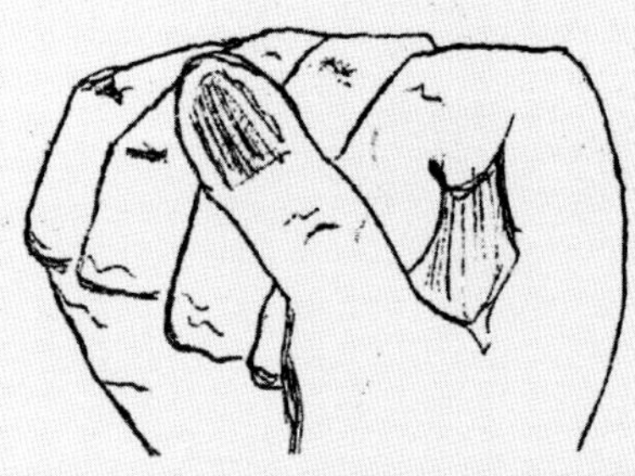

This "Peoples News" flyer was circulated in the Latino neighborhoods on April 30, 1971, by the Puerto Rican Student Union (PRSU) of Benjamin Franklin High School. It accused the City of Rochester of neglecting their neighborhood and not helping to keep it clean. (RB.)
Este volante de "Peoples News" se distribuyó en los barrios latinos el 30 de abril de 1971, por la Unión de Estudiantes de Puerto Rico (PRSU) de Benjamin Franklin High School. Acusó a la Ciudad de Rochester de descuidar su vecindario y de no ayudar a mantenerlo limpio.

When the City of Rochester failed to provide the promised equipment for a cleanup, the teens of PRSU got their own brooms and cleaned the neighborhood. Among those in the photograph of the cleanup are Henry Padron and future mayoral candidate Nancy Padilla. (RB.)
Cuando la Ciudad de Rochester fracasó a proporcionar el equipo prometido para una limpieza, los adolescentes de PRSU consiguieron sus propias escobas y limpiaron el vecindario. Entre ésos en la fotografía de la limpieza están Henry Padrón y en aquel entonces la futura candidata a la alcaldía Nancy Padilla.

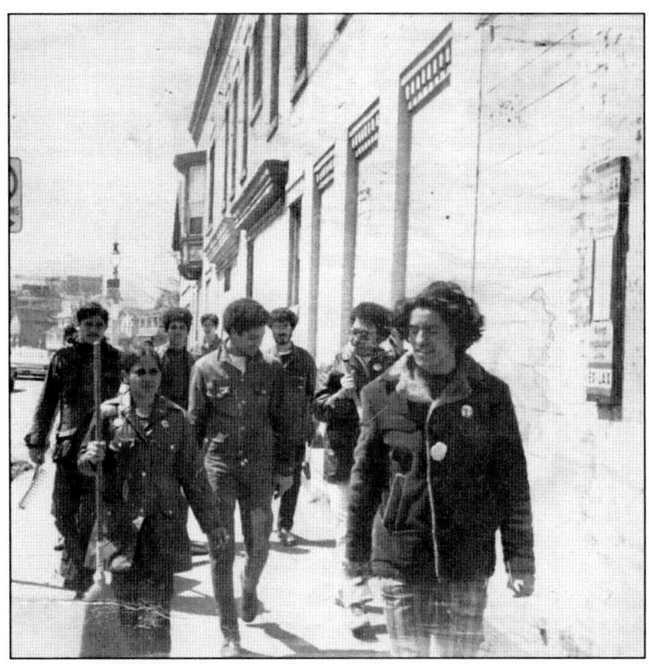

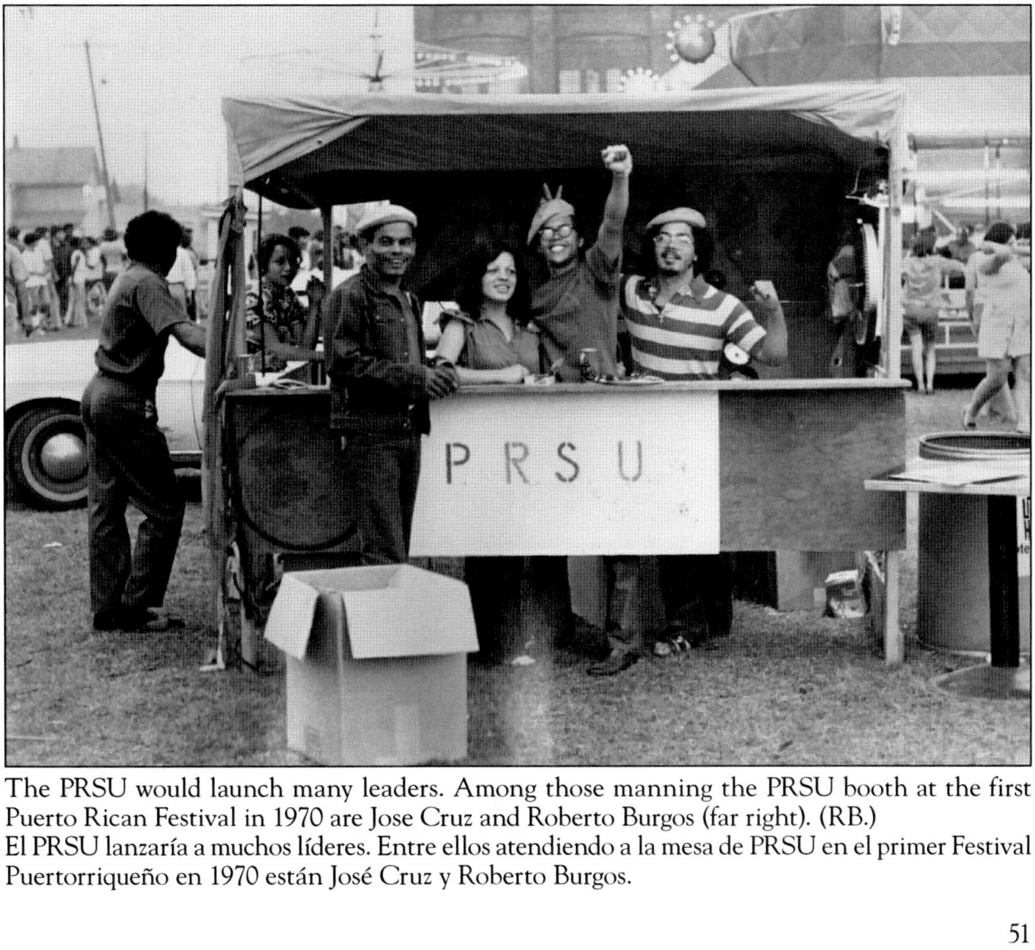

The PRSU would launch many leaders. Among those manning the PRSU booth at the first Puerto Rican Festival in 1970 are Jose Cruz and Roberto Burgos (far right). (RB.)
El PRSU lanzaría a muchos líderes. Entre ellos atendiendo a la mesa de PRSU en el primer Festival Puertorriqueño en 1970 están José Cruz y Roberto Burgos.

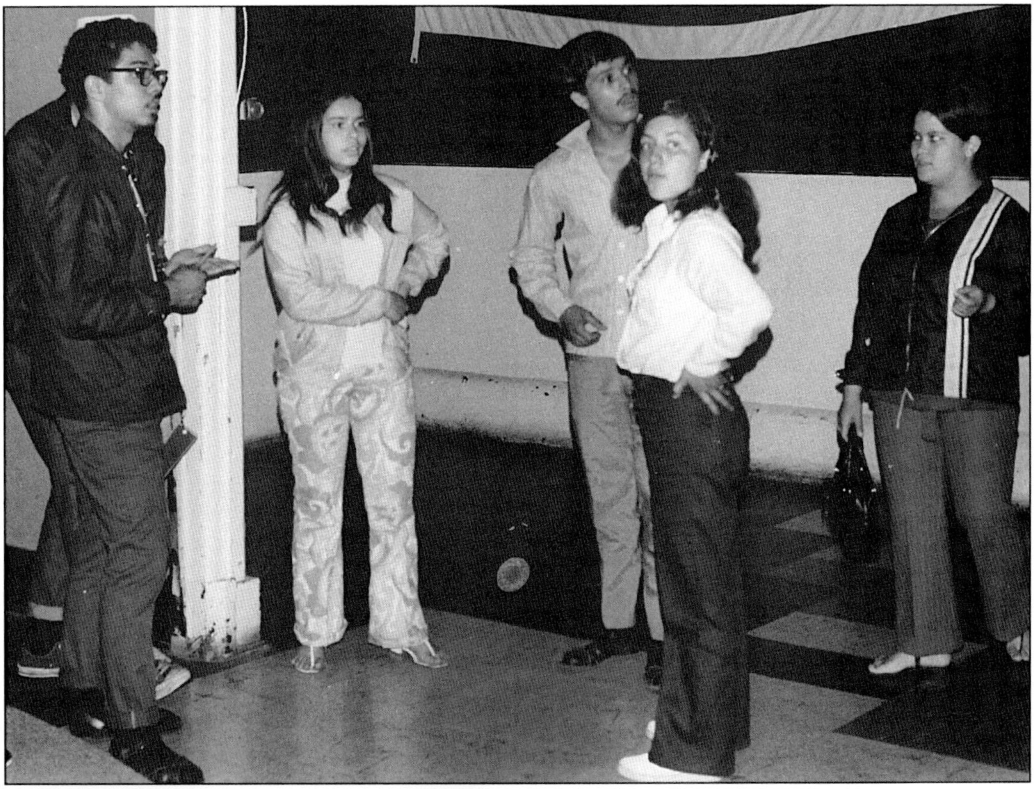

PRSU members started several programs, including one for Latino youth in the summer. Pictured from left to right are Roberto Burgos, Abagail Ortiz, Jose "Papo" Burgos, Angela Collazo, and Besty Roque. (IA.)
Los miembros de PRSU comenzaron varios programas, inclusive uno en el verano para la juventud latina. En la foto de izquierda a derecha, Roberto Burgos, Abagail Ortiz, José "Papo" Burgos, Angel Collazo, y Besty Roque.

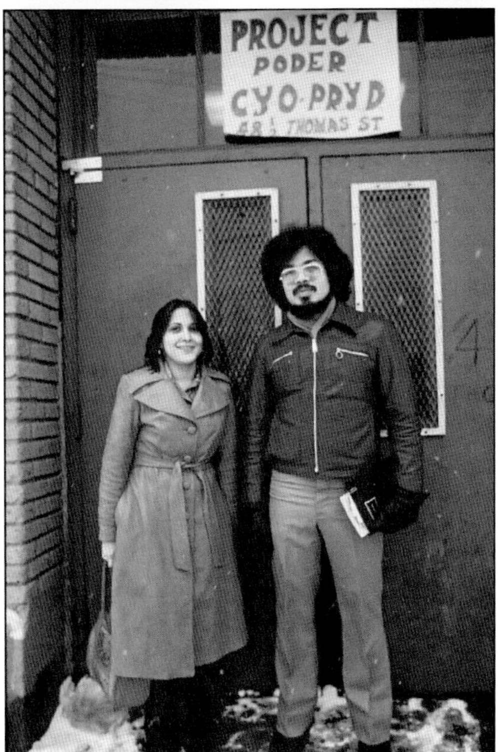

This group of young leaders eventually got the funding from the Catholic Youth Organization (CYO) to start Puerto Rican Youth Development (PRYD). Nancy Padilla and Roberto Burgos pose at PRYD's first offices at 48 ½ Thomas Street in the early 1970s. (PZF.)
Este grupo de líderes jóvenes con el tiempo consiguió financiación de Catholic Youth Organization (CYO) para comenzar el Puerto Rican Youth Development (PRYD). Nancy Padilla y Roberto Burgos posan en las primeras oficinas de PRYD en 48 ½ Thomas Street en los comienzos de 1970.

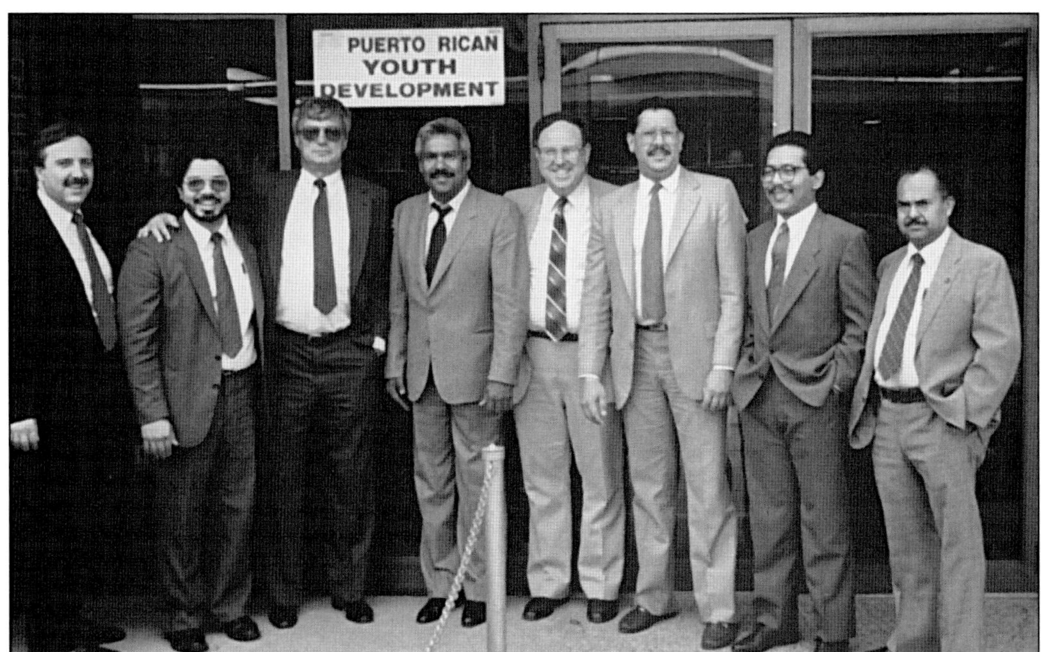

PRYD eventually grew to have a budget of over $1 million a year. Here the PRYD board of directors meets at their longtime headquarters on North Clinton Avenue in the late 1980s. (RB.)
PRYD llegó a contar con un presupuesto de más de un millón de dólares al año. Aquí la junta de directores de PRYD se reúne al frente de su edificio en North Clinton Avenue, a finales de los 1980s.

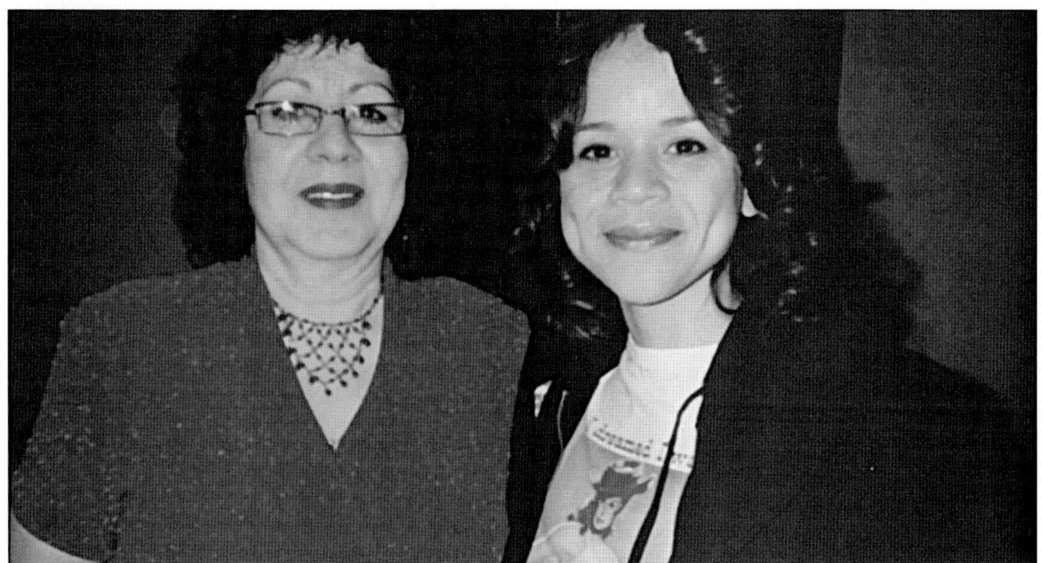

Margie Maneiro Crespo, PRYD board member, greets Oscar-nominated Puerto Rican actress Rosie Perez, who keynoted the 37th anniversary dinner for PRYD in 2006. PRYD merged with Ibero in 2009. (MMC.)
Margie Maneiro Crespo, miembro de la junta de PRYD, saluda a la actriz puertorriqueña Rosie Pérez, quien habló en la cena del 37th aniversario de PRYD en el 2006. PRYD se unió con Ibero en el 2009.

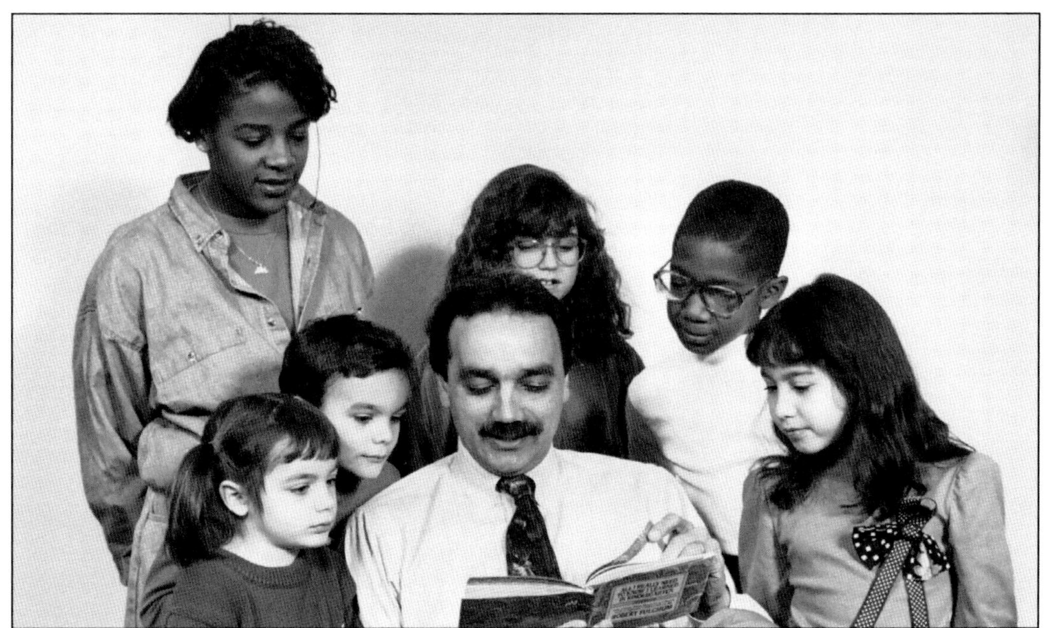

Originally from Boston, Manuel Rivera started out as a teacher in Rochester in 1975. He was eventually named Rochester City superintendent of schools in 1991 and again in 2002. (JR.)
Originalmente de Boston, Manuel Rivera comenzó como maestro en Rochester en 1975. Con el tiempo fue nombrado superintendente de las escuelas de Rochester en 1991 y nuevamente en el 2002.

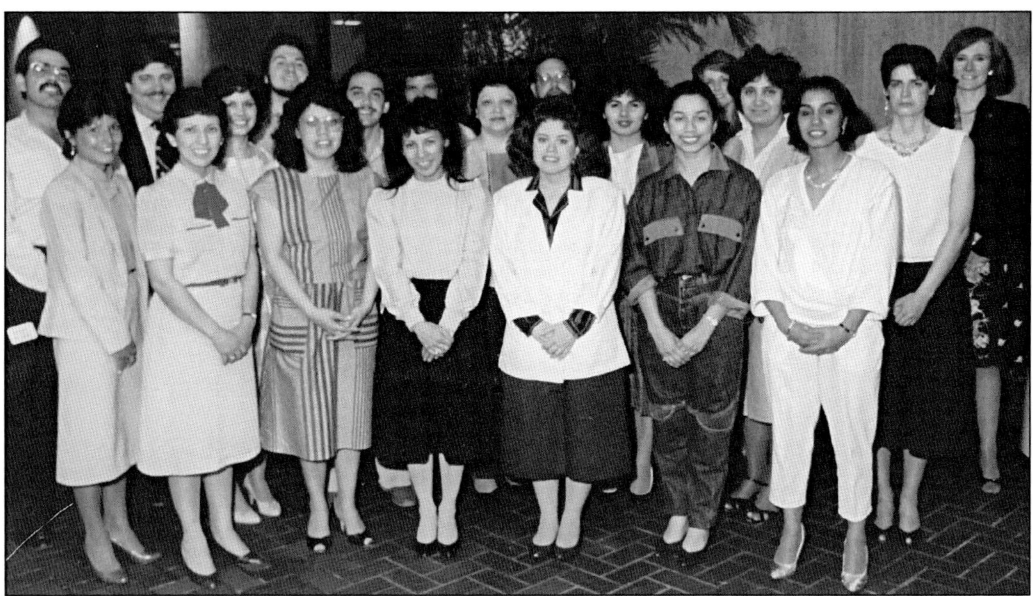

The United Way of Greater Rochester's Latino Leadership Development Program (LLDP) was started in the early 1980s to train community leaders, and the unique program has become a national model. This is the 1985 LLDP class. (PF.)
El Latino Leadership Development Program (LLDP) del United Way de Rochester se inició a principios de los 1980s para capacitar a líderes de la comunidad, y el programa único se ha convertido en un modelo nacional. Ésta es la clase de LLDP en 1985.

John Rodriguez and Sue Costa organized the Latino Summits to discuss the community's issues and find solutions. At the 2000 summit, *Democrat and Chronicle* columnist Denise Marie Santiago interviewed Rodriguez. (JR.)
John Rodríguez y Sue Costa organizaron Latino Summits para discutir los asuntos de la comunidad y encontrar soluciones. En la cumbre de 2000, columnista Denise Marie Santiago del *Democrat & Chronicle* entrevistó a Rodríguez.

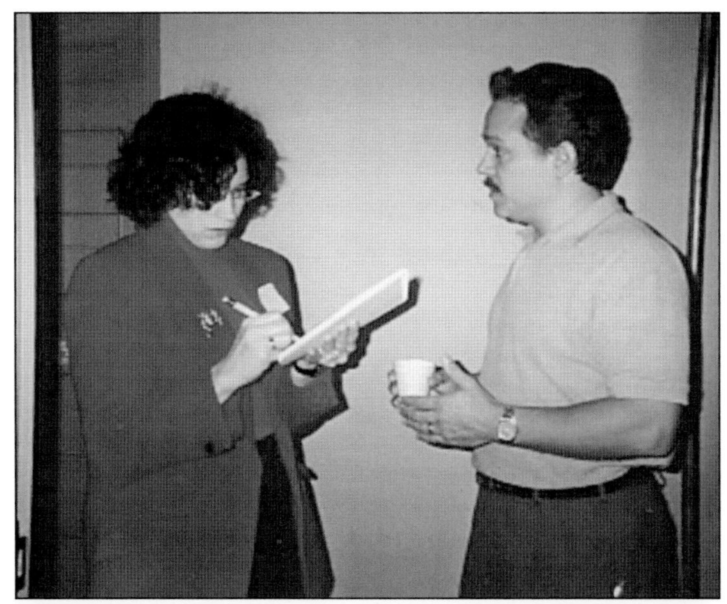

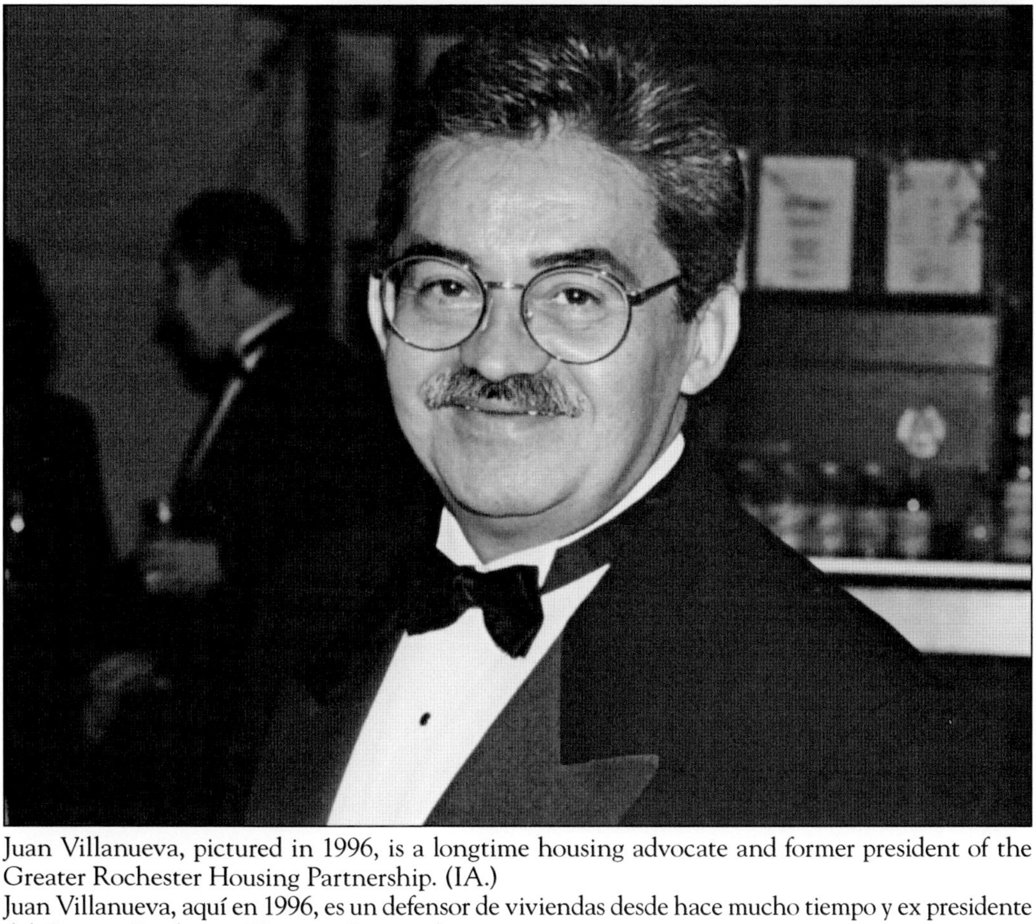

Juan Villanueva, pictured in 1996, is a longtime housing advocate and former president of the Greater Rochester Housing Partnership. (IA.)
Juan Villanueva, aquí en 1996, es un defensor de viviendas desde hace mucho tiempo y ex presidente del Greater Rochester Housing Partnership.

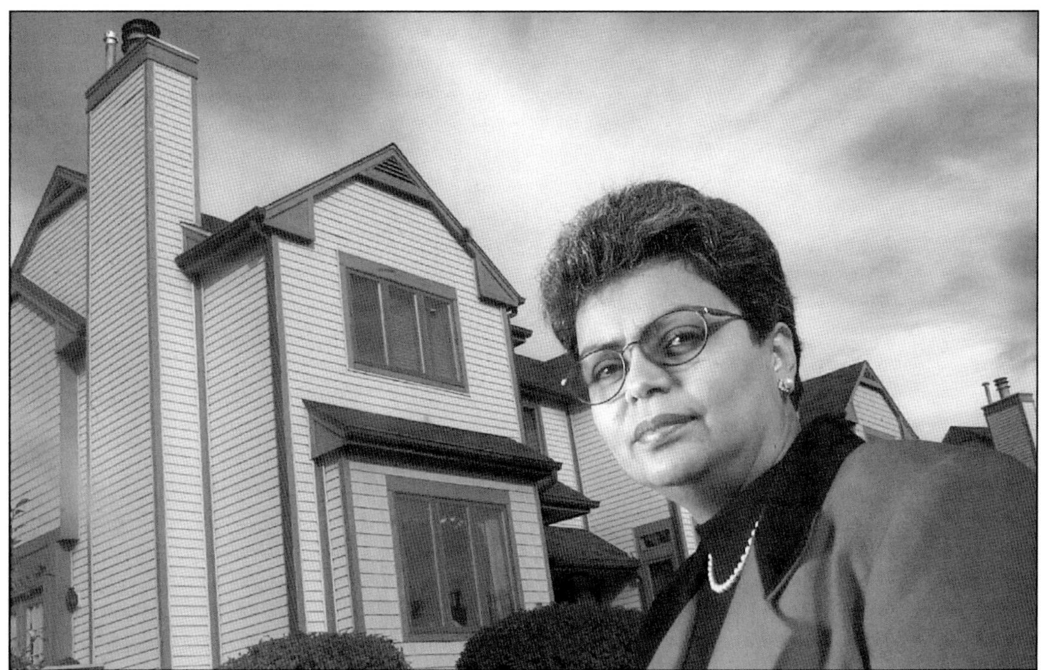

Since its founding in 1993, Latinas Unidas has become a powerful organization for Latin women. Daisy Rivera-Algarin was one of its main founders and longtime president. (D&C.)
Desde su fundación en 1993, Latinas Unidas se ha convertido en una poderosa organización para mujeres latinas. Daisy Rivera-Algarin fue una de sus principales fundadoras y ha sido la presidenta de dicha organización desde hace muchos años.

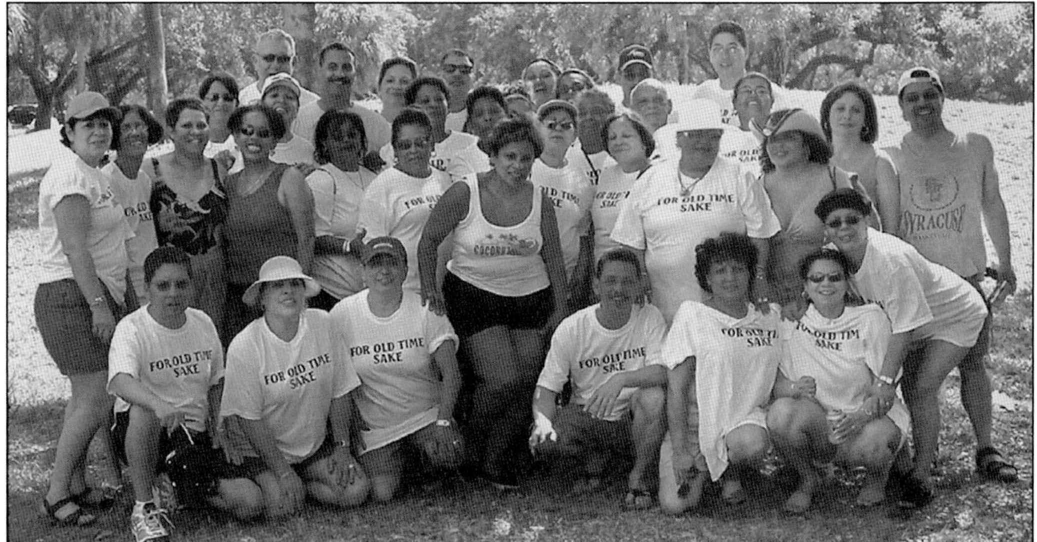

With the continued migration of Latinos to Rochester's suburbs, organizations like "For Old Time Sake" were created to organize reunions of families from the old traditional neighborhoods. This reunion from 2005 was held in Miami, Florida, and aboard a cruise ship. (RB.)
Con la continua migración de Latinos a los suburbios de Rochester, organizaciones como "For Old Times Sake" fueron creadas para organizar reuniones de las familias de los barrios tradicionales. Ésta reunión en el 2005 se celebró en Miami, Florida a bordo de un crucero.

Four
Cuatro

Political Power

Poder Politico

The lack of citizenship that hampered other Latino communities was not a barrier in Rochester, as the vast majority of the Latino community is Puerto Rican. Many Latino families were politically active in Puerto Rico and continued those traditions here.

In 1963, Edwin S. Rivera was elected to the Monroe County Board of Supervisors, becoming the first elected Latino in Rochester. Latinos did not swear in another elected official until 1982, when Nancy Padilla joined the Rochester School Board. Nancy Padilla would go on to be elected to the Rochester City Council in 1985 and become the first Hispanic to run for mayor of Rochester in 1993.

The 1990s saw many Latinos elected to political office: Gladys Santiago, Rochester City Council; Bolgen Vargas, Rochester School Board; and Jose Cruz, Monroe County Legislature. Since 2000, a third generation of political leaders has emerged: Rochester School Board member Melisza Campos, Monroe County legislator Saul Maneiro, and Rochester City councilwoman Jackie Ortiz.

La falta de ciudadanía que estorbó a otras comunidades latinas no fue una barrera en Rochester, ya que la inmensa mayoría de la comunidad latina es puertorriqueña. Muchas familias latinas fueron políticamente activas en Puerto Rico y continuaron esas tradiciones aquí.

En 1963, Edwin S. Rivera fue elegido miembro de la Junta de Supervisores del Condado de Monroe, llegando a ser el primer latino elegido en Rochester. Latinos no tomaron juramento a otro funcionario elegido hasta 1982, cuando Nancy Padilla se unió a la Junta Escolar de Rochester. Nancy Padilla llegaría a ser elegida para el Consejo de la Ciudad de Rochester en 1985 y la primera hispana en postularse como alcalde de Rochester en 1993.

La década de 1990 vio a muchos latinos elegidos a cargos políticos: Gladys Santiago, al Consejo de la Ciudad de Rochester; Bolgen Vargas, a la Junta Escolar de Rochester, y José Cruz, a la Legistratura del Condado de Monroe. Desde el 2000, una tercera generación de líderes políticos ha surgido: miembro del Consejo Escolar de Rochester Melisza Campos, legislador de Condado de Monroe Saúl Maneiro, y concejal de la Ciudad de Rochester Jackie Ortiz.

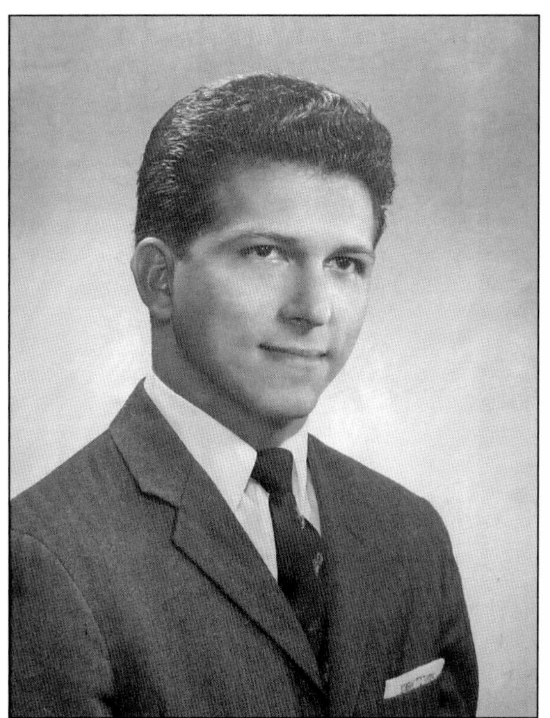

Edwin S. Rivera was the first Latino elected to office in the Rochester area. He was elected in 1963 to the Monroe County Board of Supervisors, the forerunner of today's Monroe County Legislature. (ER.)
Edwin S. Rivera fue el primer Latino elegido para ocupar un cargo en el área de Rochester. Fue elegido en 1963 a la Junta de Supervisores del Condado de Monroe, precursor de la Legislatura del Condado de Monroe de hoy.

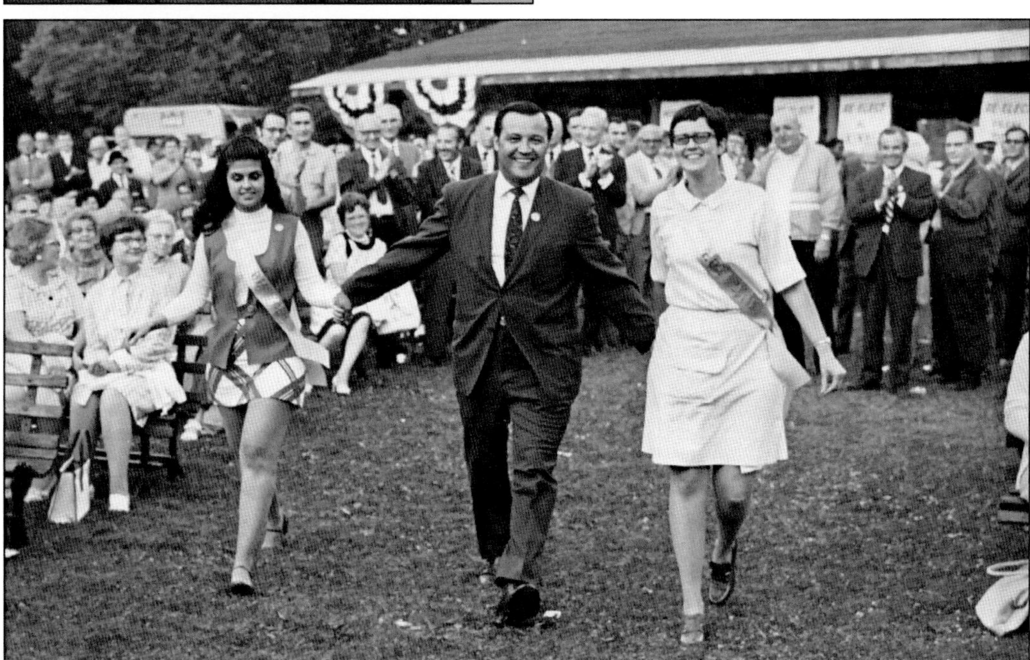

Emilio Serrano was the first Latino to run for school board. Running as a Republican, he lost this 1970 election by only a few votes and was subsequently appointed to the Rochester City School Board. (ES.)
Emilio Serrano fue el primer latino que postuló para la junta escolar. Postulando como un republicano, perdió esta elección de 1970 por sólo unos pocos votos y fue designado subsiguientemente a la Junta Escolar de Rochester.

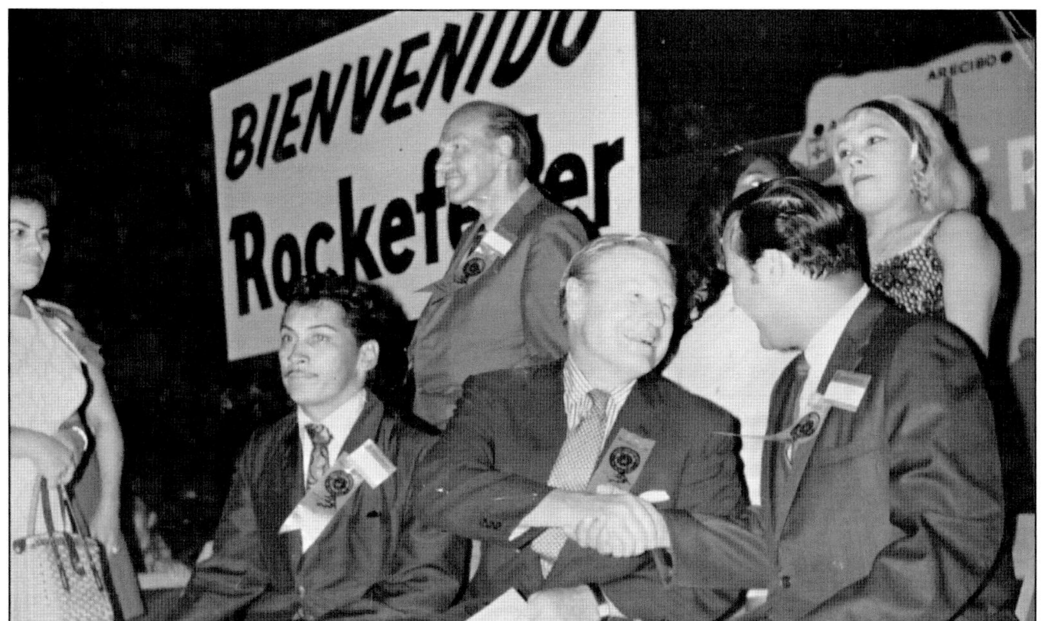

By 1970, Rochester Latinos had demonstrated enough political clout to have then governor of New York Nelson Rockefeller attend the first Puerto Rican Festival. Seated from left to right are local leader Domingo Martinez, Rockefeller, and Emilio Serrano. (ES.)
En 1970, los latinos de Rochester habían demostrado suficiente influencia política para que el entonces gobernador de Nueva York, Nelson Rockefeller asistiriera al primer Festival Puertorriqueño. Sentados de izquierda a derecha, el líder local Domingo Martínez, Rockefeller, y Emilio Serrano.

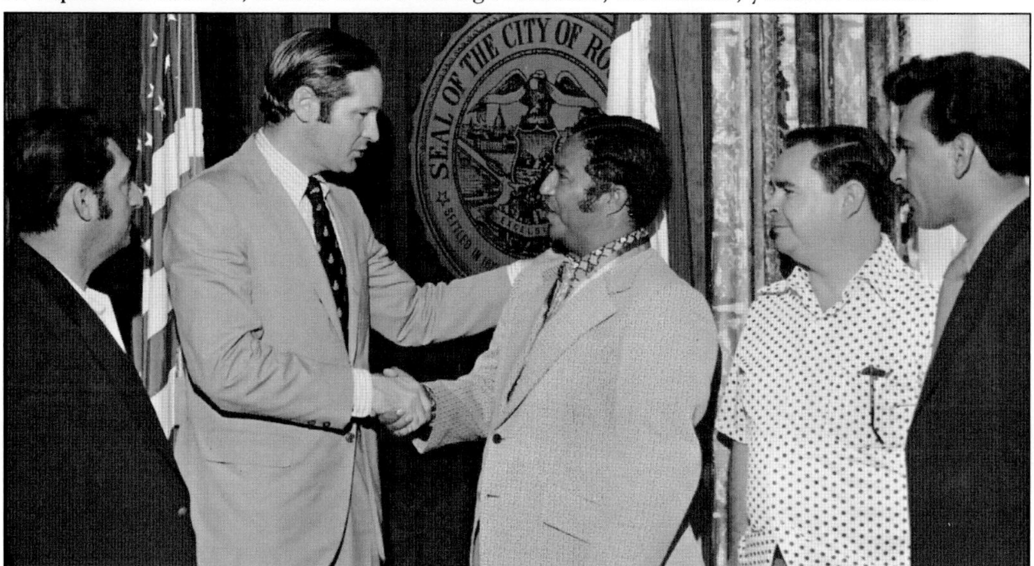

In 1972, the first mayor from Puerto Rico visited Rochester. Standing from left to right are Wilfredo Villarrubia, organizer; Stephen May, mayor of Rochester; Antonio Valentin, mayor of Añasco, Puerto Rico; Goche Vaijes, Añasco deputy mayor; and Horacio Rodriguez Sanchez. (RMV.)
En 1972, el primer alcalde de Puerto Rico visitó Rochester. De pie de izquierda a derecha, Wilfredo Villarrubia, organizador, Stephen May, el alcalde de Rochester, Antonio Valentín el alcalde de Añasco, Puerto Rico, Goche Vaijes, el teniente alcalde de Añasco, y Horacio Rodríguez Sánchez.

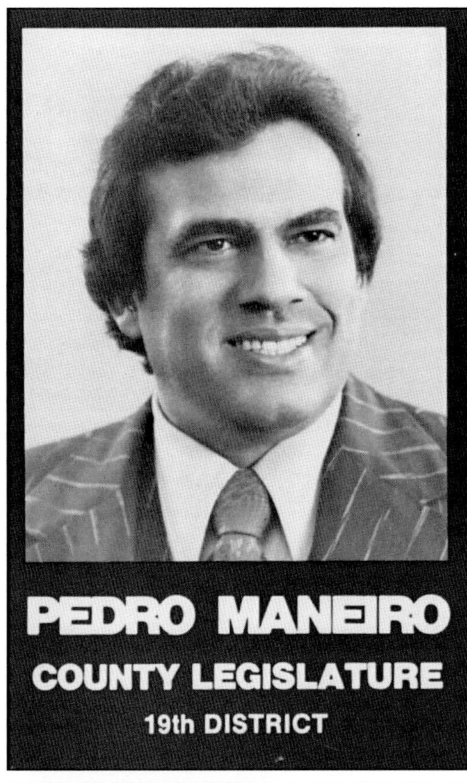

In 1977, Pedro Maneiro was the first Latino to run for countywide office since Edwin S. Rivera. Maneiro lost his bid for the Monroe County Legislature. (RB)
En 1977, Pedro Maneiro fue el primer latino que postuló para un cargo en el condado desde Edwin S. Rivera. Maneiro perdió las elecciones para la Legislatura del Condado de Monroe.

Though unsuccessful in his 1977 campaign for the Monroe County Legislature, Pedro Maneiro is pictured holding his son Saul Maneiro, who would be elected to the same legislature in 2009. (RB.)
Aunque no tuvo éxito en su campaña de 1977 para la Legislatura del Condado de Monroe, aquí Pedro Maneiro lleva en sus brazos su hijo Saúl Maneiro, quien sería elegido miembro de la misma legislatura en el 2009.

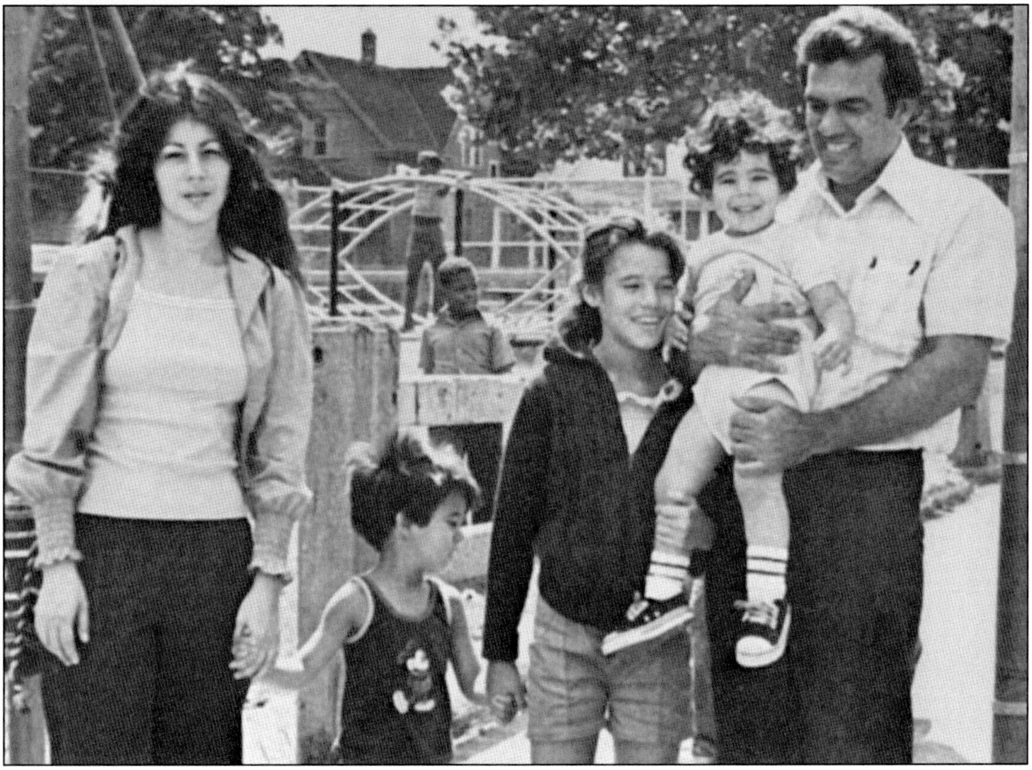

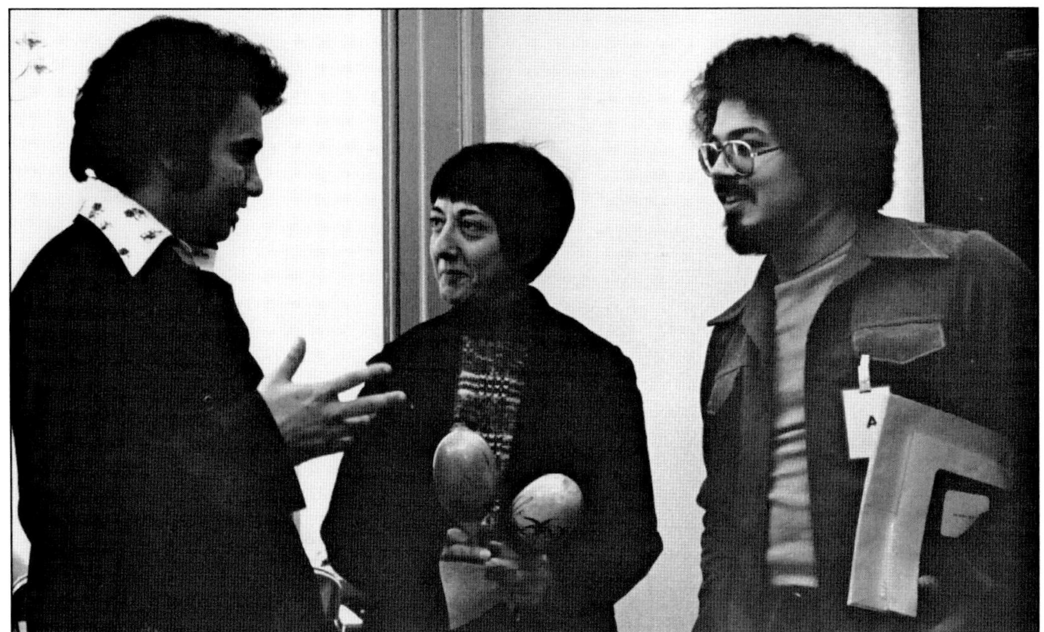

In this 1977 photograph, pictured from left to right, Dexter Martinez, Margaret "Midge" Costanza, and Roberto Burgos meet at the White House in Washington, D.C. Costanza was the first woman elected to the Rochester City Council and was named the White House assistant to the president for public liaison in 1977 by Pres. Jimmy Carter. (RB.)

En esta fotografía de 1977, de izquierda a derecha, Dexter Martínez, Margarita "Midge" Costanza, y Roberto Burgos reunidos en la Casa Blanca en Washington, DC. Constanza fue la primera mujer elegida para el Consejo de la Ciudad de Rochester y fue nombrada asistente de la Casa Blanca al presidente de relaciones con el público en 1977 por el Pdte. Jimmy Carter.

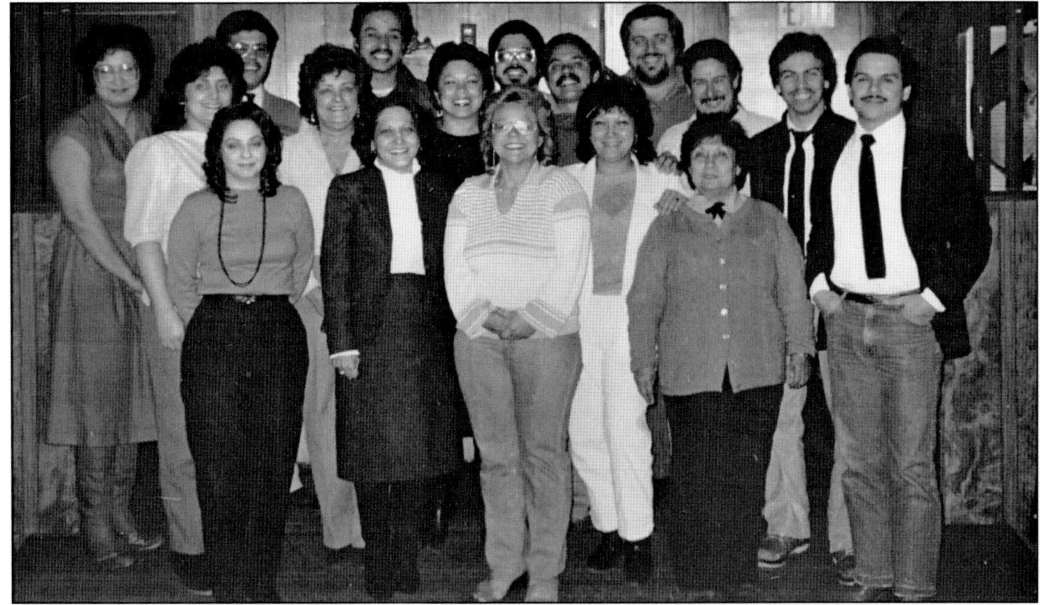

The Monroe County Hispanic Democratic Committee was formed in 1980. (JR.)

El Comité Demócrata Hispano del Condado de Monroe se formó en 1980.

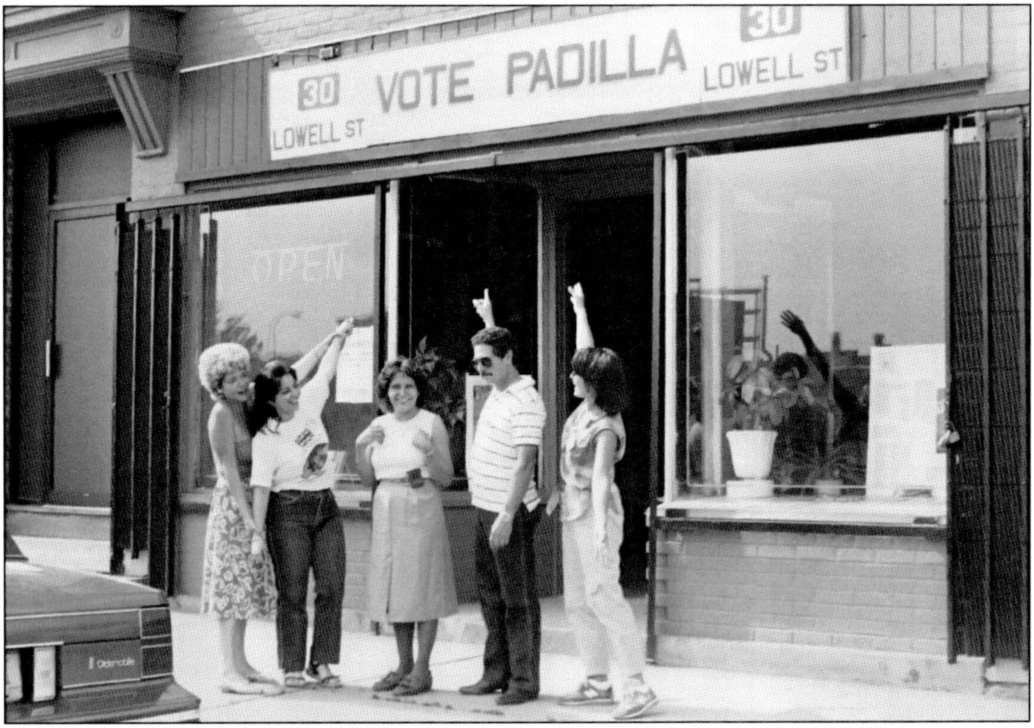

In 1981, Nancy Padilla began her campaign for Rochester School Board with the opening of her campaign headquarters. Pictured from left to right are future Rochester councilwoman Gladys Santiago, Diana Santiago, Nancy Padilla, Rodrigo Rodriguez, and Nydia Padilla. (JR.)
En 1981, Nancy Padilla comenzó su campaña en favor de la Junta Escolar de Rochester, con la apertura de su sede de campaña. En la foto de izquierda a derecha están Gladys Santiago, Diana Santiago, Nancy Padilla, Rodrigo Rodríguez, y Nydia Padilla.

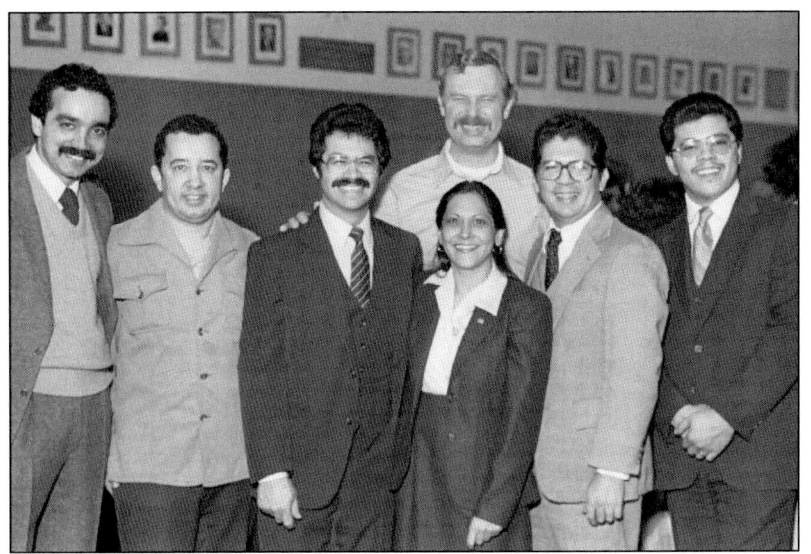

Many local leaders joined Nancy Padilla as she was sworn in as a member of the Rochester School Board in 1982. (JR.)
Muchos líderes locales se unieron a Nancy Padilla cuando tomo juramento como miembro de la Junta Escolar de Rochester en 1982.

In 1985, Nancy Padilla successfully ran for Rochester City Council. Padilla kept track of the votes herself on election night with Belén Colón. (JR.)
En 1985, Nancy Padilla exitosamente potuló para el Consejo de Rochester. Padilla siguió los votos ella misma en la noche de la elección con Belén Colón.

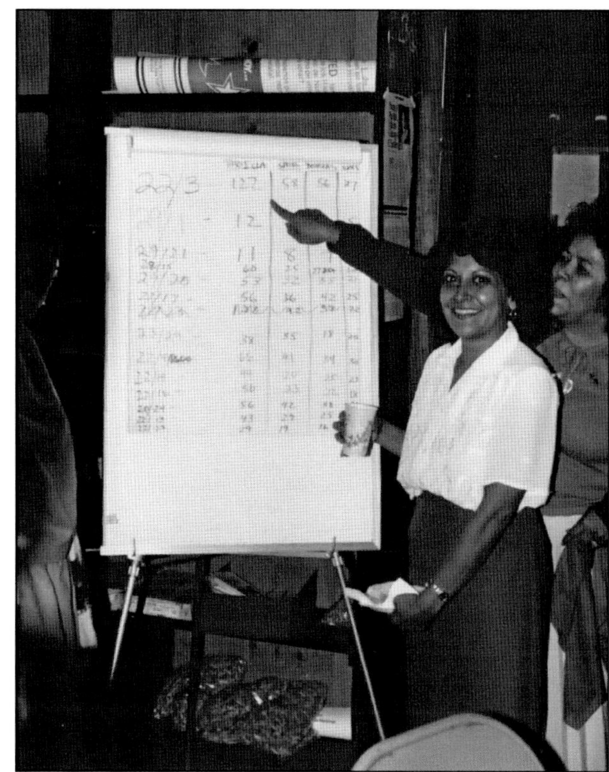

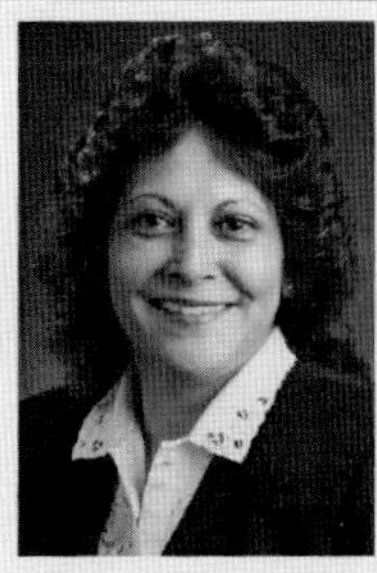

"Leadership with substance and vision is what I offer. I know first-hand the challenges faced in our schools and on our streets. The opportunities for change have never been greater. I would form a team, reflecting the diversity and energy of our city, which would create the foundation that will serve the people of Rochester into the next century, and I ask for your participation and support."

Nancy Padilla, an Effective Leader with a Diverse Background in Our Community.

As an accomplished City Council member and a past President of the Board of Education, Nancy has worked actively on issues such as public safety, economy, youth, and education. Nancy's administrative experience provides her with first-hand knowledge in many aspects of management, finance, personnel, and public policy. Her 23 years of volunteer service have helped her understand the role of leaders in moving the community forward.

On September 14, Primary Day, and November 2, Election Day, you can make the difference. Vote for a proven leader, a leader that acts on her vision...Vote Padilla.

NANCY **Padilla**
for Mayor

Building Bridges for the Future...

In 1993, Nancy Padilla became the first Hispanic to run for mayor of Rochester. She was beat out for the Democratic Party nomination by Bill Johnson. (PF.)
En 1993, Nancy Padilla llegó a ser la primera hispana postulada para ser alcalde de Rochester. Fue derrotada para la nominación del Partido Demócratico por Bill Johnson.

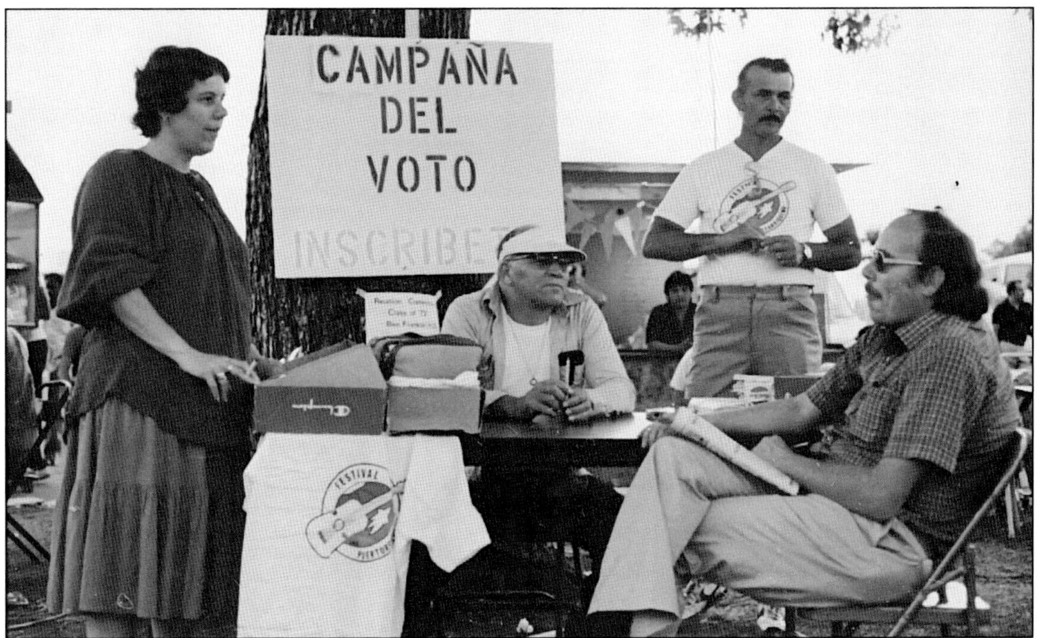

Over the decades, many efforts have been made to get Latinos registered to vote. At the 1982 Puerto Rican Festival, Sue Costa leads a voter registration drive. (RMSC.)
Durante varias décadas, se han hecho muchos esfuerzos para registrar latinos para votar. En el Festival Puertorriqueño de 1982, Sue Costa trabaja en una campaña de inscripción de votantes.

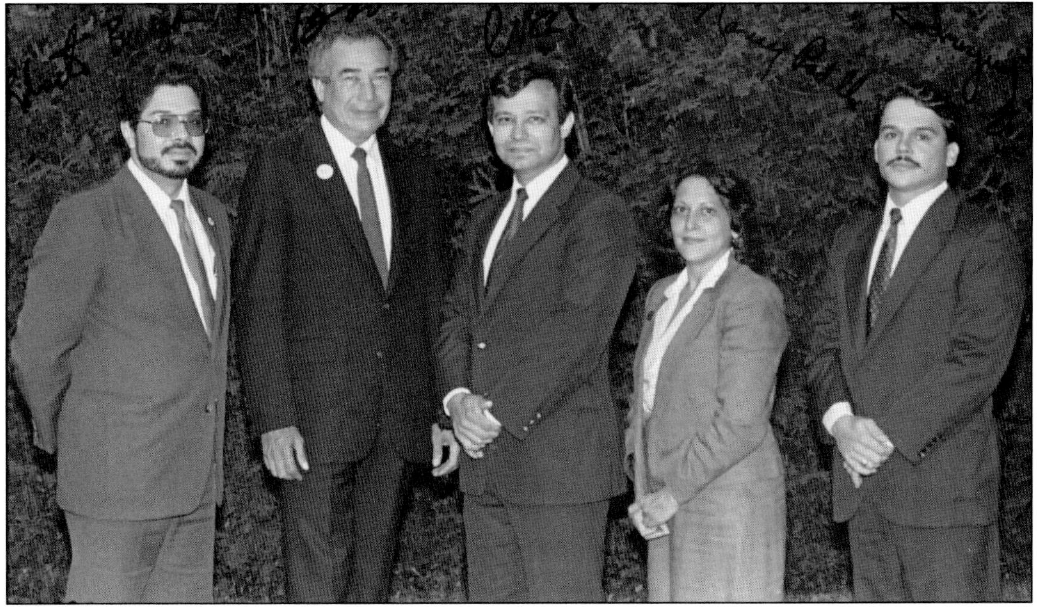

The first Puerto Rican elected to Congress, Herman Badillo, visited Rochester in 1986 to meet local leaders. From left to right are Roberto Burgos, Herman Badillo, Judge Mel Castro, Nancy Padilla, and John Rodriguez. (RB.)
El primer puertorriqueño elegido al Congreso de los Estados Unidos, Herman Badillo, visitó Rochester en 1986 para reunirse con líderes locales. De izquierda a derecha están Roberto Burgos, Herman Badillo, el juez Mel Castro, Nancy Padilla, y John Rodríguez.

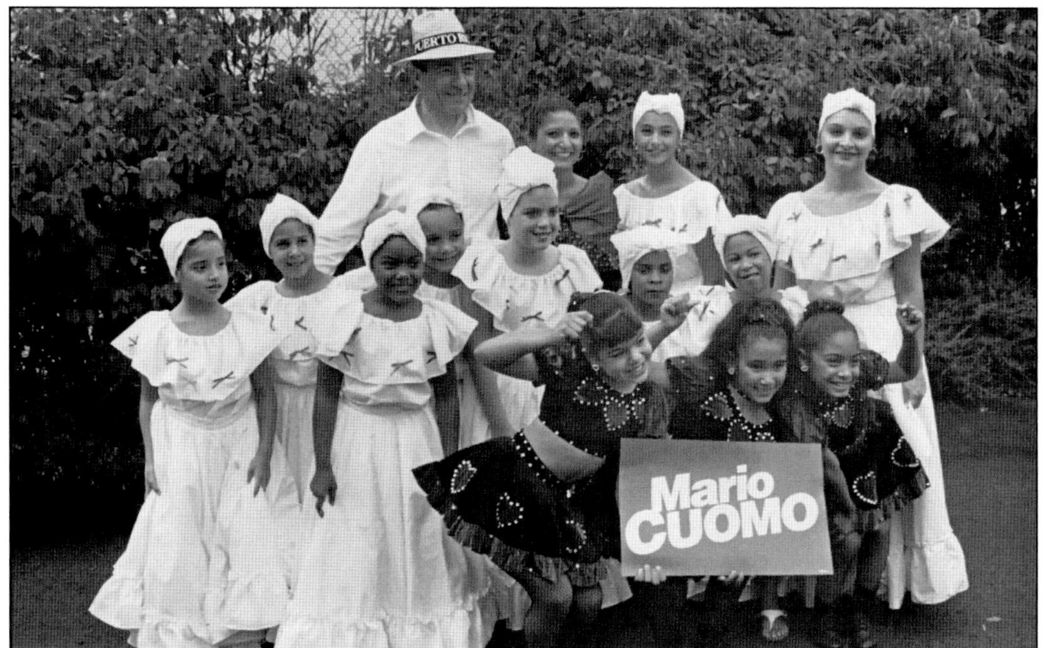

Once again demonstrating the growing importance of the Latino vote, New York State governor Mario Cuomo visited the 1994 Puerto Rican Festival. (PF.)
Demostrando una vez más la importancia creciente del voto latino, el gobernador del estado de Nueva York Mario Cuomo, visitó el Festival Puertorriqueño en 1994.

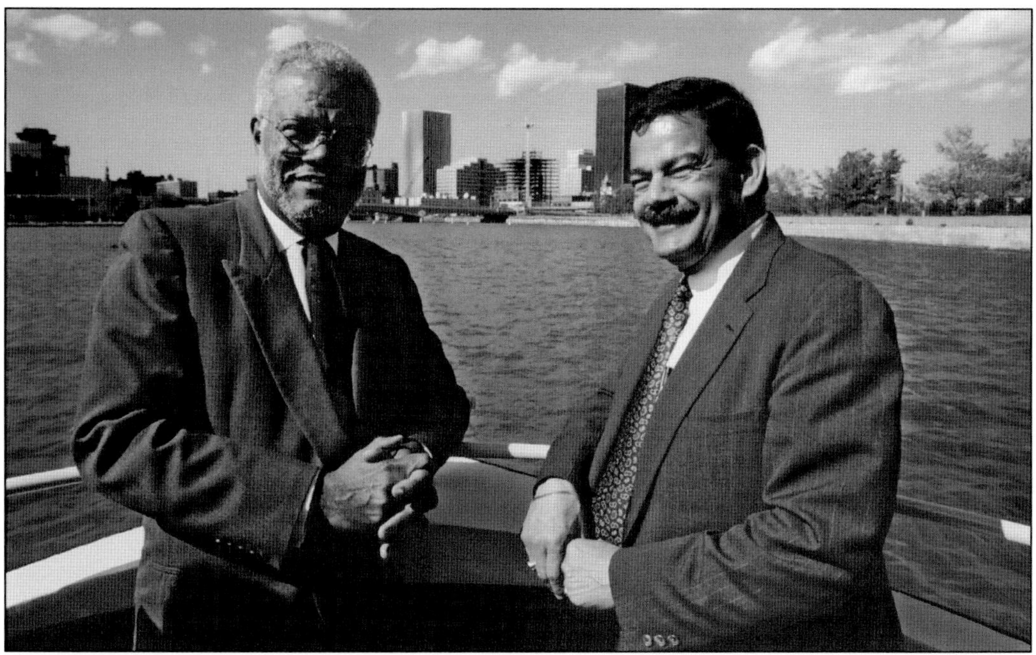

When Bill Johnson (left) was elected mayor of Rochester in 1994, he named a political newcomer, Daniel Benitez (right), as his deputy mayor. (ROC.)
Cuando Bill Johnson (izquierda) fue elegido alcalde de Rochester en 1994, nombró a un recién llegado político, Daniel Benítez (derecha), como su teniente alcalde.

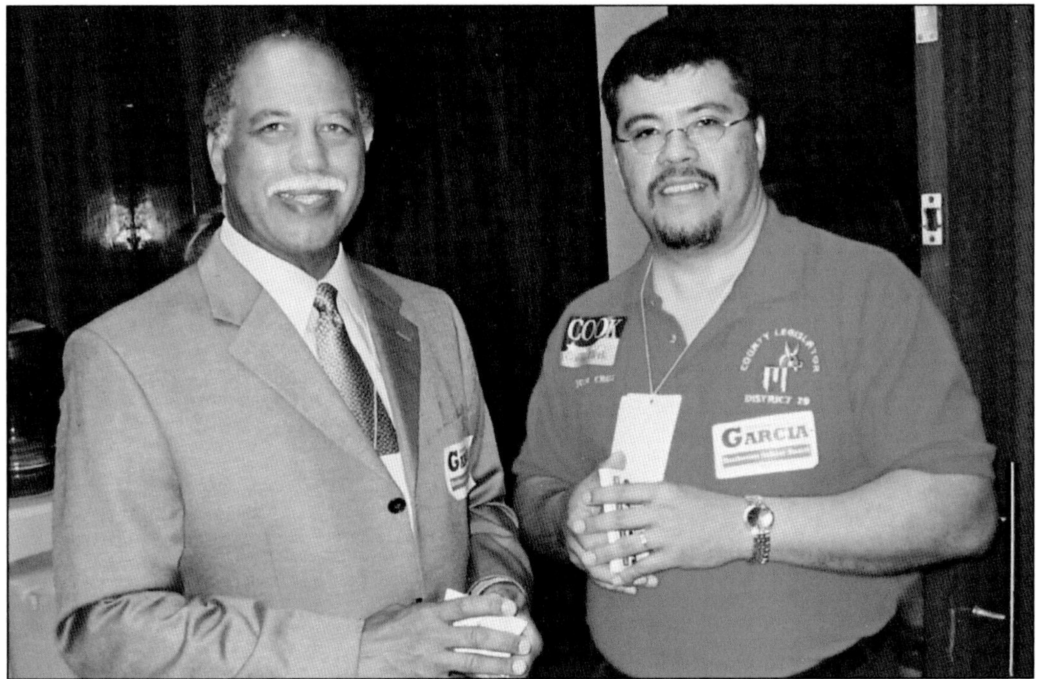

In 2005, community pioneer Domingo Garcia (left) ran a successful campaign for the Rochester School Board. Jose Cruz (right), who was on the Monroe County Legislature at the time, was one of his many volunteers. (RB.)

En el 2005, el pionero Domingo García (izquierda) postuló una exitosa campaña para la Junta Escolar de Rochester. José Cruz (derecha), que estaba en la Legislatura del Condado de Monroe en ese momento, era uno de sus muchos voluntarios.

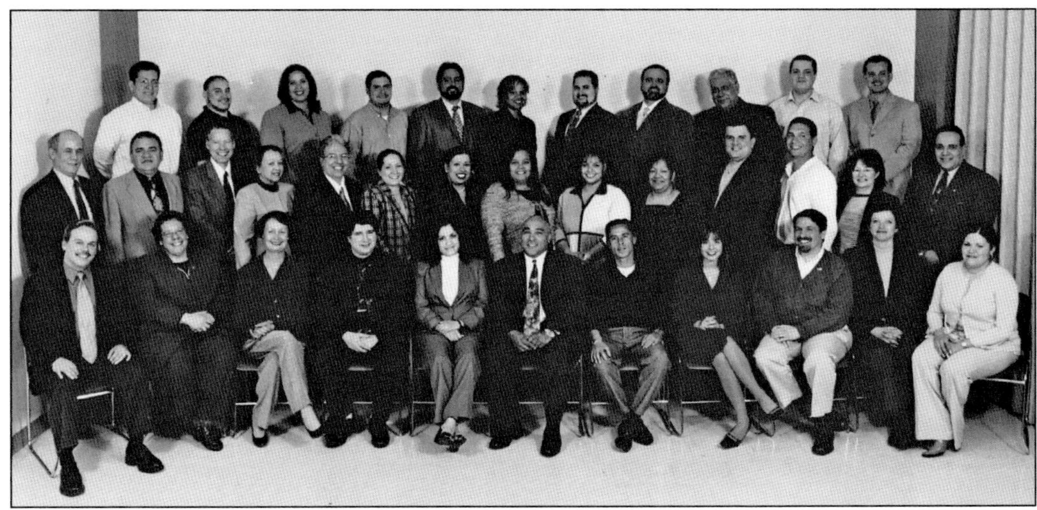

In 2003, as a result of the Latino Summits, the Latino Advocacy Coalition organized the first of three Latino Political Campaign Academies to train Latinos to run for office and work on political campaigns. (JR.)

En el 2003, como resultado de los Latino Summits, el Latino Advocacy Coalition organizó el primero de las tres academias de campaña política para entrenar a latinos a postular para un cargo y trabajar en campañas políticas.

Jackie Ortiz was elected to Rochester City Council in 2009, becoming the third Latino to do so. (JO.)
Jackie Ortiz fue elegida para el Consejo de la Ciudad de Rochester en el 2009, llegando a ser la tercera persona latina en ese puesto.

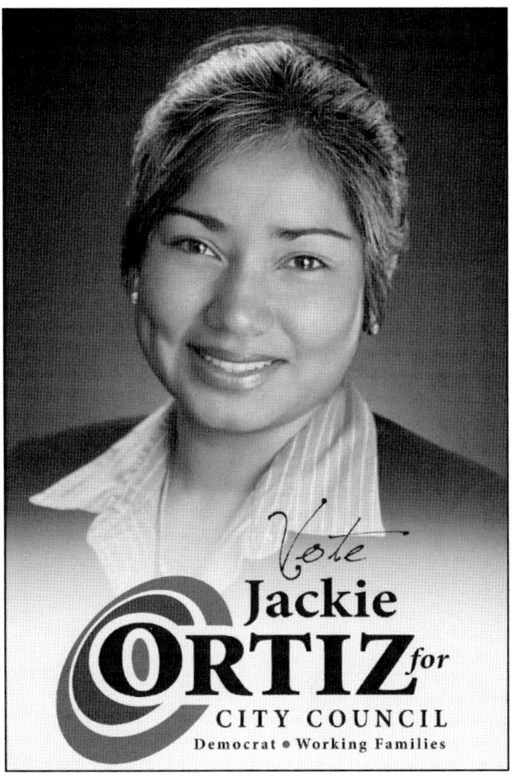

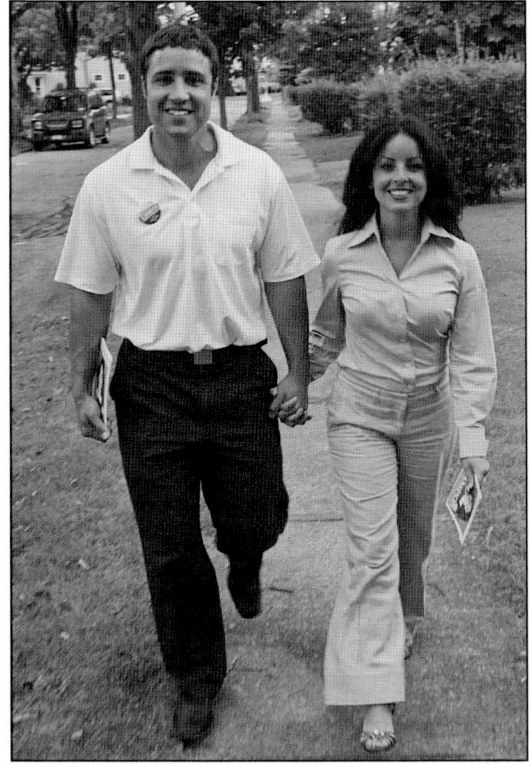

Melisza Campos ran a grassroots campaign for Rochester School Board in 2007. Walking door to door with her husband, Dave Campos, helped her to become the youngest female elected to the school board. (CF.)
Melisza Campos realizó una campaña de base para la Junta Escolar de Rochester en el 2007. Anduvo de puerta en puerta con su marido, Dave Campos, quien la ayudó a convertirse en la mujer más joven elegida a la junta escolar.

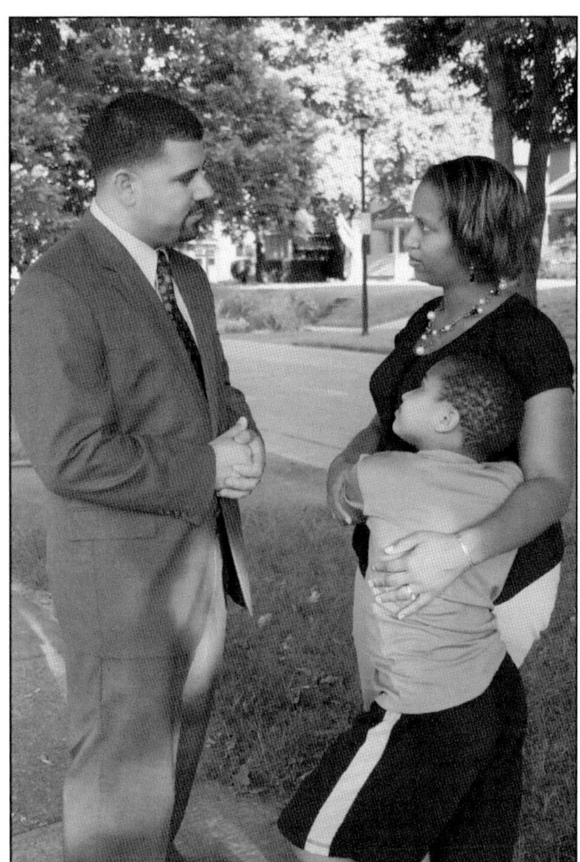

Saul Maneiro followed his father, Pedro Maneiro, in his dream of being elected to the Monroe County Legislature. Saul was elected to the office in 2009. (MMC.) Saúl Maneiro siguió a su padre, Pedro Maneiro, en su sueño de ser elegido miembro de la Legislatura del Condado de Monroe. Saúl fue elegido para dicho cargo en el 2009.

Also in 2009, Maria "Connie" Castañeda was sworn in as mayor of the Village of Brockport, becoming the first person of Latino heritage elected in Monroe County outside of the City of Rochester. (D&C.) También en el 2009, Connie Castañeda tomo juramento para alcalde del Pueblo de Brockport, llegando a ser la primera persona de origen latina elegida en el condado de Monroe fuera de la ciudad de Rochester.

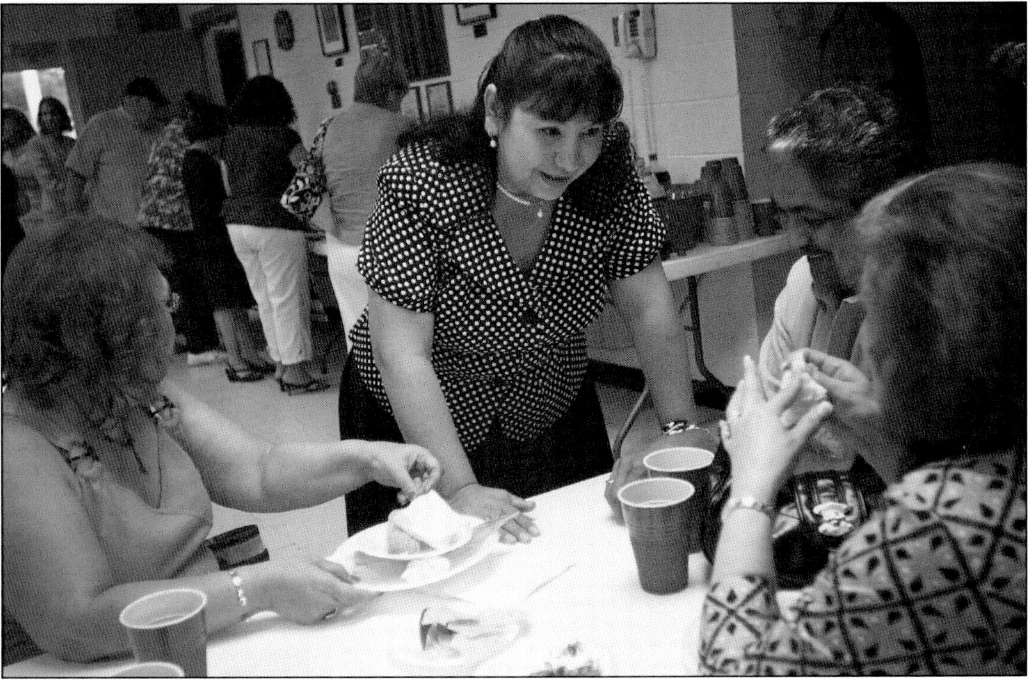

Five
Cinco

Arts and Culture

Artes y Cultura

The mosaic that is Latino culture quickly found its place in Rochester. With the arrival of the first Latinos also came the their music, dance, and poetry. With no Internet or Spanish-language media, the new arrivals had to create their own entertainment. Family celebrations and house parties sprang up and were soon followed by community dances and church concerts.

Professional Latino musicians got a major economic boost with the popularity of mambo and cha-cha-cha in the United States in the 1950s. The musicians had well-paying gigs at many Anglo hotels, country clubs, and ballrooms.

In the 1970s, with the growth of the community and establishment of the Puerto Rican Festival, art, poetry, and artistic forms found the opportunity to develop. Today, many well-known Latino artists call Rochester home and continue to help create a new Hispanic American culture.

El mosaico que es la cultura latina, rápidamente encontró su propio lugar en Rochester. Con la llegada de los primeros latinos también llego la música, el baile y la poesía. Sin Internet o medios de comunicación en español, los recién llegados tenían que crear su propio entretenamiento. Celebraciones familiares y fiestas en las casas prontamente se convirtieron en bailes comunitarios y conciertos en las iglesias.

Los músicos latinos profesionales recibieron un gran apoyo económico con la popularidad del mambo y cha-cha-cha en los Estados Unidos en los 1950s. Los músicos tenían buenos trabajos en hoteles, clubes privados y salones de bailes de anglosajones.

En los 1970s, con el crecimiento de la comunidad y establecimiento del Festival Puertorriqueño, arte, poesía, y otras formas artísticas encontraron su oportunidad para el desarrollo. Hoy en día, muchos artistas latinos conocidos viven en Rochester y siguen ayudando a crear una cultura nueva hispano-estadounidense.

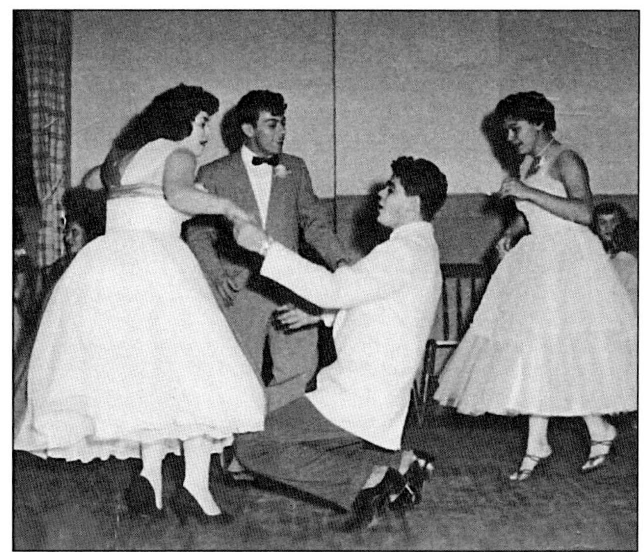

One of the first places where the transplanted culture from Puerto Rico and other countries showed up was in celebrations like this wedding reception at St. Joseph's Church hall in 1956. From left to right are Ivette Salgado, Raymond Erazo, Demetrio Diaz, and Zaida Erazo Aponte. (IS.)
Uno de los primeros lugares donde se presento la cultura trasplantada de Puerto Rico y otros países fue en las celebraciones como ésta boda en la Iglesia de St. Joseph en 1956. De izquierda a derecha, Ivette Salgado, Raymond Erazo, Demetrio Díaz y Zaida Erazo Aponte.

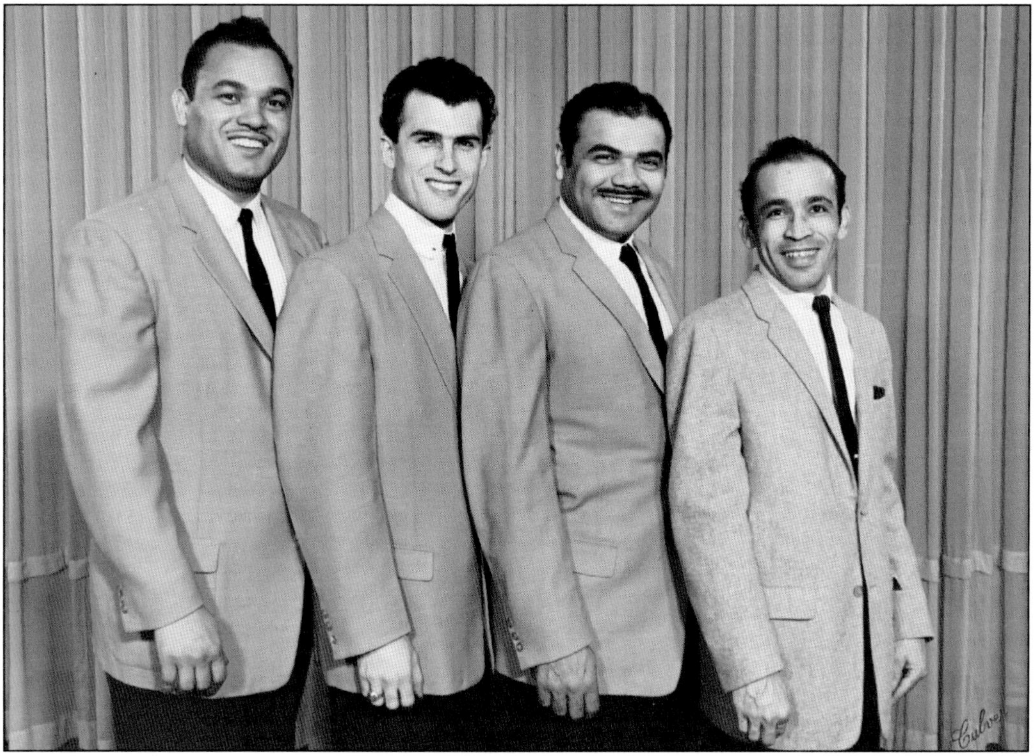

By the late 1950s, there were several groups like Jacaquas playing mambo and cha-cha-cha for Latinos and non-Latinos. With the popularity of mambo, Jacaquas found itself playing at Oak Hill and many country clubs and hotels. The band members pictured from left to right were Pedro Nuñez, Pedro Vazquez, Eugenio Torres, and Ramon (last name unknown). (PN.)
A finales de los 1950s, había varios grupos como Jacaquas tocando mambo y el cha-cha-cha para los latinos y no latinos. Con la popularidad del mambo, Jacaquas se encontraba tocando en clubes sociales como Oak Hill y en hoteles. Los músicos en la foto de izquierda a derecha son: Pedro Núñez, Pedro Vázquez, Eugenio Torres, y Ramón (apellido desconocido).

Music provided a needed, familiar outlet for many new arrivals like singer Tomas Rodriguez, who is pictured here in Rochester as a member of Jacaquas in 1959. (PZF.)
La música traía una familiaridad necesitada para muchos recién llegados, como el cantante Tomás Rodríguez, quien es representado aquí en Rochester, como miembro de Jacaguas en 1959.

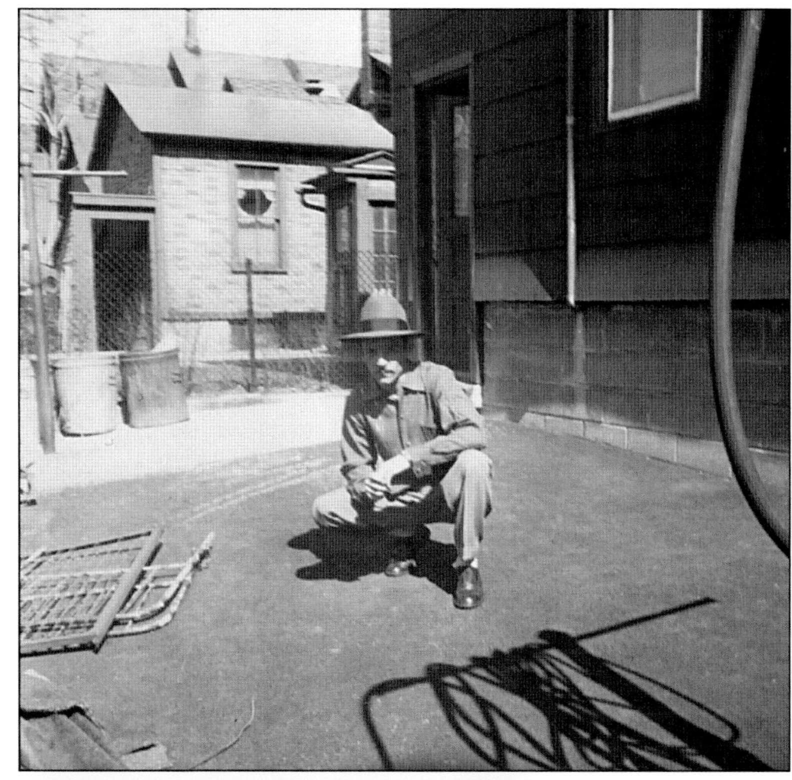

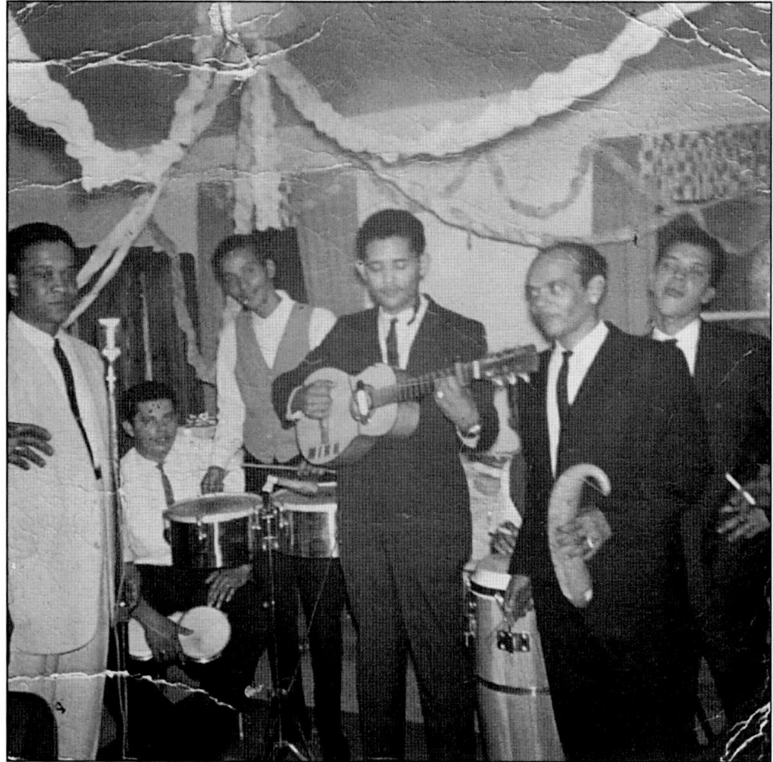

House parties were also a popular place to perform, such as the one shown here in 1963. Pictured from left to right are Francisco Sánchez, Jimmy Santiago, Freddie Colon Sr., Miguel Rosario, Roberto Martínez, and Juan Antonio Rivera. (PZF.)
Fiestas en las casas también fueron lugares populares para tocar música, como la de aquí en 1963. En la foto de izquierda a derecha, Francisco Sánchez, Jimmy Santiago, Freddie Colón Sr., Miguel Rosario, Roberto Martínez, y Juan Antonio Rivera.

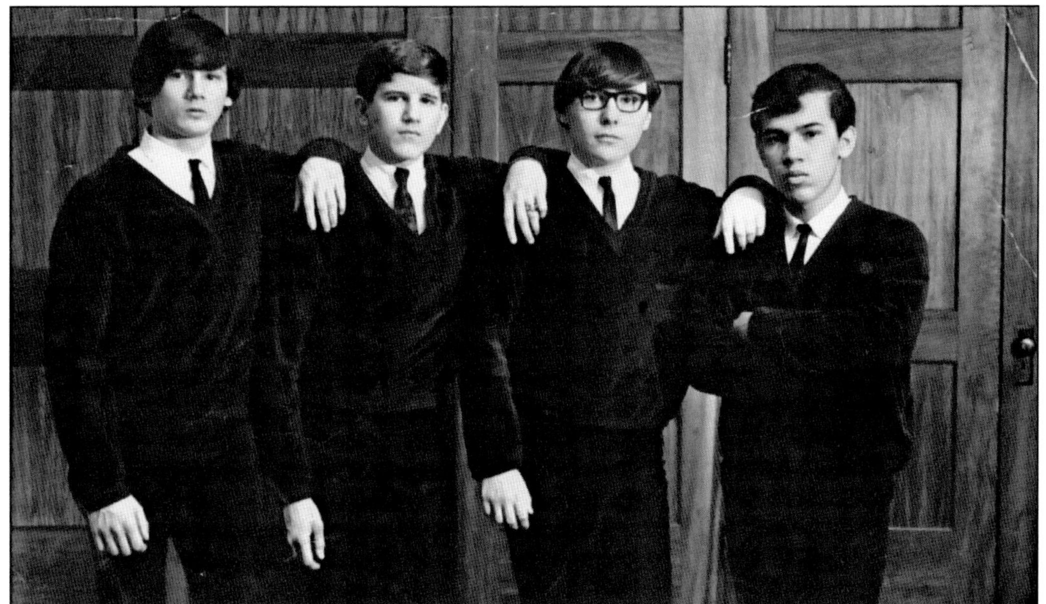

By 1965, some second-generation Latinos were exploring new styles like rock and R&B in bands like the Tribe, with Héctor Arguinzoni (far right). (HA.)
En 1965, algunos latinos de segunda generación estaban explorando nuevos estilos como el Rock y el R&B en bandas como el Tribe, con Héctor Arguinzoni (en el extremo derecho).

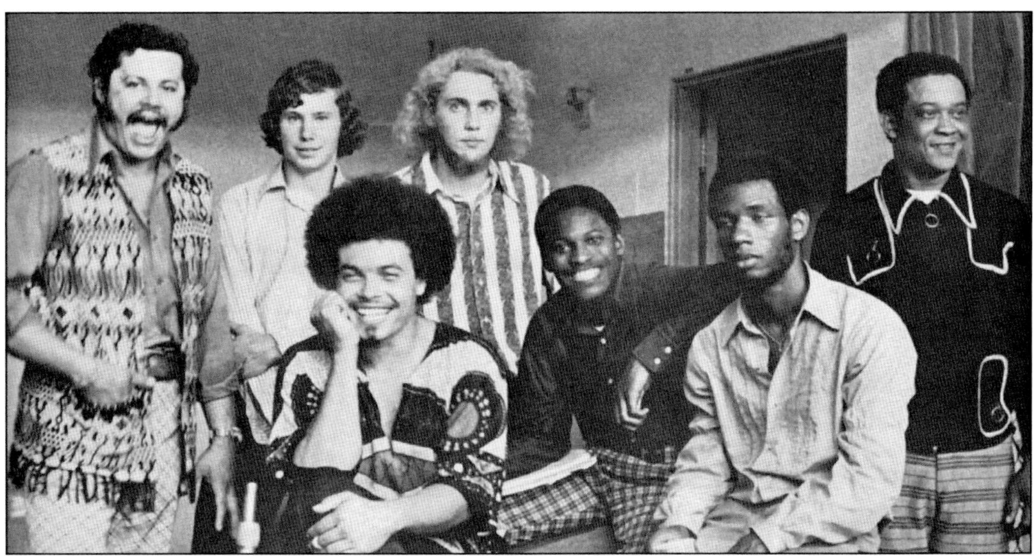

Musical styles from other Latin countries were also been heard thanks to musicians like Dominican Relton Roland (third from right), seen here with his band in 1973. (GF.)
Diferentes estilos de música de otros países de Latinoamérica también se estaban escuchando gracias a músicos como el dominicano Relton Roland (tercero de la derecha), visto aquí con su banda en 1973.

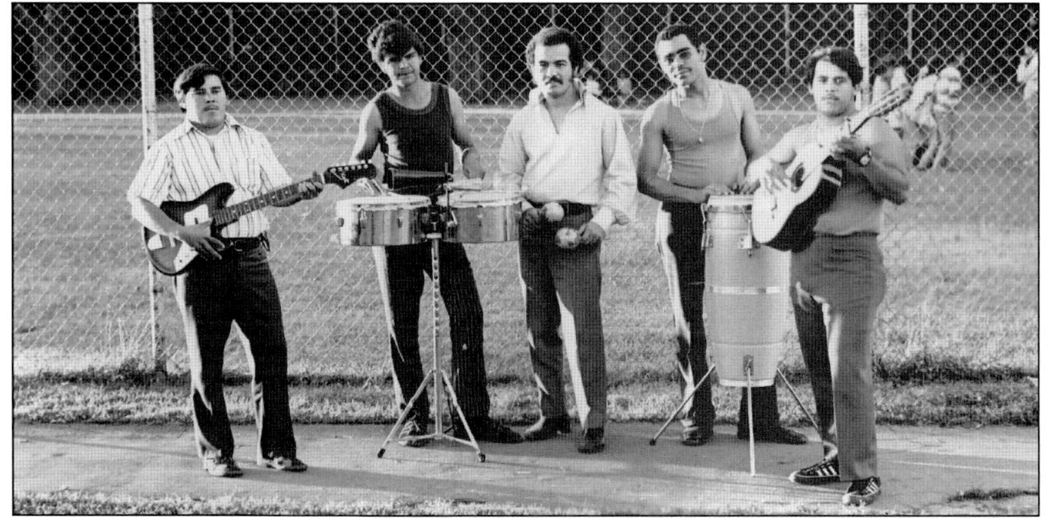

The rapid growth of the Latino community in the 1970s brought more and more places to play and an explosion of local bands. Here El Sexteto Juvenil poses for photographs at Hartford Street Park. Its members included Julio Ruiz (far left) on guitar, Evelio Quiñones with the maracas, and José "Gelingo" Ruiz (far right). (IA.)
El crecimiento rápido de la comunidad latina en los 1970s trajo cada vez más lugares para tocar y una explosión de bandas locales. Aquí El Sexteto Juvenil posa para fotografías en Hartford Street. Sus miembros incluyen a Julio Ruiz (izquierda) en la guitarra, Evelio Quiñones con las maracas, y José "Gelingo" Ruiz (derecha).

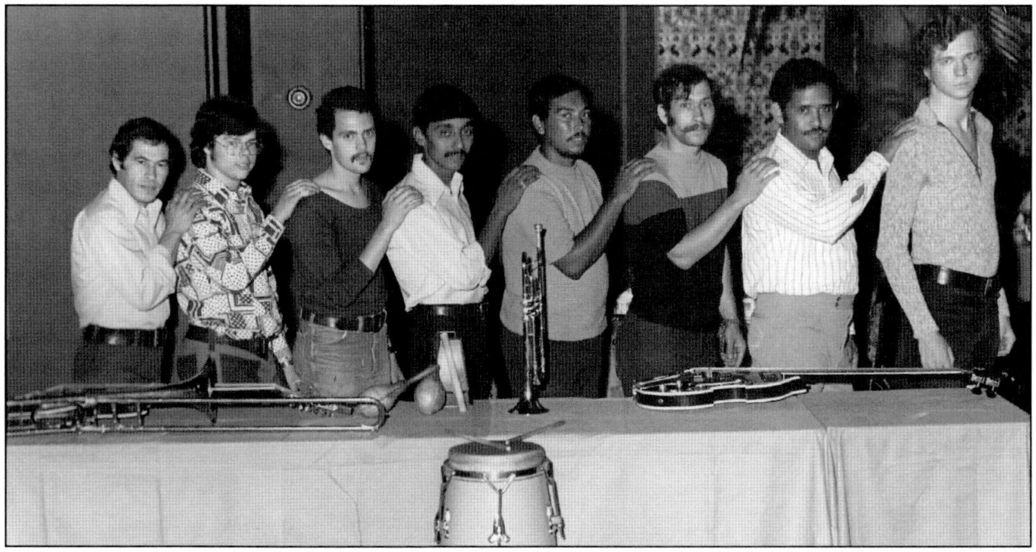

An important band to emerge in the 1970s was Los Latinos. Lead singer Johnny Vega would go on to write international hits for several famous salsa singers. Pictured from left to right are Tony Rivera, Dave Ritt, "Julito," Rafy Martinez, Tito Vazquez, Vega, Mike Rosario, and Oren Hollash. (IA.)
Una banda importante que surgió en los 1970s fueron Los Latinos. El cantante Johnny Vega llego a escribir éxitos internacionales para varios cantantes de salsa famosos. En la foto de izquierda a derecha, Tony Rivera, Dave Ritt, Julito, Rafy Martínez, Tito Vázquez, Vega, Mike Rosario, y Oren Hollash.

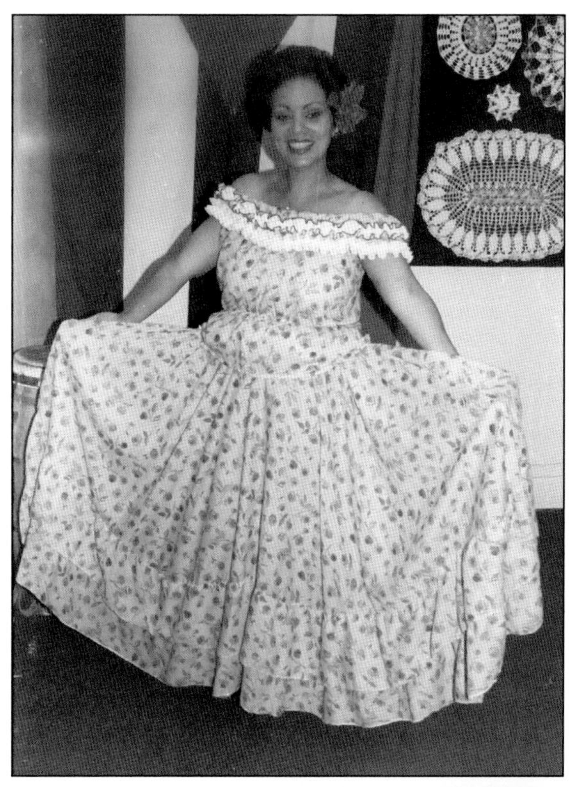

In the 1970s, the Ibero-American Action League established the Puerto Rican Arts and Cultural Center (PRACC) at 954 Clifford Avenue. Olga La Torre was the assistant director when this photograph was taken in April 1981. (IA.) En los 1970s, Ibero estableció el Centro Cultural de Arte Puertorriqueño (PRACC) en la avenida 954 Clifford. Olga La Torre era la directora asistente cuando ésta foto fue tomada en abril de 1981.

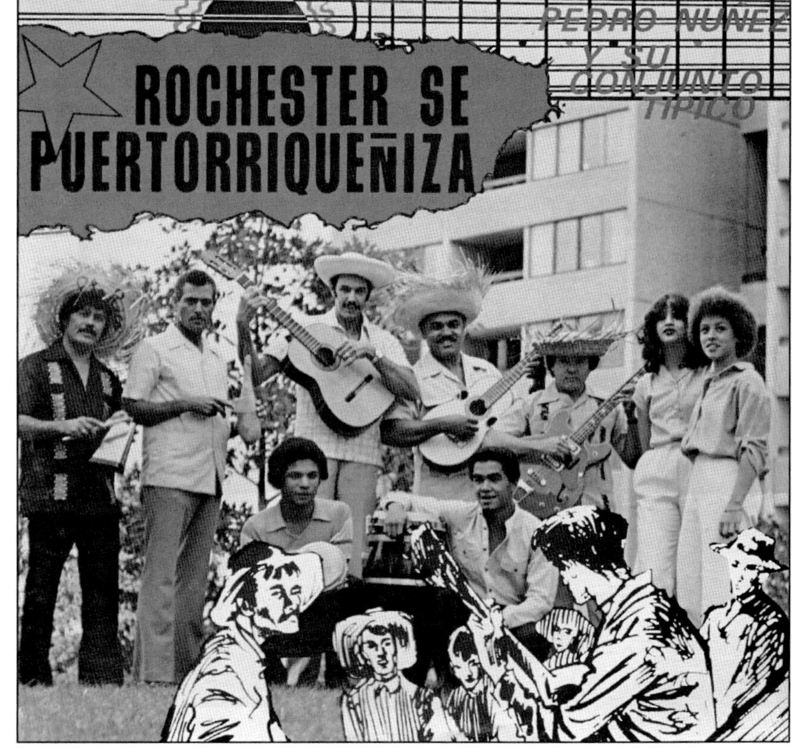

In 1979, Pedro Nuñez and his Conjunto Tipico (folk band) recorded the album *Rochester Se Puertorriqueñiza*, meaning Rochester becomes Puerto Rican. The popular album was a project of the PRACC and Ibero. (PF.) En 1979, Pedro Núñez y su Conjunto Típico (folk) grabó el álbum *Rochester Se Puertorriqueñiza*, es decir, Rochester se convierte puertorriqueño. El álbum popular fue un proyecto del PRACC de Ibero.

The Ibero-American Action League in the 1970s also started the Biblioteca Manuel Alonso, a library stocked with Spanish-language books for the community. (IA.) Ibero también comenzó la Biblioteca Manuel Alonso en los 1970s, una biblioteca surtida de libros en español para la comunidad.

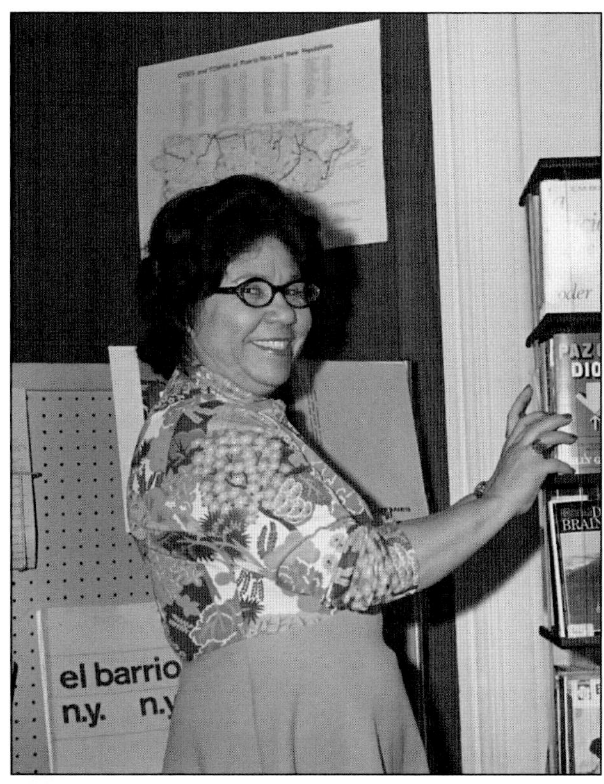

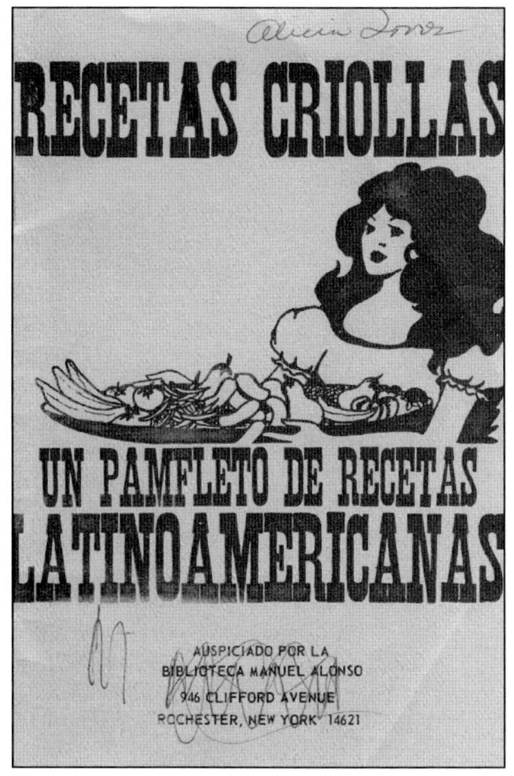

The Biblioteca Manuel Alonso did its part to preserve Latino culture. It produced materials like this booklet of Latin American recipes in the late 1970s. (IA.) La Biblioteca Manuel Alonso hizo su parte para preservar la cultura latina. Produjo materiales como éste libro de recetas latinoamericanas a finales de los 1970s.

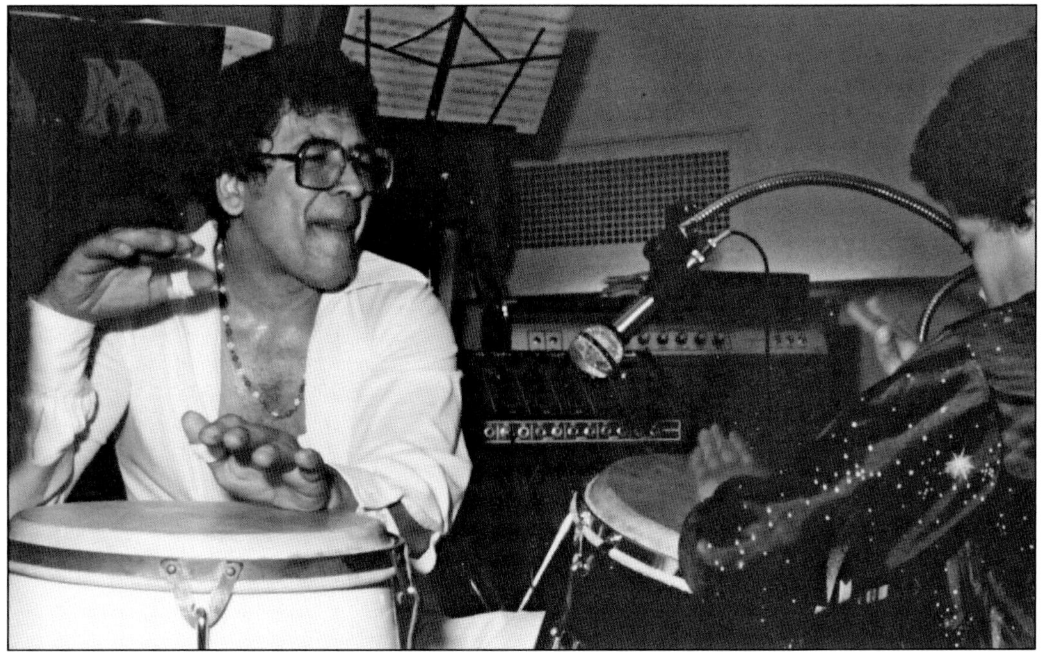

The large Hispanic community in Rochester started attracting stars like legend Ray Barretto of the Fania All-Stars, who performed at the Auditorium Theatre in June 1980. (PN.)
La comunidad hispana en Rochester comenzó a atraer estrellas como la leyenda Ray Barretto de Fania All-Stars, que tocó en el Auditorium Theatre en junio de 1980.

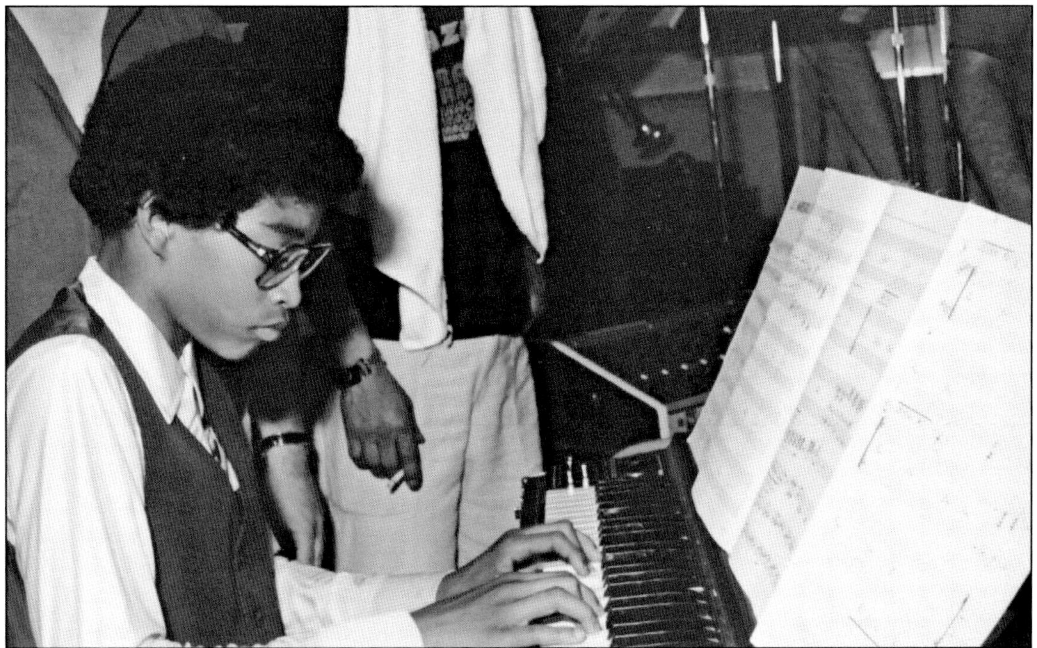

Latin legend Ray Barretto welcomed a young Victor Antonetti Jr. of Rochester to perform with him during his 1980 concert. (PN.)
La leyenda Ray Barretto invitó a el joven Victor Antonetti Jr. de Rochester para que tocará con él durante su concierto de 1980.

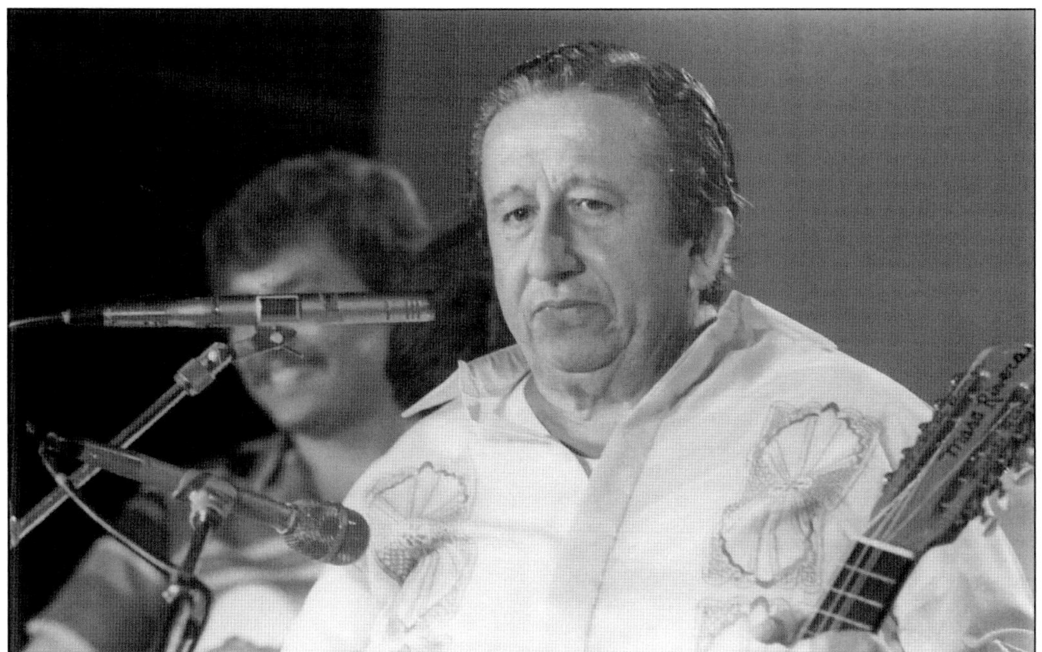

One of Puerto Rico's greatest composers and musicians, Don Tomás "Maso" Rivera, played the Club Calabash in January 1982. (IA.)
Uno de los compositores y músicos más grandes de Puerto Rico, Don Tomás "Maso" Rivera tocó en el Calabash Club en enero de 1982.

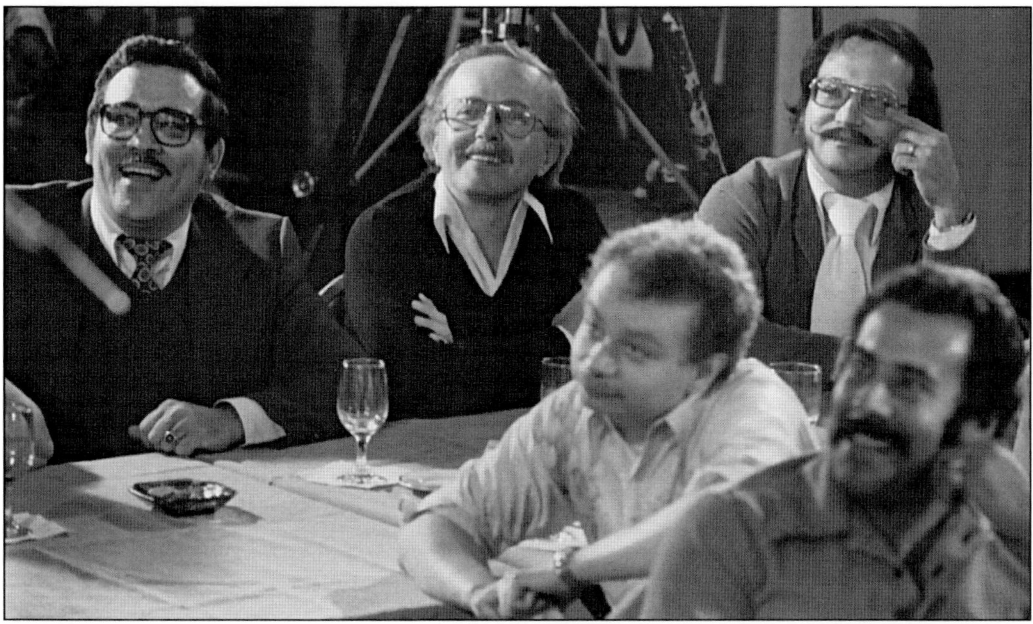

Well-known community leader Deacon Carlos Vargas (far right) was among the many who enjoyed the traditional Jíbaro folk music of Maso Rivera at his Rochester concert in 1982. (IA.)
El líder muy conocido de la comunidad Diácono Carlos Vargas (en el extremo derecho) estuvo entre muchos que disfrutaron de la música jibarita de Maso Rivera en su concierto en Rochester en 1982.

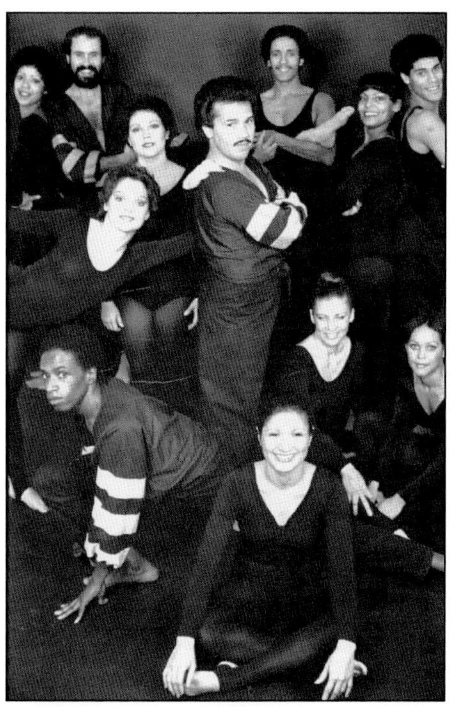

One of the regions most cherished cultural jewels was born in 1981. The Borinquen Dance Theatre was founded that year and would continue to educate and entertain for the next 30 years, until the present day. (JR.)
Una de las joyas culturales más apreciadas en la region nació en 1981. El Borinquen Dance Theatre fue fundado ese año y continuaría educando y entreteniendo por los próximos 30 años hasta el día de hoy.

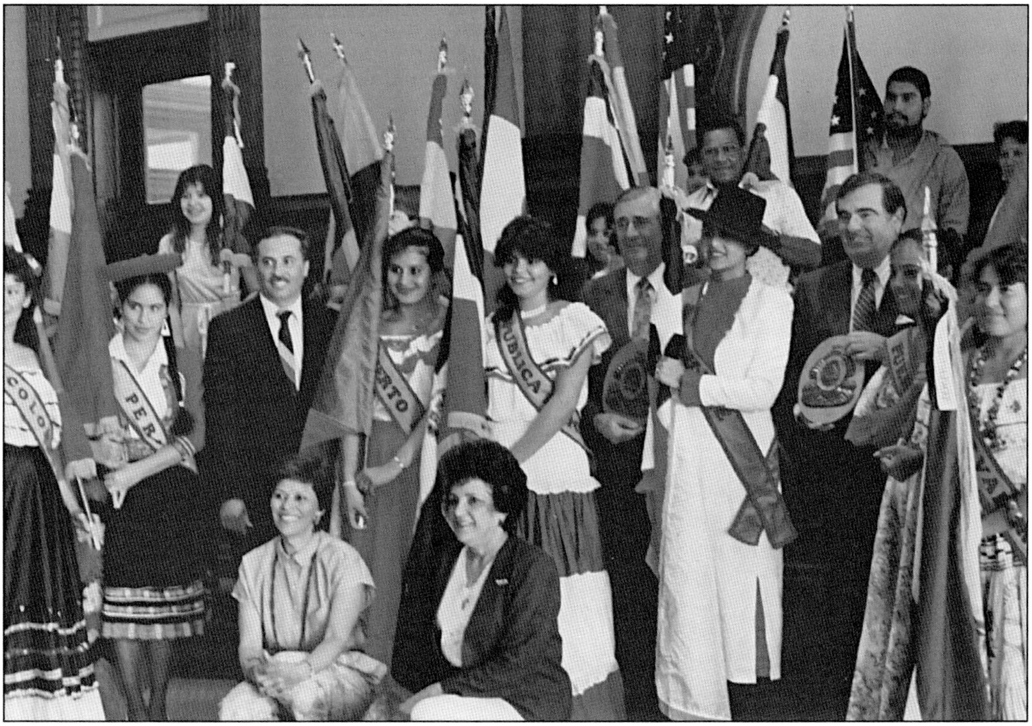

By 1987, with the popularization of Hispanic Heritage Week (now Hispanic Heritage Month), the City of Rochester had begun holding ceremonies to commemorate its celebration. (RM.)
En 1987, con la popularización de la Semana de la Herencia Hispana (actualmente Mes de la Hispanidad), la Ciudad de Rochester había comenzado las ceremonias para conmemorar la celebración.

By the 1990s, merengue had become the most popular style of Latin music. One of the area's most popular acts was Explocíon Merenguera with Migdalia Plaza, Marisol Martinez, Rosabel Antonetti, and Shamilah Mendez. (SM.)
Ya para los años 1990s, el merengue había llegado a ser el estilo más popular de música latina. Uno de los grupos más populares del área fue Explocíon Merenguera con Migdalia Plaza, Marisol Martinez, Rosabel Antonetti y Shamilah Mendez.

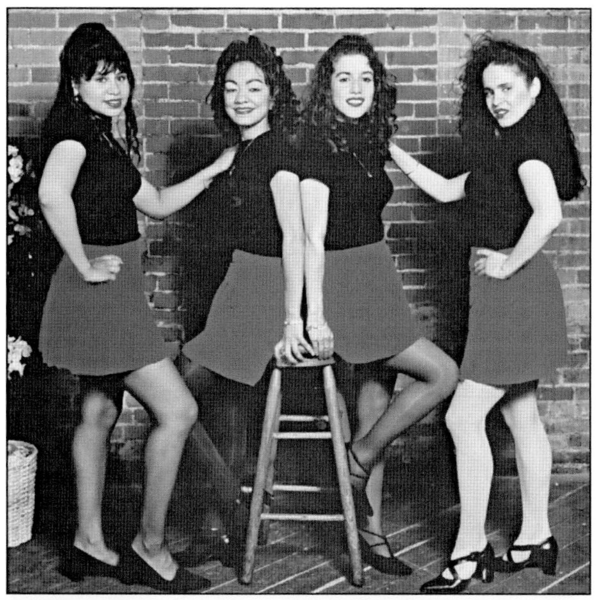

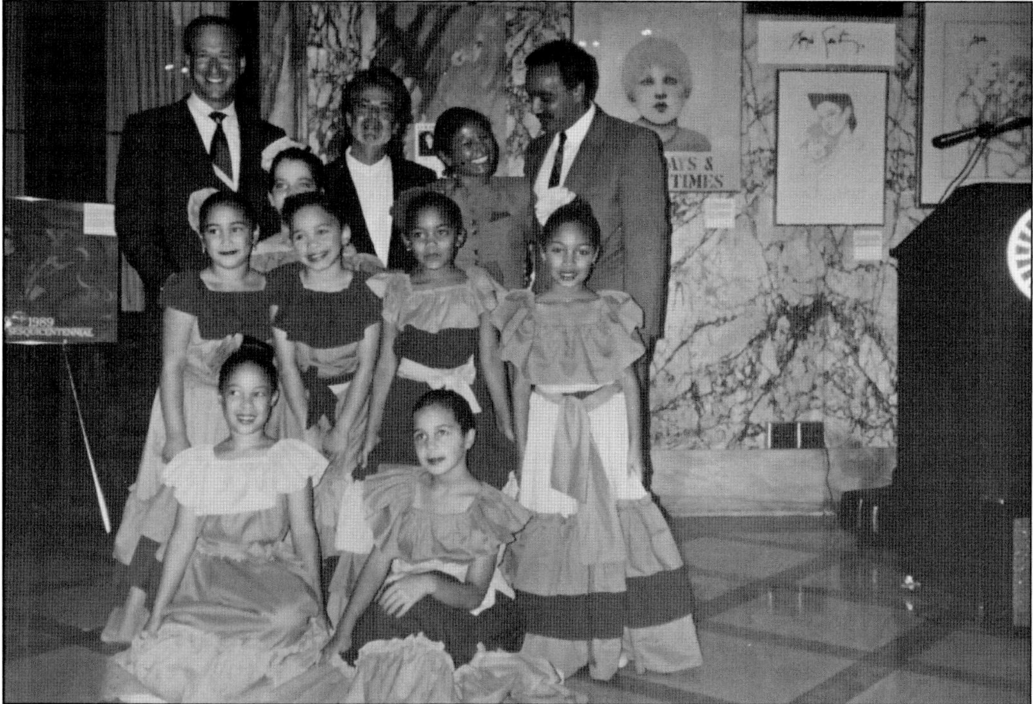

One of the most important Hispanic painters in the United States was Ramón Santiago, born in Rochester in 1943. Pictured here in 1991 are, from left to right, county executive Bob King, Ramon Santiago, Nydia Padilla, and Rochester School superintendent Manuel Rivera, with children from the Borinquen Dance Theatre. (PF.)
Uno de los artistas hispanos más importantes en los Estados Unidos fue Ramón Santiago, nacido en Rochester en 1943. Aquí en 1991, de izquierda a derecha, estan el ejecutivo del condado Bob King, Ramón Santiago, Nydia Padilla, y superintendente de escuelas en Rochester Manuel Rivera, con los niños de Borinquen Dance Theatre.

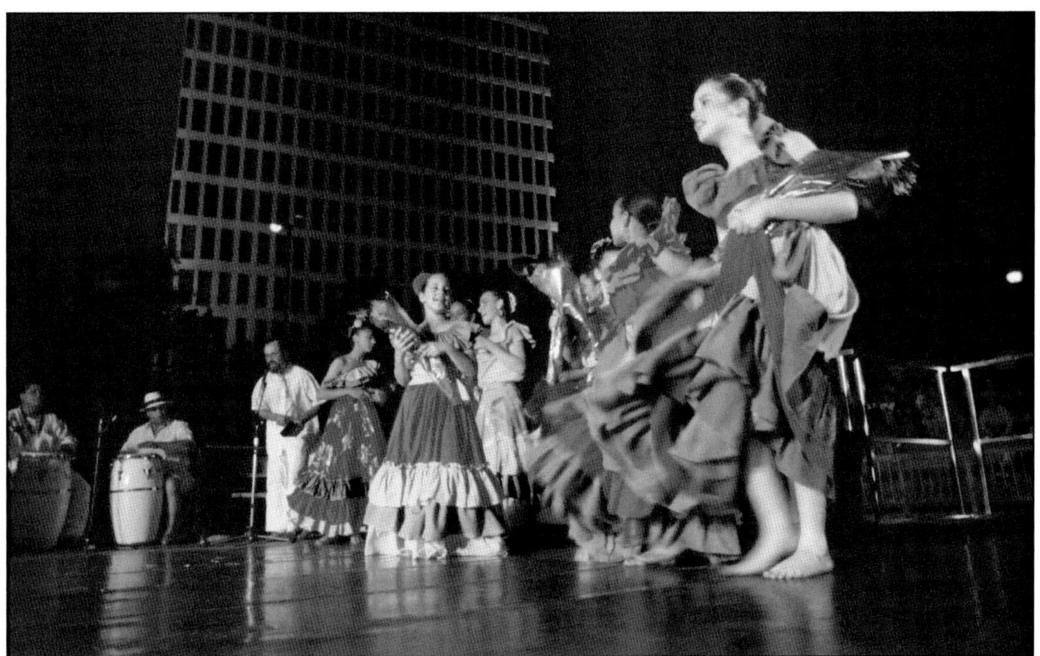

Having evolved into a dance troupe and dance school by the 1990s, the Borinquen Dance Theatre performs here in Manhattan Square Park. (ROC.)
Convertiendose en una agrupación de baile artístico ya para los años 1990s, el Borinquen Dance Theatre está aquí en Manhattan Square Park.

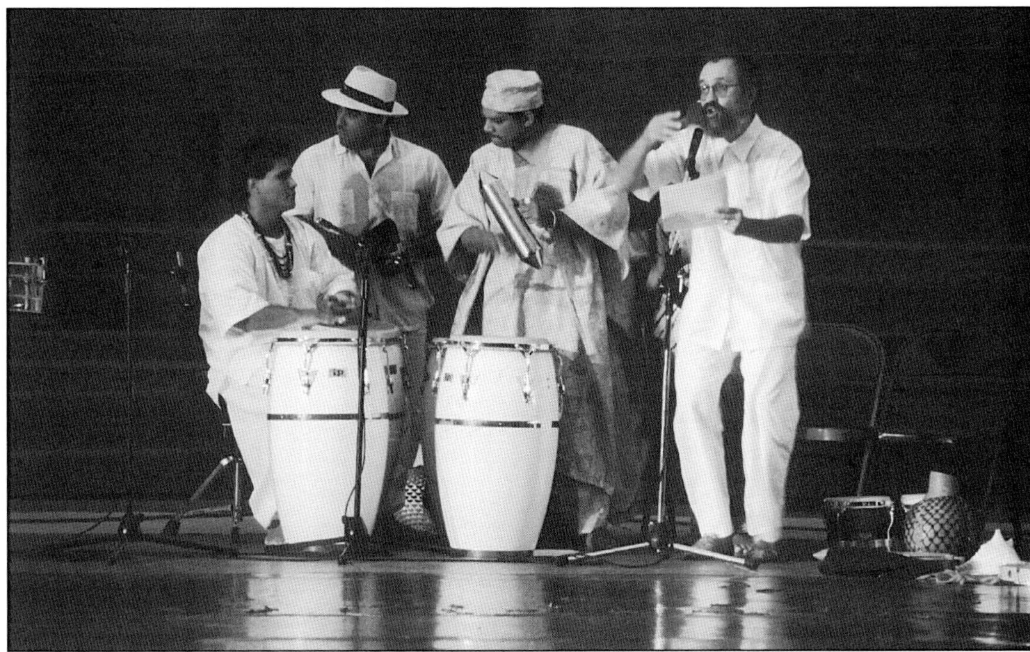

Local poet, educator, and activist Henry Padron reads some of his poetry with Latin percussion at Manhattan Square Park in the early 1990s. (ROC.)
Poeta, educador y activista local Henry Padrón lee algo de su poesía con percusión Latina en Manhattan Square Park en la década de 1990.

Six
Seis

The Puerto Rican Festival

El Festival Puertoriqueño

When the founders of the Puerto Rican Festival began to plan the first celebration in 1970, they could have never imagined the success their creation would enjoy. Starting as the Festival of Puerto Rican Week, it is the area's longest running festival, having celebrated its 41st anniversary in 2010. It is also the oldest ethnic festival—older than the Italian, Greek, or German festivals in Rochester.

Over the years, it has showcased the top local talent and international legends like Tito Puente, Marc Anthony, Willie Colon, Ruben Blades, Celia Cruz, and Oscar De Leon. Its components—the Miss Puerto Rico Pageant and parade—have become local institutions as well.

With U.S. Census data showing that over 40 percent of Hispanics now live in Rochester's suburbs, the annual event has become as much a family reunion as a festival. With the warm summer months bringing Caribbean-like weather to the area, it has become the perfect time of year for Puerto Rican culture to bloom in Rochester.

Cuando los fundadores del Festival Puertorriqueño comenzaron a planificar la celebración por primera vez en 1970, nunca pudieron imaginar el éxito que su creación tendría. Comenzando como el Festival de la Semana Puertorriqueña, es el festival más viejo, después de haber celebrado su cuadragésimo primer aniversario en 2010. También es el festival étnico más viejo – más que el festival griego, italiano o alemán en Rochester.

Los años han traído talento local y leyendas internacionales como Tito Puente, Marc Anthony, Willie Colón, Rubén Blades, Celia Cruz y Oscar De Leon. Sus componentes – el concurso de Miss Puerto Rico y el desfile – los cuales se han convertido en instituciones locales.

Los datos del censo de los Estados Unidos muestran que más del 40 por ciento de los hispanos viven en los suburbios de Rochester, el evento anual se ha convertido tanto como una reunión familiar como en un festival. Con los meses de verano trayendo un clima parecido al del Caribe a la zona, ha llegado a ser la época del año perfecta para que florecezca la cultura puertorriqueña en Rochester.

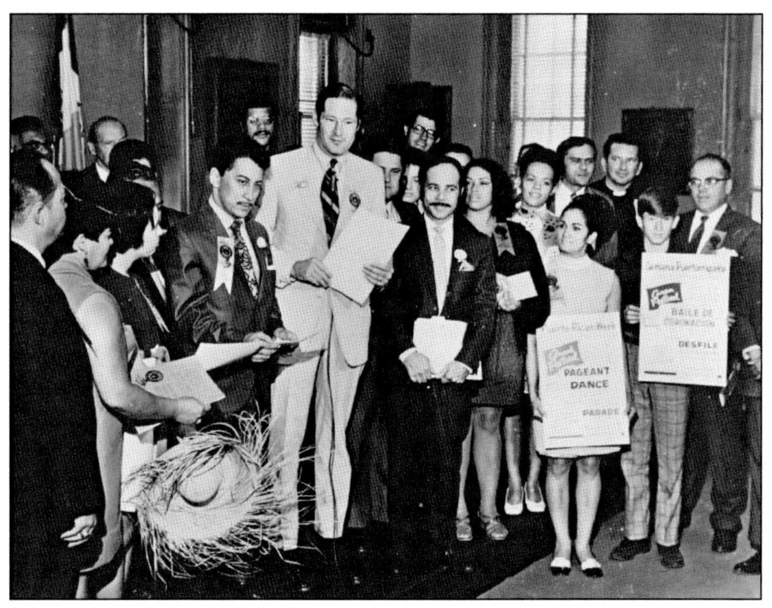

Rochester mayor Stephen May (in white suit) poses at the announcement of the first Festival of Puerto Rican Week with key founder Domingo Martinez (standing left of the mayor) in 1970. (IA.) Alcalde de Rochester Stephen May (en blanco) posa en el anuncio para el primer Festival de la Semana Puertorriqueña con fundador principal Domingo Martínez (a la izquierda del alcalde) en 1970.

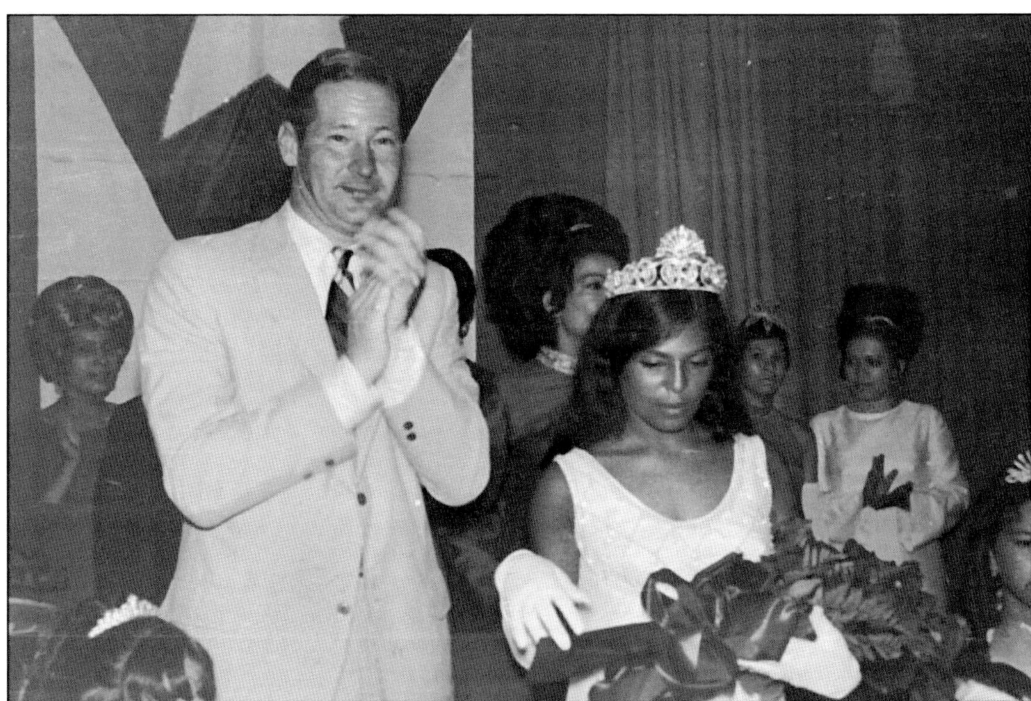

Drawing strong support from Rochester City Hall from its inception, Rochester mayor Stephen May attends the coronation of the first Miss Puerto Rico of Rochester, Darlene Ortiz. (OF.) Con el fuerte apoyo de la municipalidad de Rochester desde su inicio, alcalde de Rochester Stephen May asiste a la coronación de la primera Miss Puerto Rico de Rochester, Darlene Ortiz.

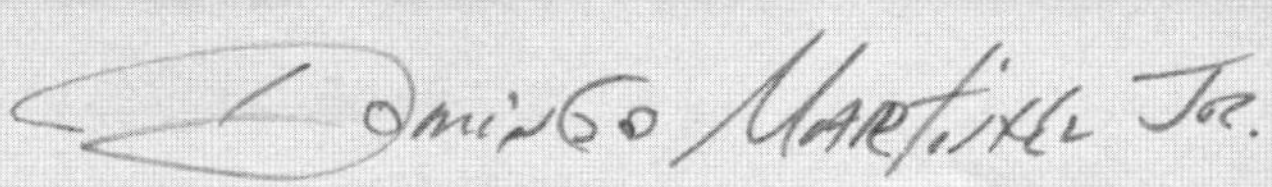

PROGRAMA DEL FESTIVAL DE LA

SEMANA PUERTORRIQUENA,

REINADO Y DESFILE

EN ROCHESTER, NUEVA YORK.

SITIO: BROWN SQUARE PLAYGROUND
ESQUINA DE BROWN ST., VERONA ST., Y JAY ST.

FECHA: 10 DE AGOSTO HASTA 16 DE AGOSTO, 1970.
HORA: 6:30 P.M. HASTA 10:30 P.M.

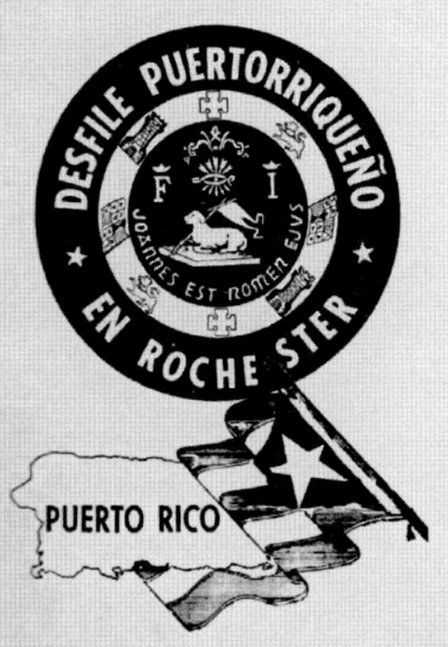

Coordinador actividades del festival....Sr. John Padilla

Colaboradores...............
Asociacion Cultural Puertorriquena.

AUSPICIADO POR:
COMITE PRO-DESFILE Y FESTIVAL
PUERTORRIQUENO DE ROCHESTER

"UNIDAD Y ENTENDIMIENTO"

This rare copy of the program from the first Festival of Puerto Rican Week in 1970 lists Juan Padilla as the original coordinator of the festival. (GF.)
Esta copia especial del programa del primer Festival de la Semana Puertorriqueña en 1970 identifica a Juan Padilla como coordinador original del festival.

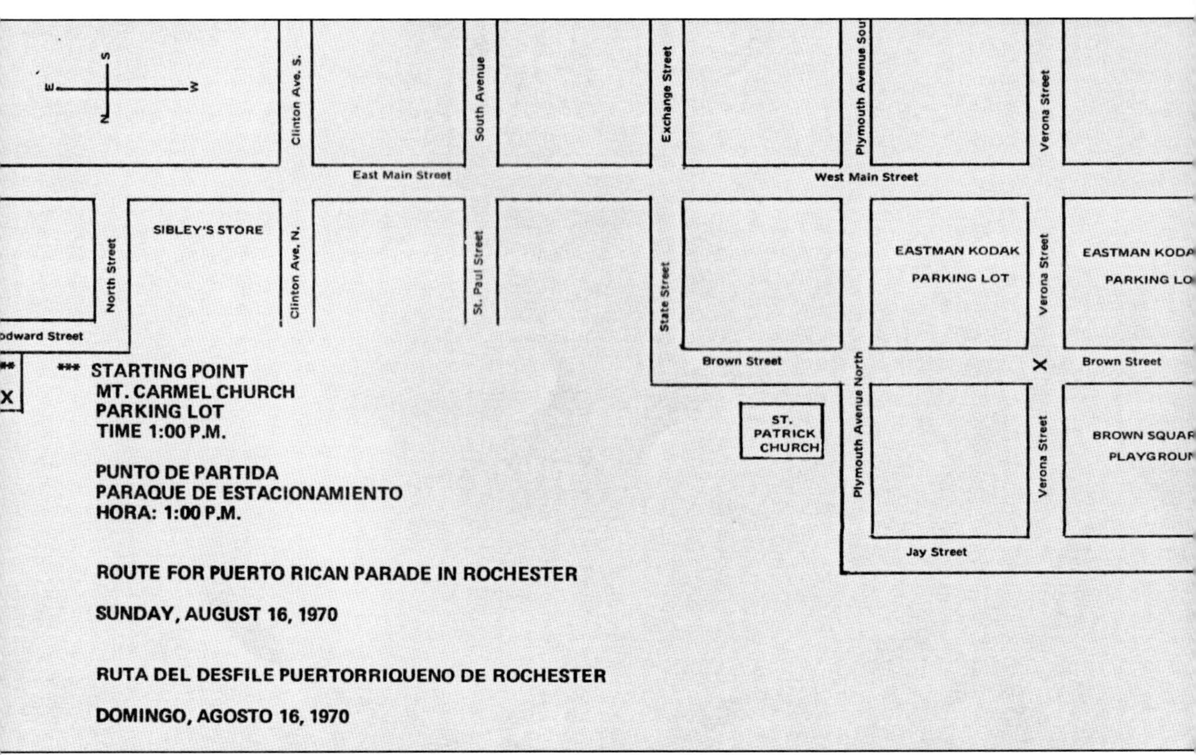

This map from the program of the first festival shows the route the first parade took from Our Lady of Mount Carmel Church to Browns Square Park on August 16, 1970. (GF.)
Éste mapa del programa del primer festival muestra la ruta del primer desfile desde la Iglesia Nuestra Señora de Monte Carmelo hasta Browns Square Park el 16 de agosto de 1970.

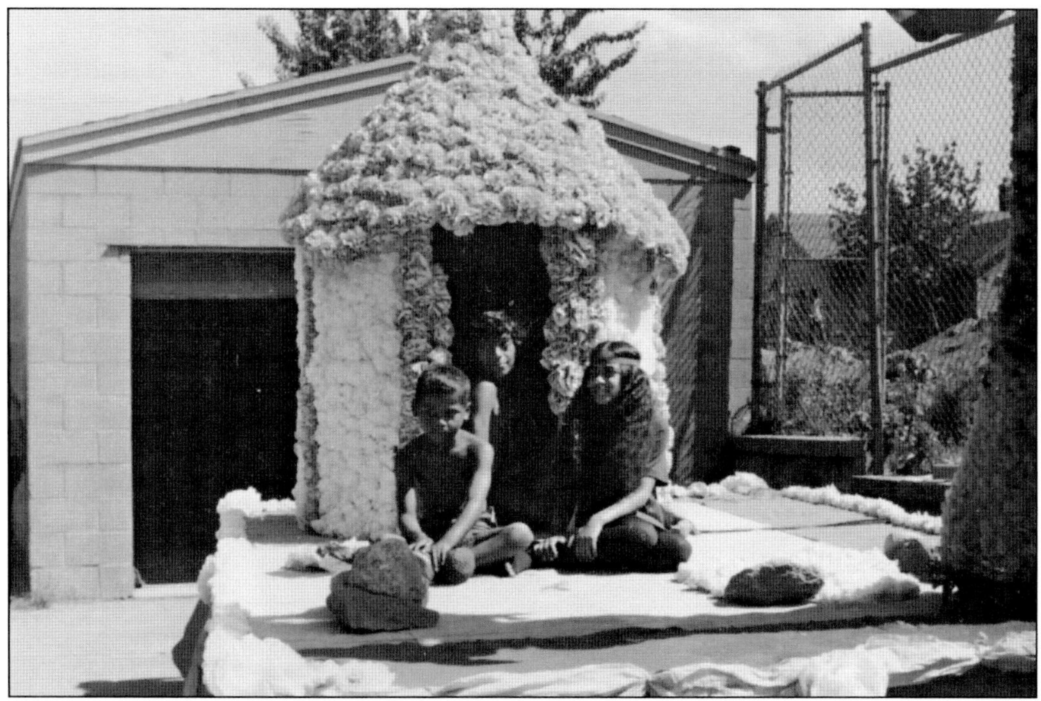

The festival aimed to celebrate Puerto Rican culture. This 1970 float celebrates the native Taino Indians of the island. (GPB.)
El objetivo del festival era celebrar la cultura de Puerto Rico. Esta carroza de 1970 celebra los indios taínos nativos de la isla.

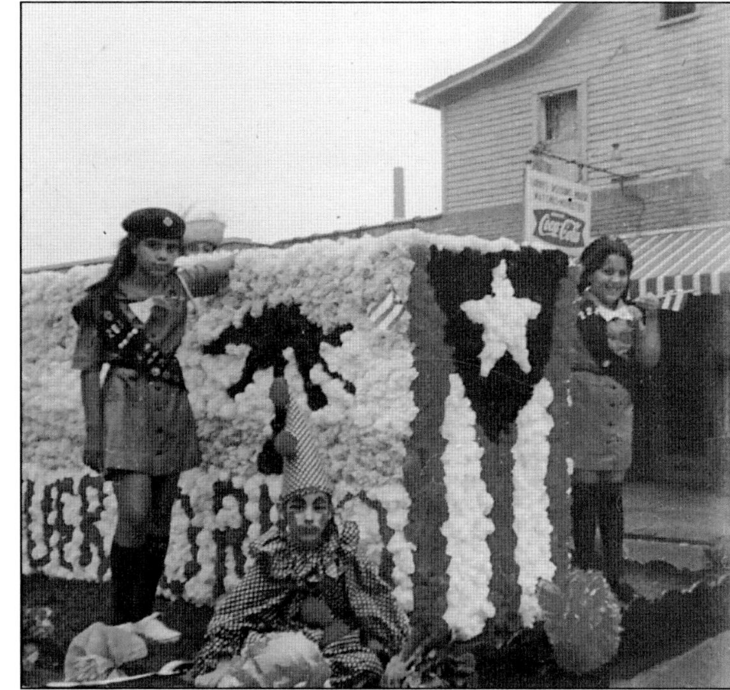

All the Latino organizations participated in the parade. This float carries members of the Latino Girl Scout Troop in 1970. (MMC.)
Todas las organizaciones latinas participaron en el desfile. Esta carroza lleva a los miembros de Girl Scouts de la comunidad latina en 1970.

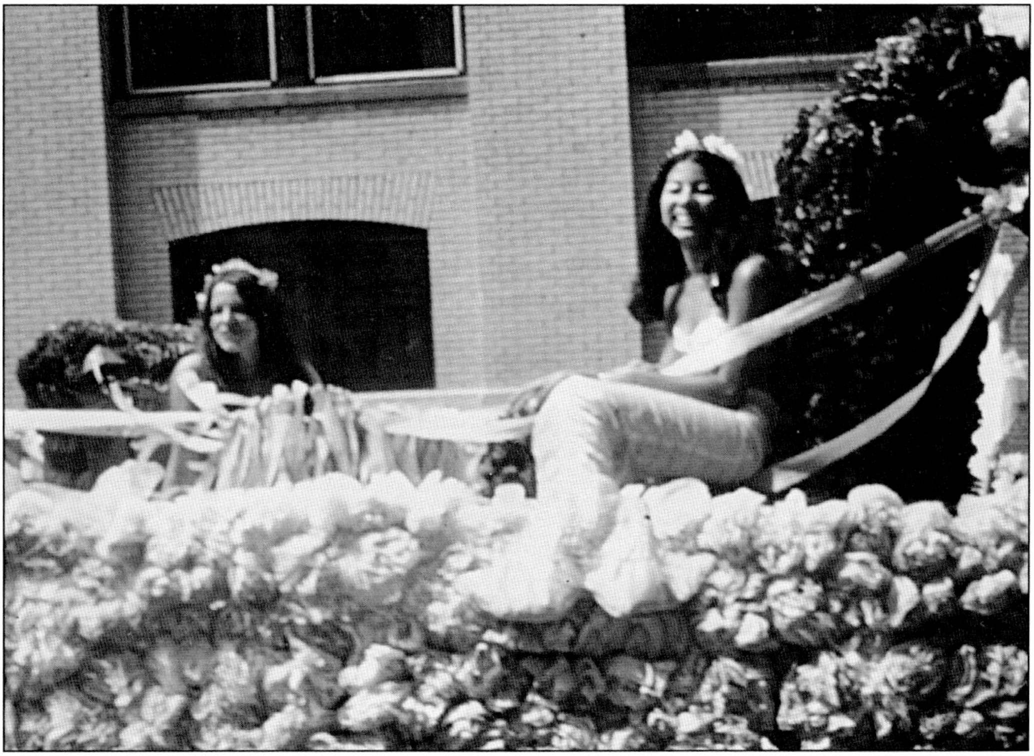

Some floats in the festival parade were just for fun, such as this one from the early 1970s that carried mermaid Dilia Olmeda. (PZF.)
Algunas carrozas en el desfile del festival eran sólo por diversión, como ésta de los principios de 1970 que llevó a la sirena Dilia Olmeda.

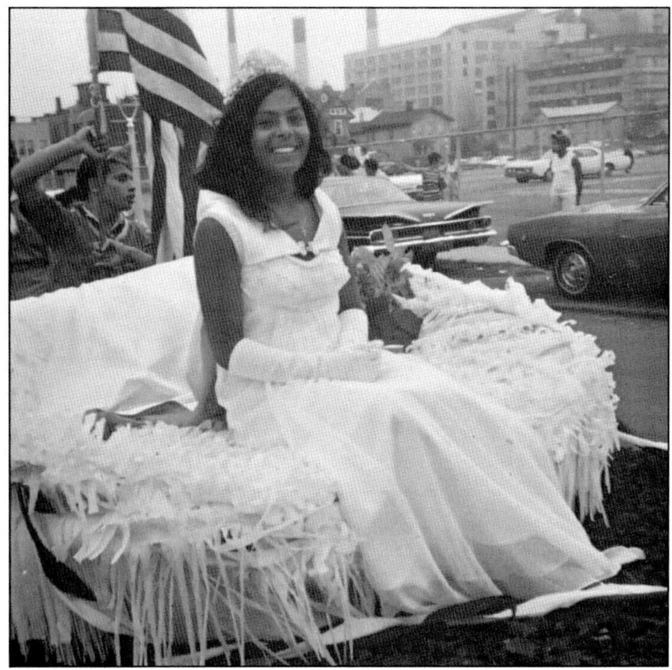

The 1970 Puerto Rican Festival parade came to an end as the first pageant queen, Darlene Ortiz, arrived at Browns Square Park. (OF.)
El desfile del Festival Puertorriqueño en 1970 llegó a su fin cuando la primera reina del concurso, Darlene Ortiz, llegó a Browns Square Park.

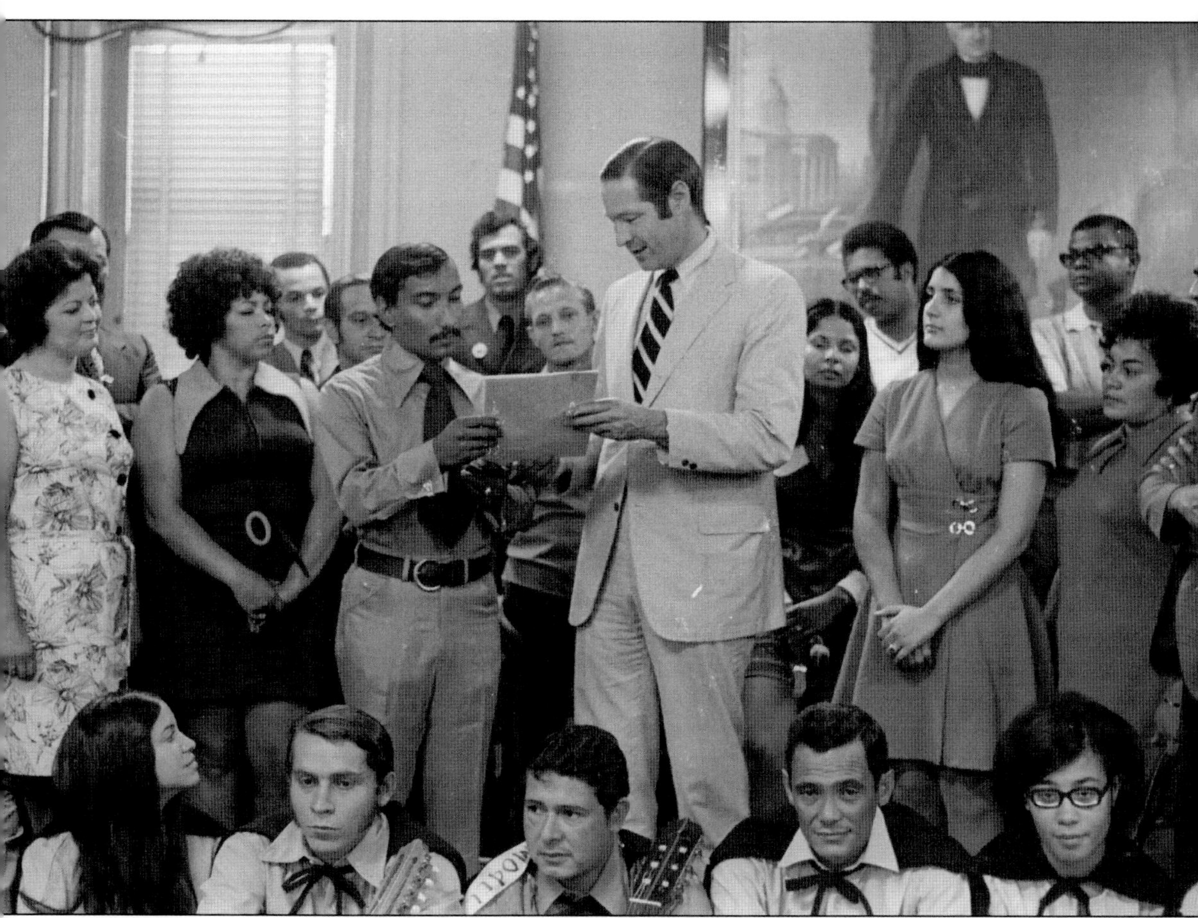

On August 6, 1971, Rochester mayor Stephen May reads a proclamation for Puerto Rican Week. Pictured in this historical photograph are, from left to right, (first row) Maria Colon, Gilberto Soria, Eduardo Reyes, Nestor Garcia, and Maria Vazquez; (second row) Ivette Salgado Diaz, Maria De Jesus, Jimmy Martinez, Mayor Stephen May, Ivelisse Lissie Torres, Carmen Luciano, and Jorge Colon Sr.; (third row) Rafael Santiago, unidentified, and Denora Rudolph; (fourth row) unidentified, Rafael Martinez, Pedro Maneiro, Domingo Garcia, and Juan Crispin. (IA.)
El 6 de agosto de 1971, el alcalde de Rochester Stephen May lee una proclamación sobre la Semana Puertorriqueña. En esta foto histórica están, de izquierda a derecha, (primera fila), María Colón, Gilberto Soria, Eduardo Reyes, Néstor García, y María Vázquez; (segunda fila) Ivette Salgado Díaz, María De Jesus, Jimmy Martínez, el alcalde Stephen May, Ivelisse Lissie Torres, Carmen Luciano, y Jorge Colón, Sr.; (tercera fila) Rafael Santiago, un desconocido, y Denora Rudolph; (cuarta fila) un desconocido, Rafael Martínez, Pedro Maneiro, Domingo García, y Juan Crispin.

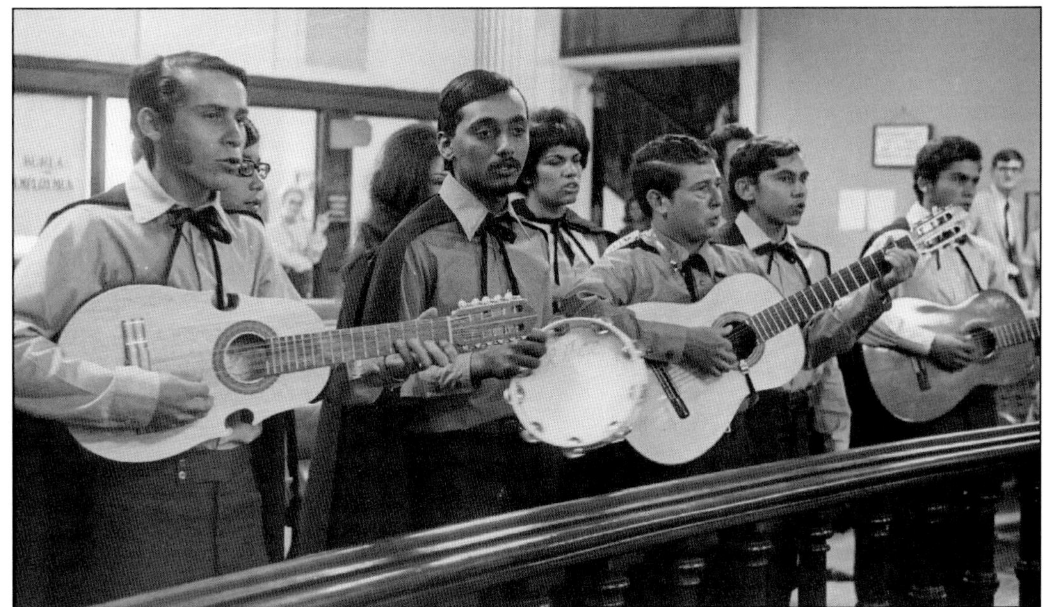

The festival allowed traditional Puerto Rican culture to go places it had never gone before, as seen with these traditional musicians playing in city hall on August 8, 1971. (IA.)
El festival permitió que la cultura tradicional de Puerto Rico llegara a lugares donde nunca había llegado antes, como se ve con estos músicos tradicionales tocando en la municipalidad el 8 de agosto de 1971.

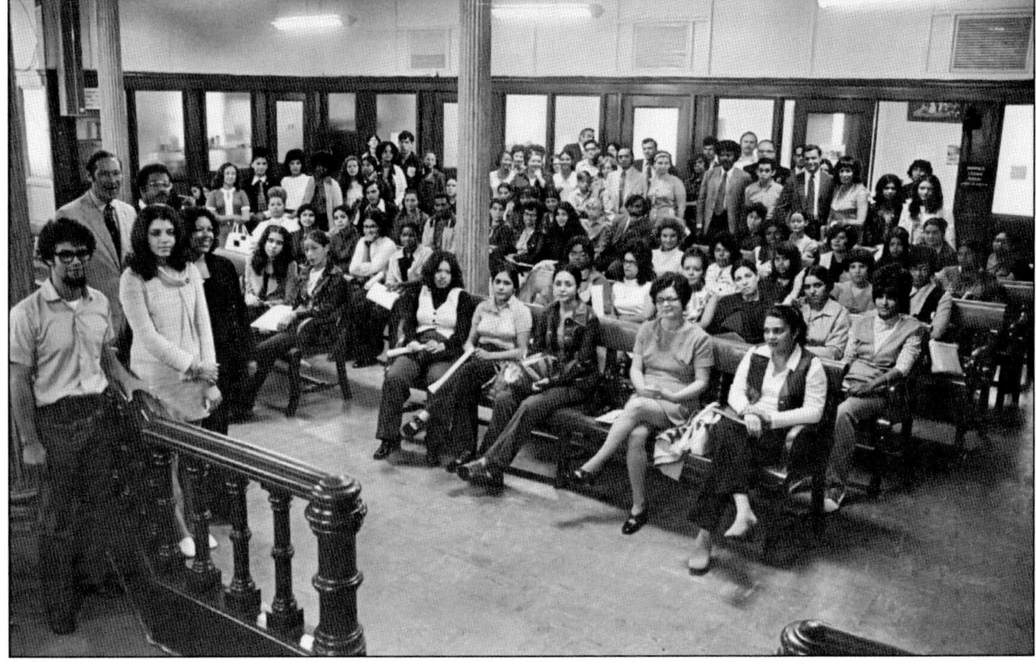

By now a big community event, the reading of the city proclamation for the third festival drew an even bigger crowd to Rochester City Hall in 1972. (IA.)
Ya establecido como un gran evento de la comunidad, la proclamación para el tercer festival por el alcalde de Rochester atrajo a mucha mas gente en 1972.

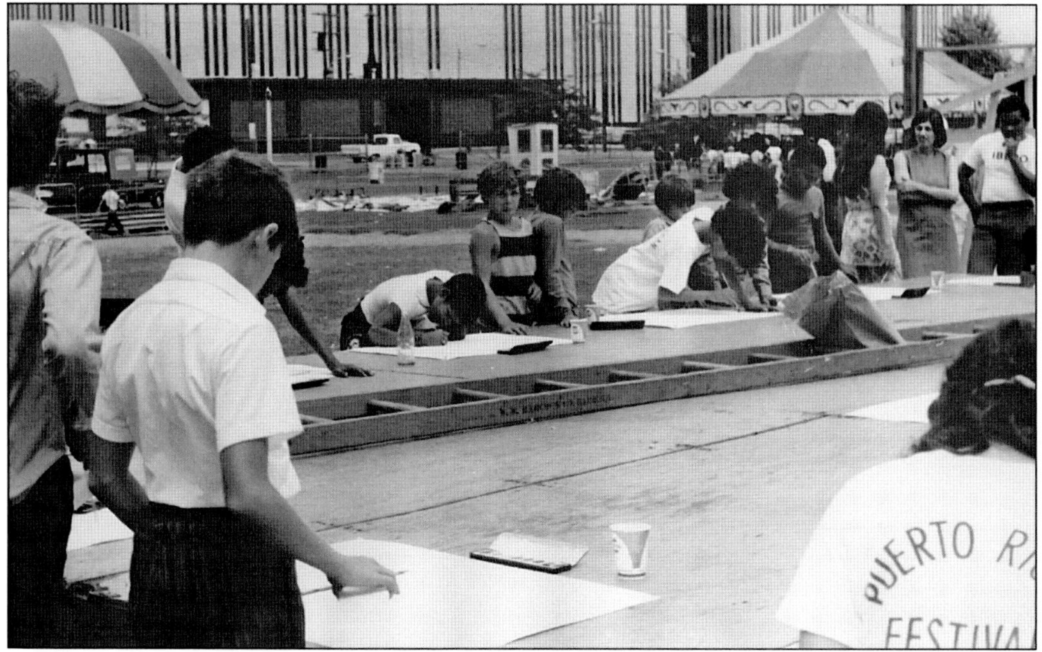

The festival was truly a community event, with Latinos of all ages helping out in the setup and cleanup here at Browns Square Park. (IA.)
El festival era un verdadero evento de la comunidad, con los latinos de todas las edades ayudando en la instalación y la limpieza en Browns Square Park.

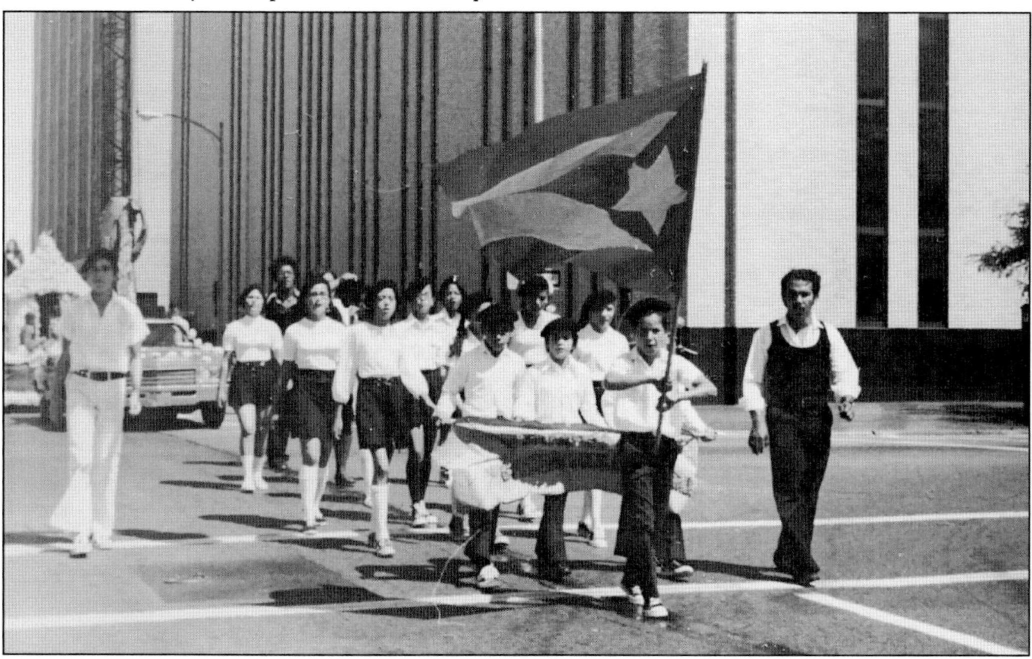

In this 1971 photograph, the Lewis Street Community Center Spanish Skills Program marches past Kodak headquarters in the parade. (IA.)
En esta fotografía de 1971, el programa de capacitación del Lewis Street Community Center marcha al frente de la sede de Kodak en el desfile.

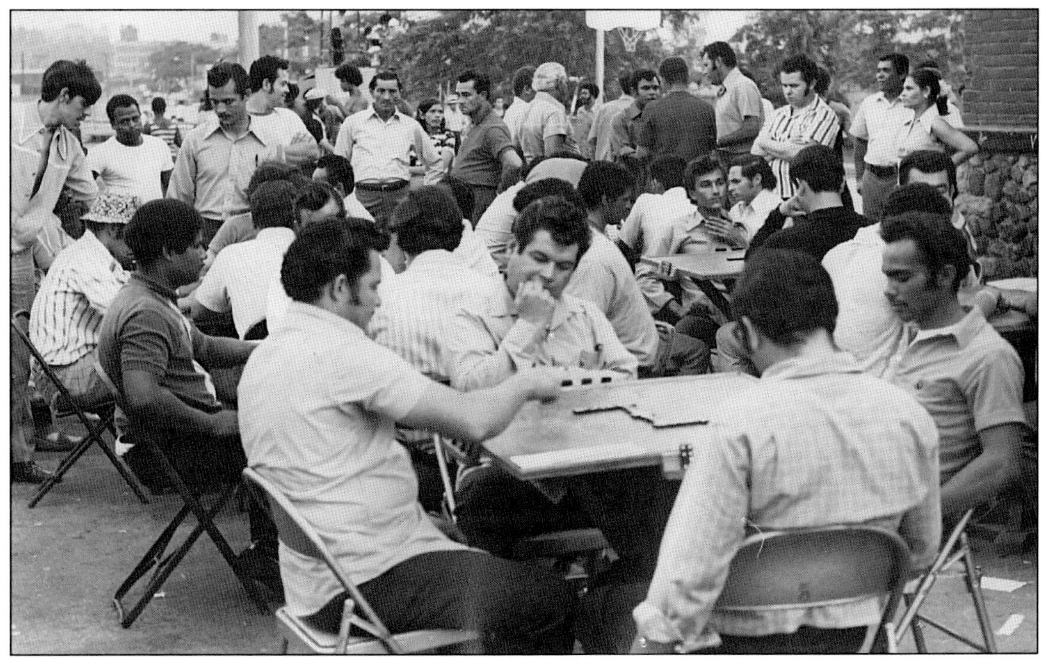

Dominos is an extremely popular pastime in the Caribbean and a major feature of the Puerto Rican Festival. (IA.)
El dominó es un pasatiempo muy popular en el Caribe y uno de los eventos principales en el Festival Puertorriqueño.

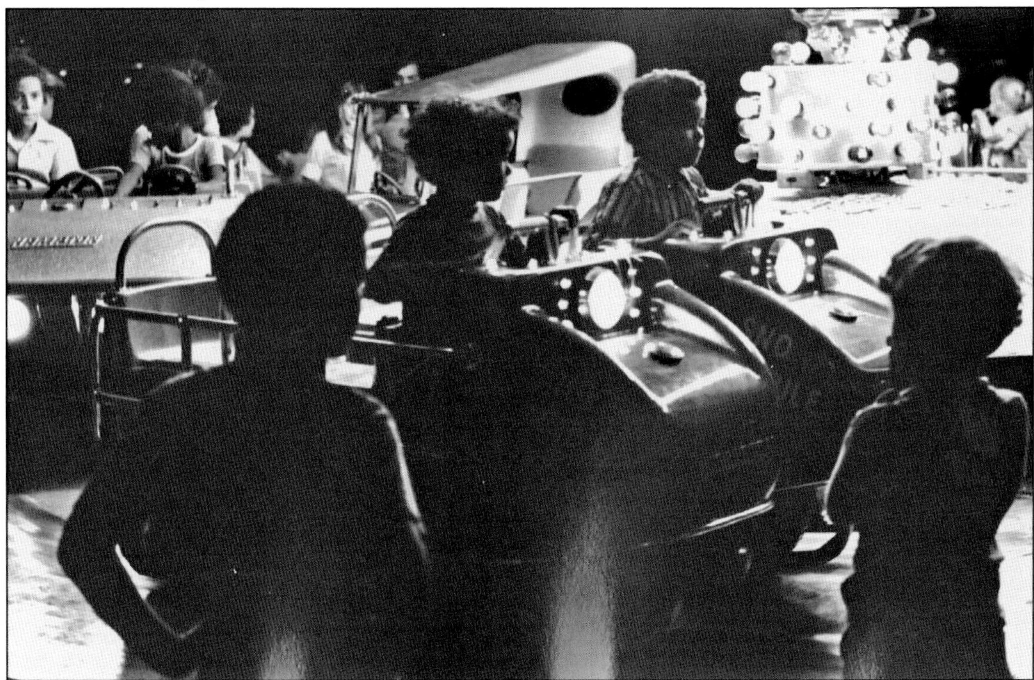

Some traditions of the original festival are no longer around, such as the carnival rides seen here in 1971. (IA.)
Algunas tradiciones del festival ya no están, como los juegos mecánicos que se ven aquí en 1971.

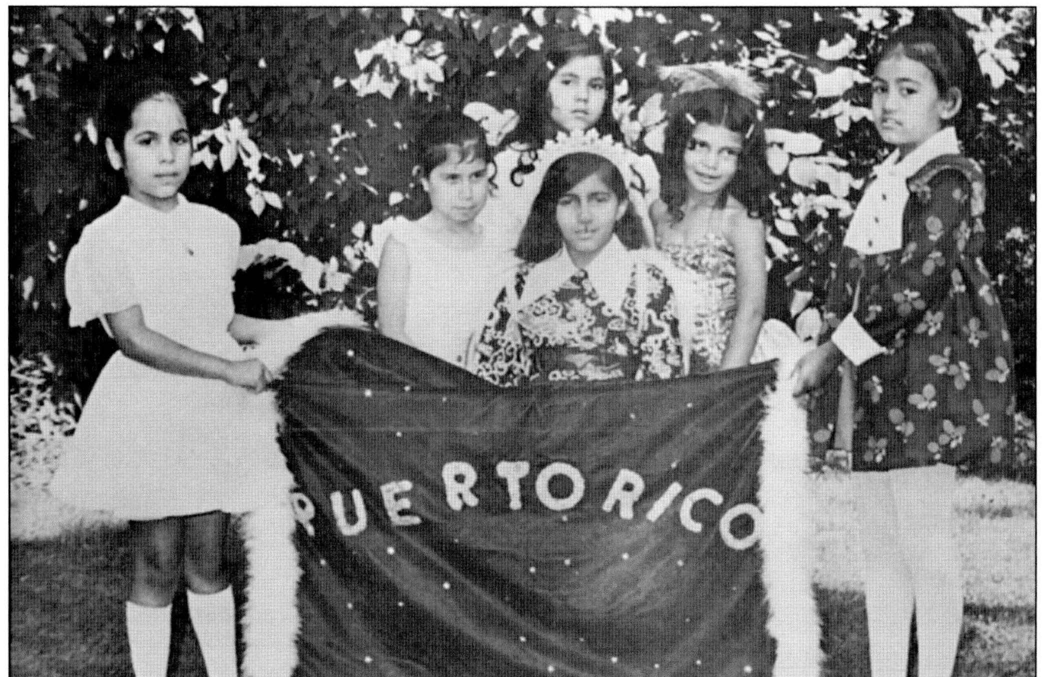

As the festival grew, a junior pageant was added in 1973. Pictured from left to right are Maritza León, Ivett Rojas, Daisy Colón, Lisa Otero, and Olsa Meléndez. In the center is junior queen Luz del Rosario Vazquez. (GF.)
Con el crecimiento del festival se añadió un reinado infantil en 1973. En la foto de izquierda a derecha esta Maritza León, Ivette Rojas, Daisy Colón, Lisa Otero, y Olsa Meléndez. En el centro está junior reina Luz del Rosario Vázquez.

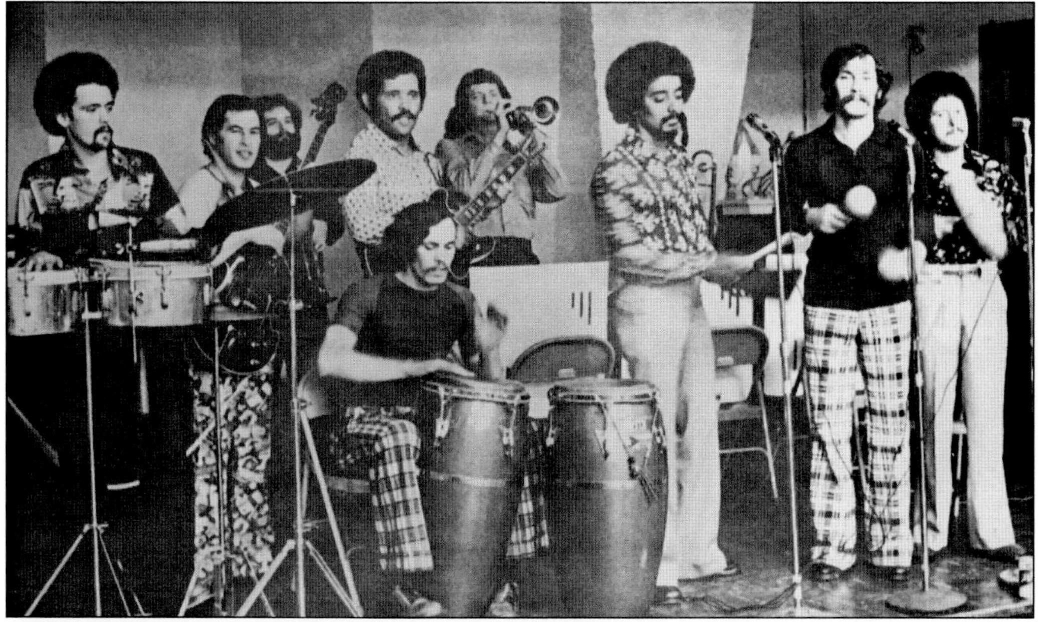

The 1973 festival featured legendary local Latin band Miguel y su Muralla. (GF.)
El festival de 1973 presentó la banda local legendaria, Miguel y su Muralla.

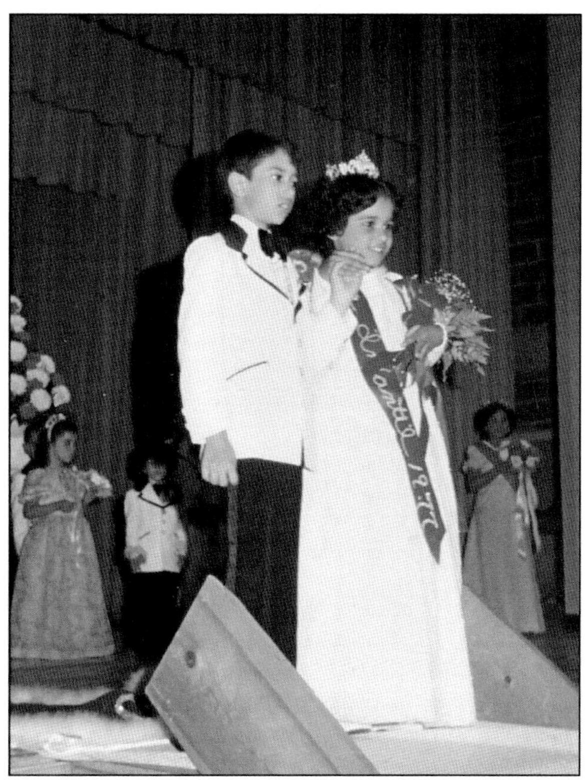

Victor Rivera Jr. accompanies junior queen Marlene Rivas in 1977. (PZF.) Víctor Rivera Jr. Acompaña a la reina infantíl Marlene Rivas en 1977.

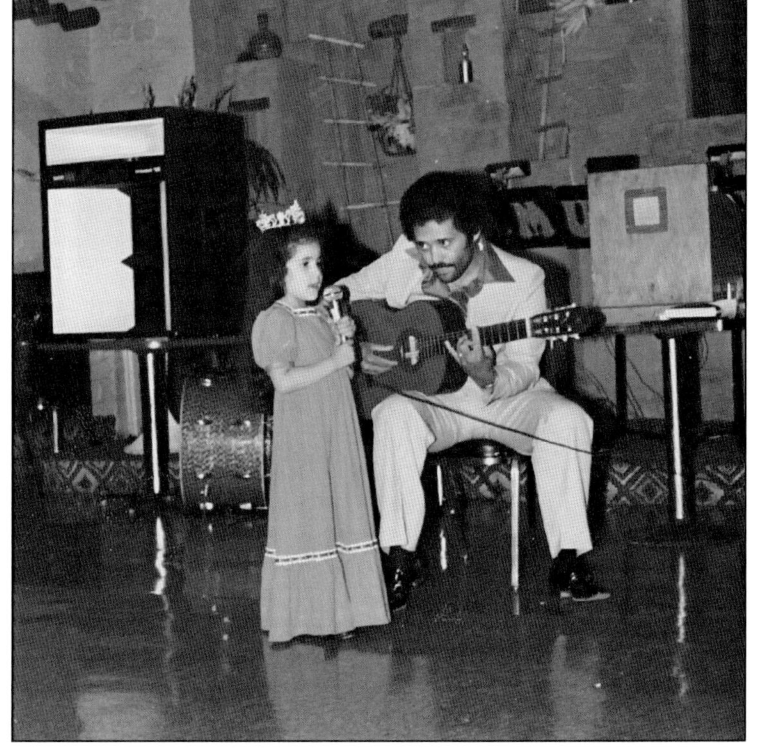

The junior pageant also included a talent show. Here Miguel "Mike" Rosario accompanies Wanda I. Soria Torres on the guitar. (IA.) El reinado infantil también tenía un concurso de talentos. Aquí Miguel "Mike" Rosario acompaña Wanda I. Soria Torres con su guitarra.

A great point of pride in the community was the long, red cape with the Puerto Rican coat of arms, which was worn by the pageant winners since the first festival. Worn here by the 1978 queen Vivian Steidel, it was lost at some point during the 1980s. (IA.)
Un gran punto de orgullo en la comunidad era la larga capa roja con el escudo de Puerto Rico, que fue usado por las reinas desde el primer festival. Aquí lo trae la reina Vivian Steidel en 1978. Se perdió en algún momento durante la década de los 1980s.

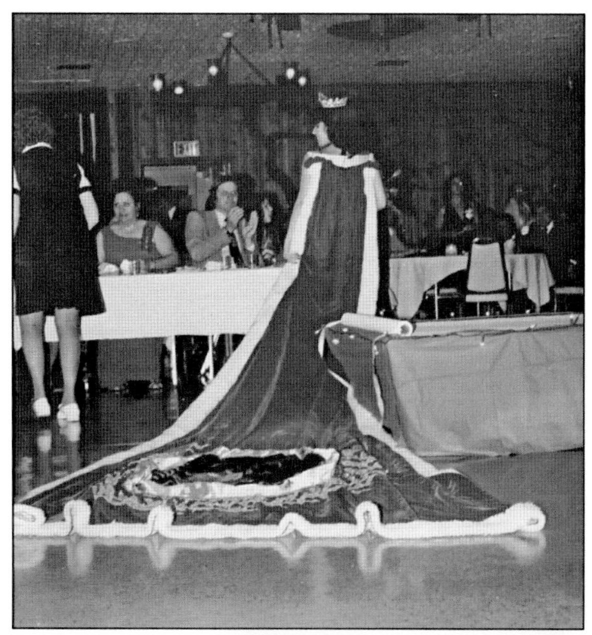

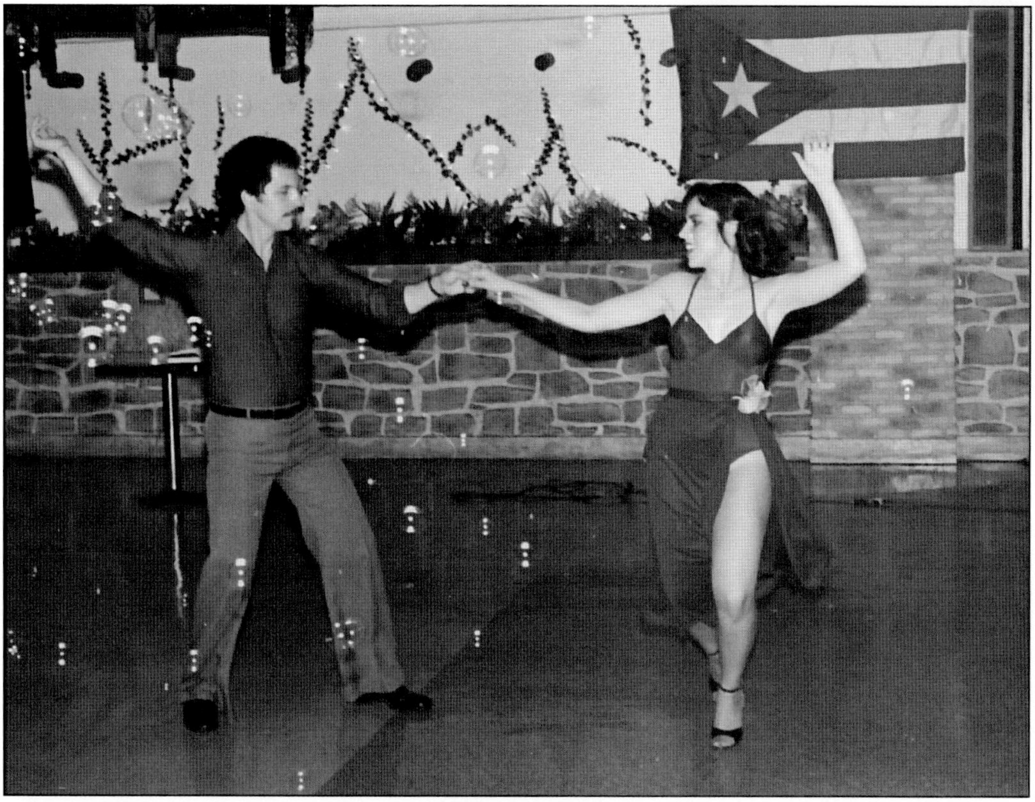

Salsa was at its height of popularity in 1978 when Vivian Steidel performed this salsa routine. She would go on to win the festival pageant that year. (IA.)
La salsa estaba en su apogeo de popularidad en 1978 cuando Vivian Steidel realiza ésta rutina de salsa. Ella llegaría a ganar el reinado del festival de ese año.

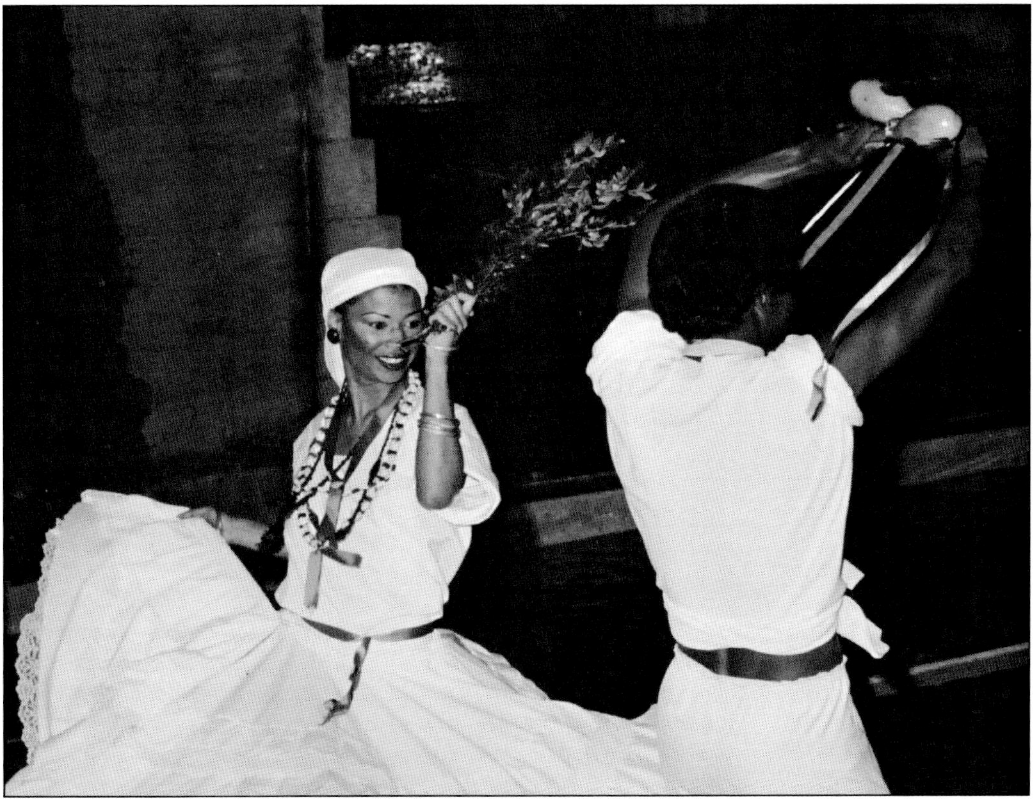

The 1978 festival marked the first time the event was moved to a new location. It was held at Manhattan Square Park, where Sonia Sanchez and Tony Ortiz are seen performing traditional dances. (GPB.)
El festival de 1978 marcó la primera vez que el evento se trasladó a una nueva ubicación. Se celebró en Manhattan Square Park, donde Sonia Sánchez y Tony Ortiz se ven realizando bailes tradicionales.

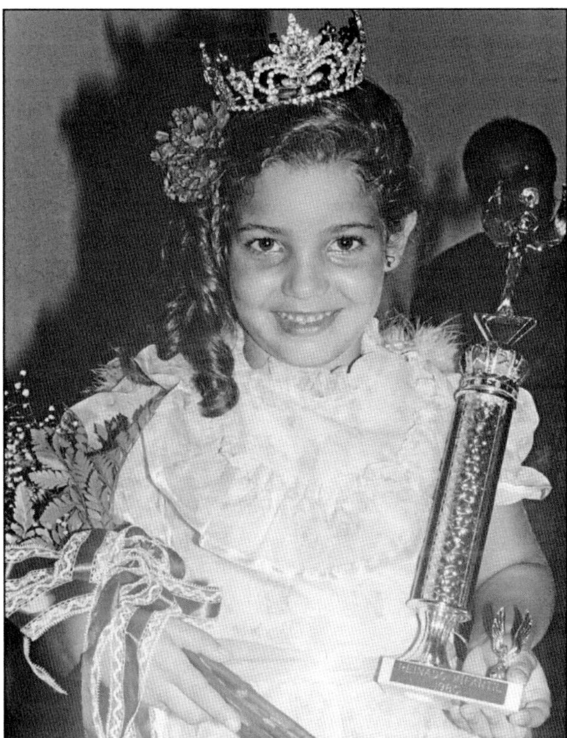

Estela Eunice Rivera, at the age of six, was crowned junior queen in 1980, when the event was moved again, this time near the Geva Theatre. (PF.)
Estela Eunice Rivera, a la edad de 6 años, fue coronada reina infantíl en 1980, cuando el evento se trasladó nuevamente, esta vez cerca del Geva Theater.

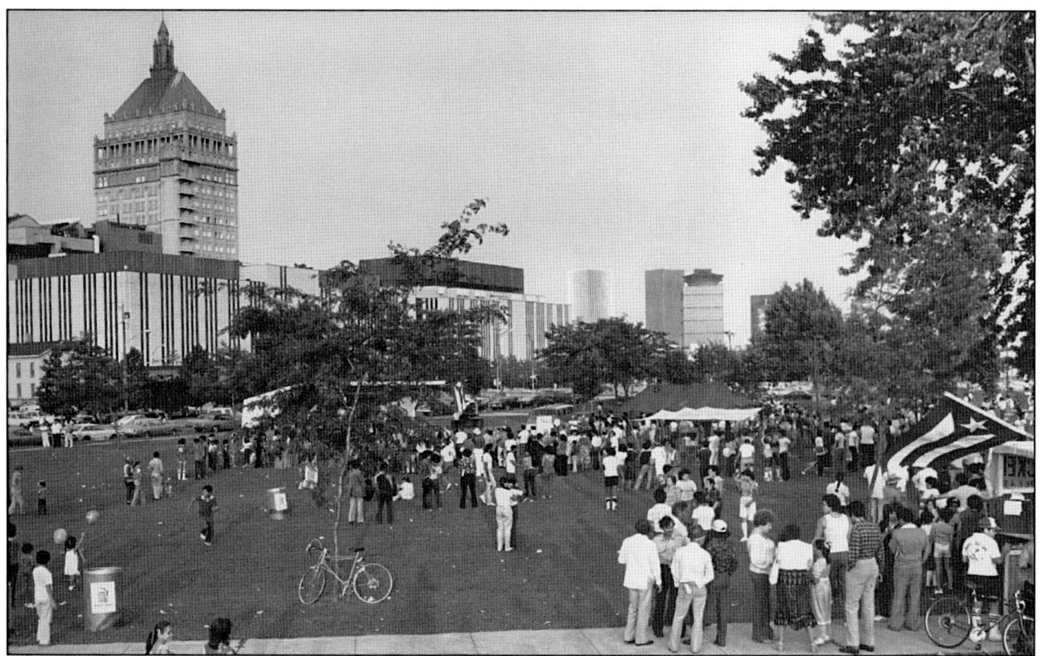

After moving the festival to Manhattan Square Park, the festival moved back in 1981 to its original location at Browns Square Park in the shadow of Kodak headquarters. (IS.)
Después de haber sido mudado al Manhattan Square Park, el festival se traslado en 1981 a su ubicación original de Browns Square Park, en la sombra de la torre de Kodak.

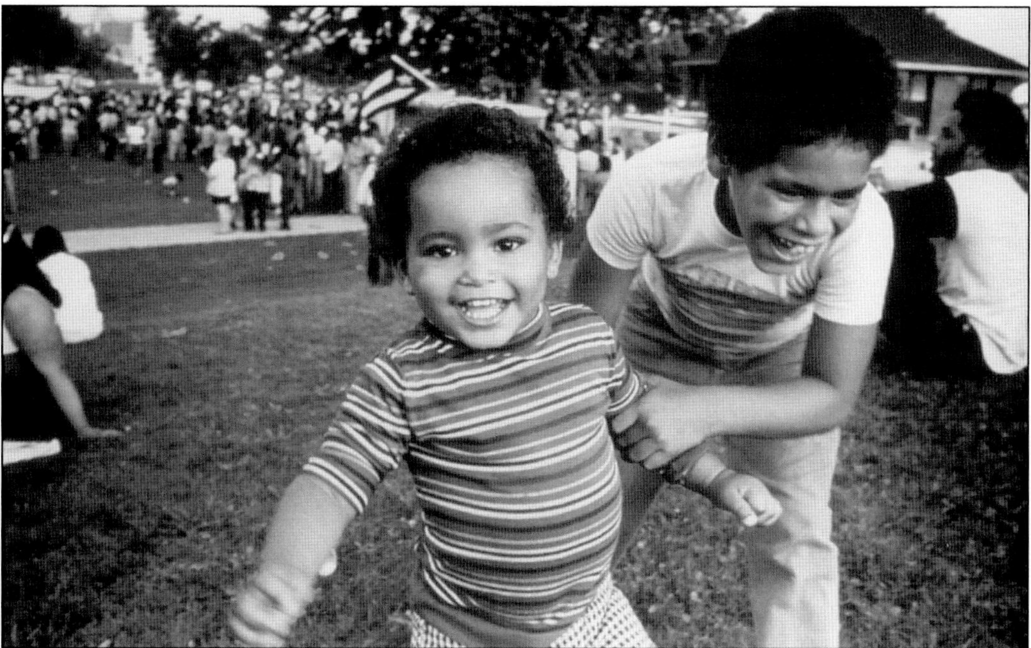

City of Rochester photographer Ira Srole won a grant in 1981 to document the Puerto Rican community with photographs like this one of two boys at the festival. (IS.)
El fotógrafo Ira Srole de la Ciudad de Rochester ganó una beca en 1981 para documentar la comunidad puertorriqueña con fotografías, como ésta de dos niños en el festival.

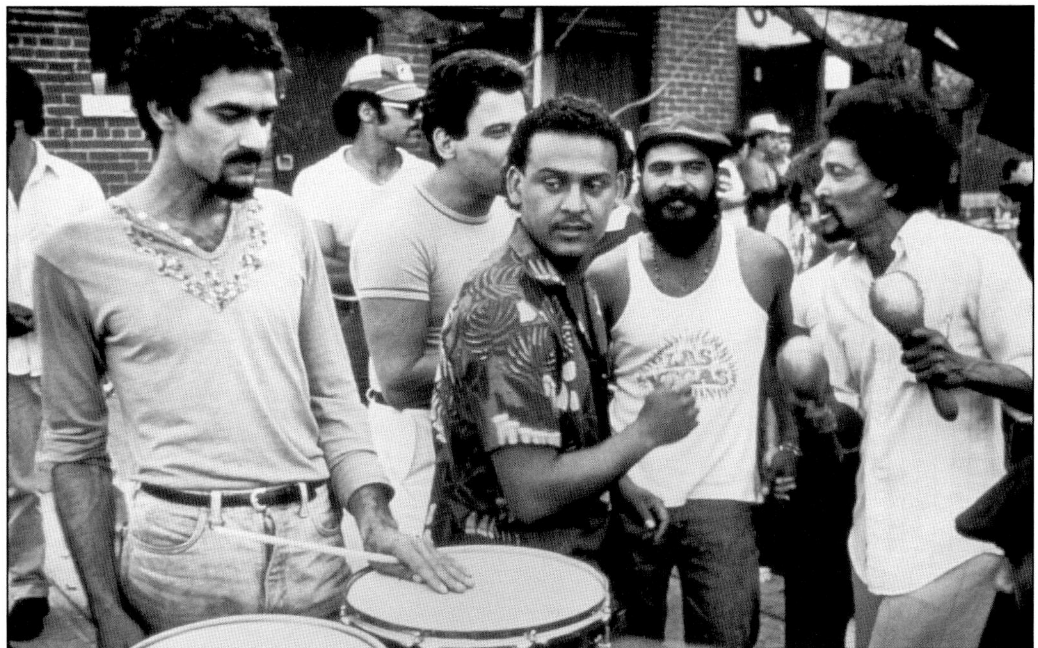

Local musicians have always been given an opportunity to take part in the festival, such as in this impromptu jam session in 1981. (IS.)
Los músicos locales siempre han tenido la oportunidad de participar en el festival, como en ésta sesión improvisada en 1981.

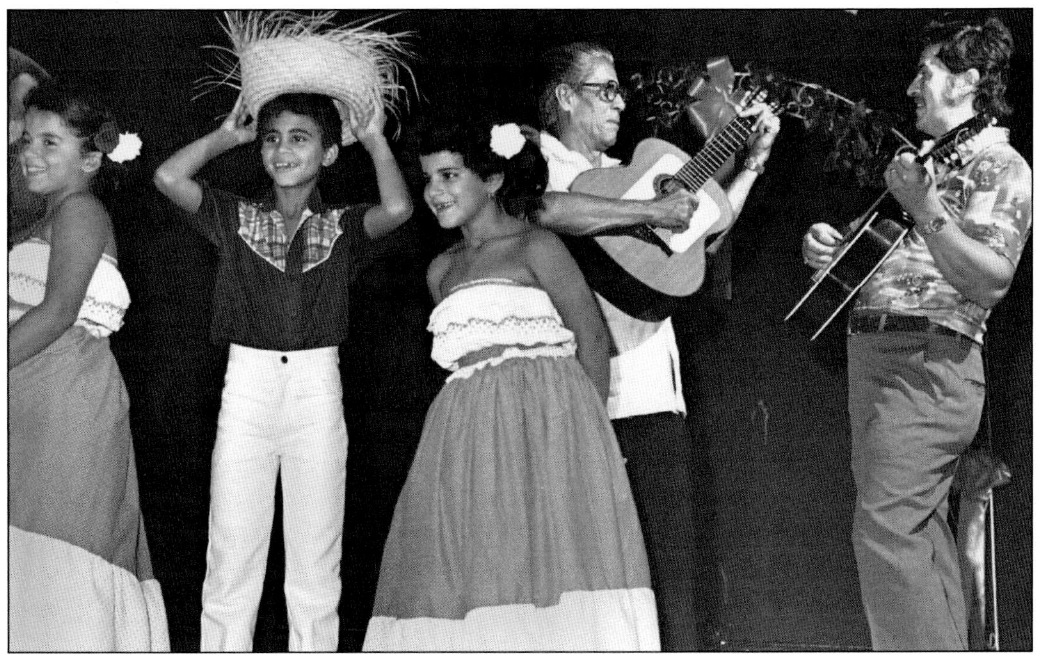

Besides the junior pageants, a mixture of opportunities has been offered to young performers, such as the ones shown here in 1981. (IS.)
Además de los reinados infantiles, una mezcla de oportunidades se ha ofrecido a los artistas jóvenes, como los que se muestran aquí en 1981.

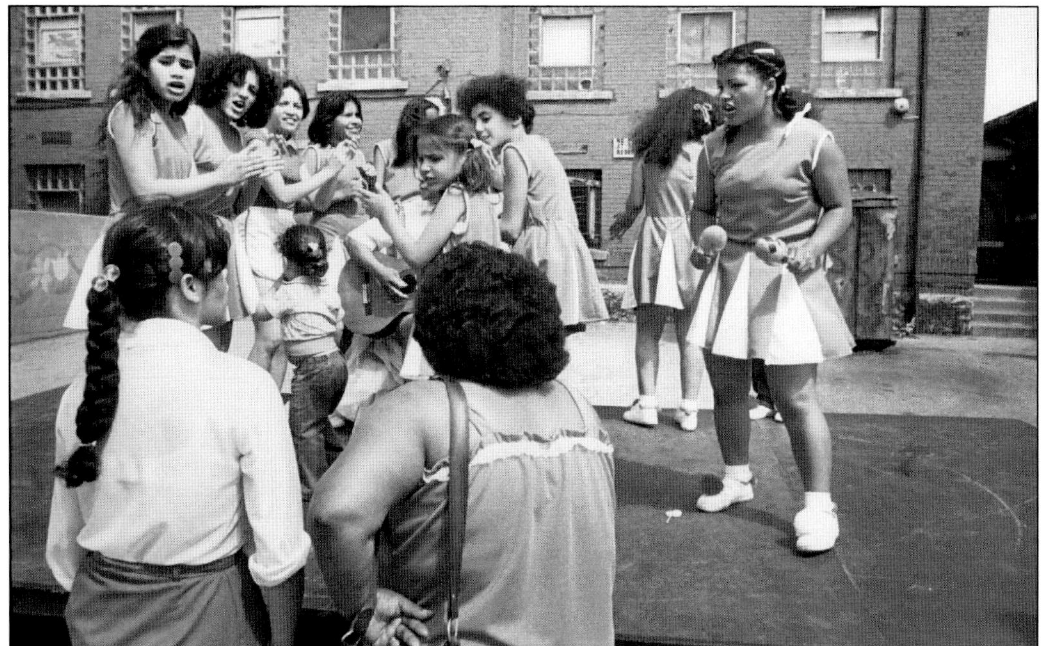

Cheerleaders and pep teams were the popular fad in 1981, when these Latina cheerleaders appeared in the parade. (IS.)
Porristas y los equipos de PEP estaban muy de moda en 1981, cuando éstas porristas latinas aparecieron en el desfile.

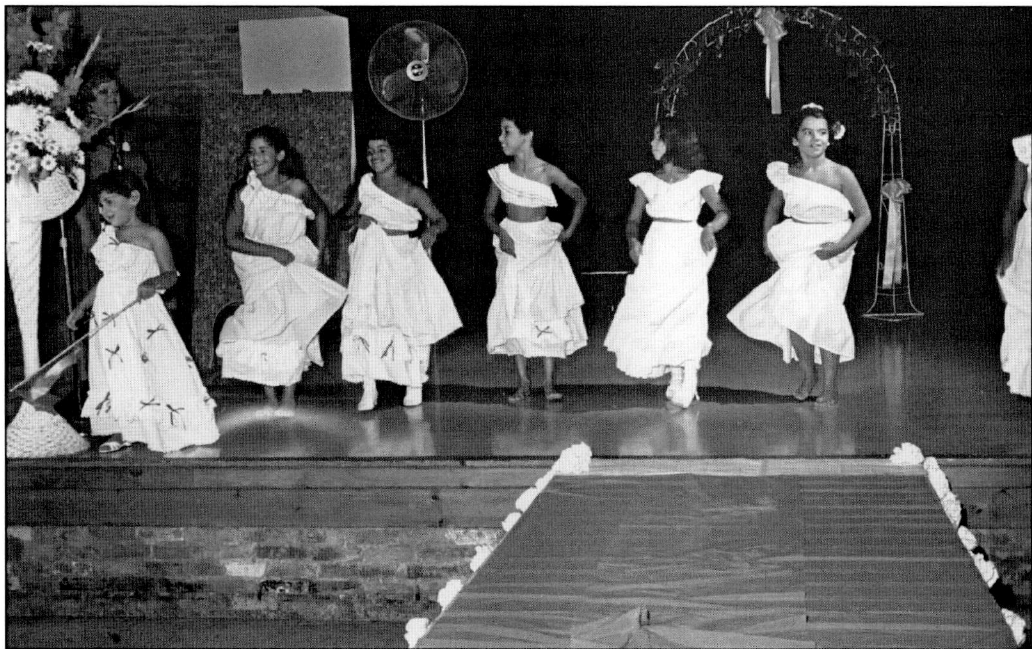

Young girls perform the traditional Puerto Rican dance known as *plena*, which is over 100 years old and is thought to have originated in the city of Ponce. (IS.)
Las niñas realizan el baile tradicional de Puerto Rico conocido como plena, que tiene más de cien años de existir y el cual se cree fue originado en la ciudad de Ponce.

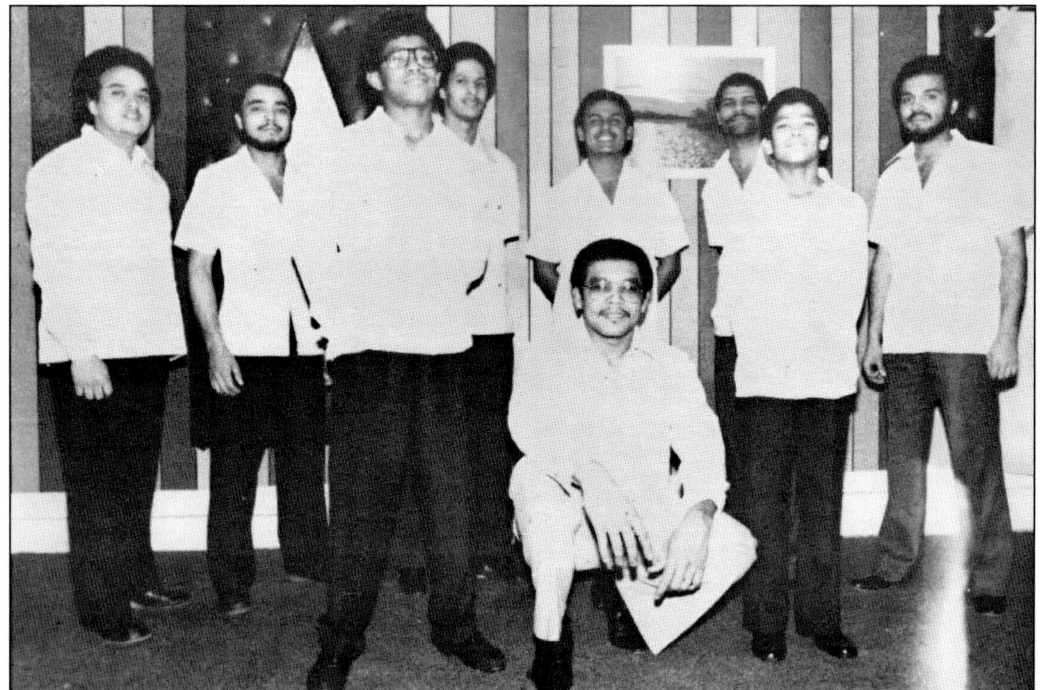

The first family of Latin music in Rochester, the Antonettis, performed at the 1981 festival. (GF.)
La prominente familia de música latina en Rochester, Los Antonettis, dieron un concierto en el festival de 1981.

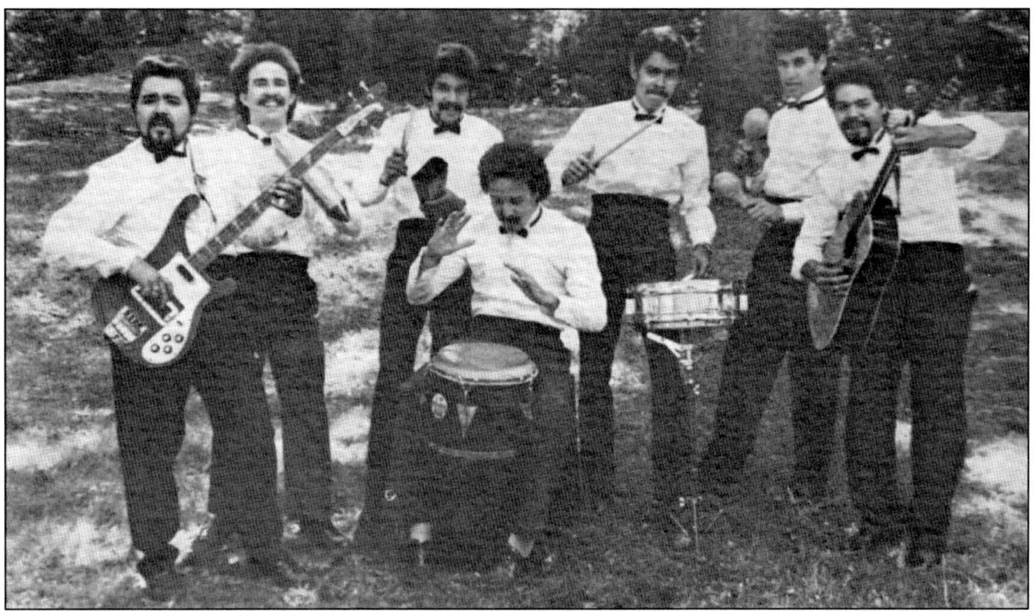

Rochester-based salsa band Conjunto Melodía, featuring four Gonzalez brothers, performed at the 1984 festival. (GF.)
La banda de salsa Conjunto Melodía de Rochester, con cuatro hermanos González como integrantes, presentaron su música en el festival de 1984.

Community leader and deacon Nemescio "Belon" Martinez enjoys the 1982 festival held at Browns Square Park. (RMSC.) Líder de la comunidad y el diácono Nemescio "Belon" Martínez desfruta el festival de 1982 celebrado en Browns Square Park.

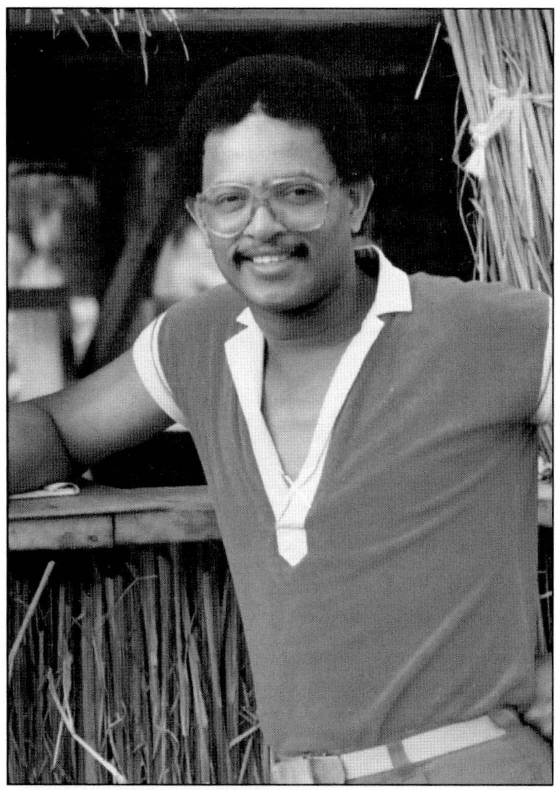

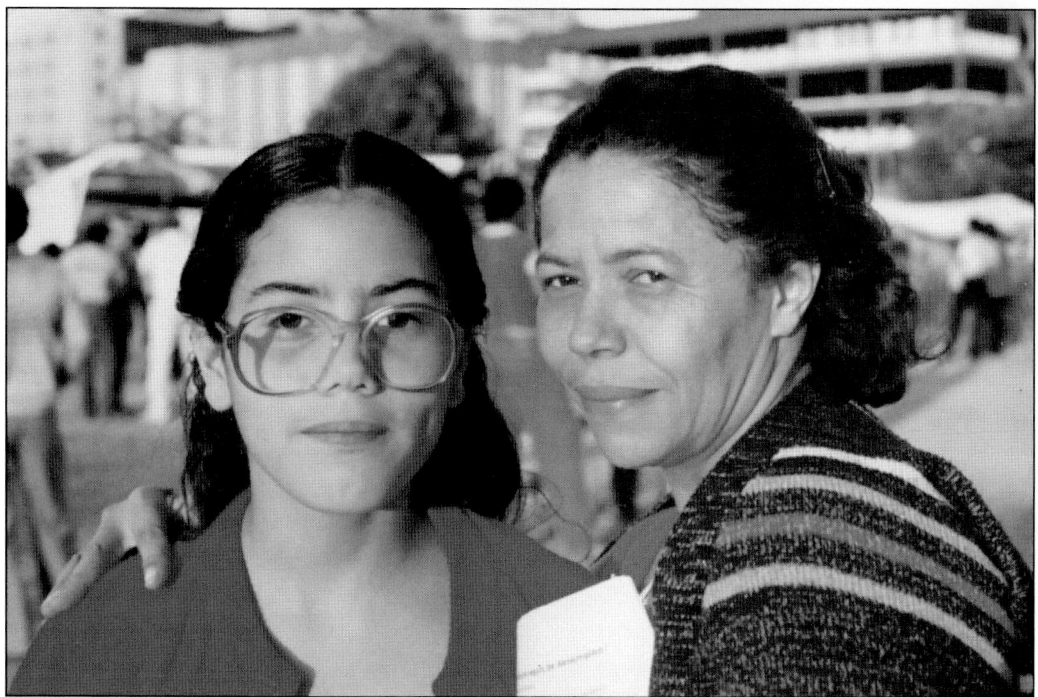

Activist Belén Colón is seen at the 1982 festival with her daughter Mercedes Vazquez. (RSMC.) Activista Belén Colón está presente en el festival de 1982 con su hija Mercedes Vázquez.

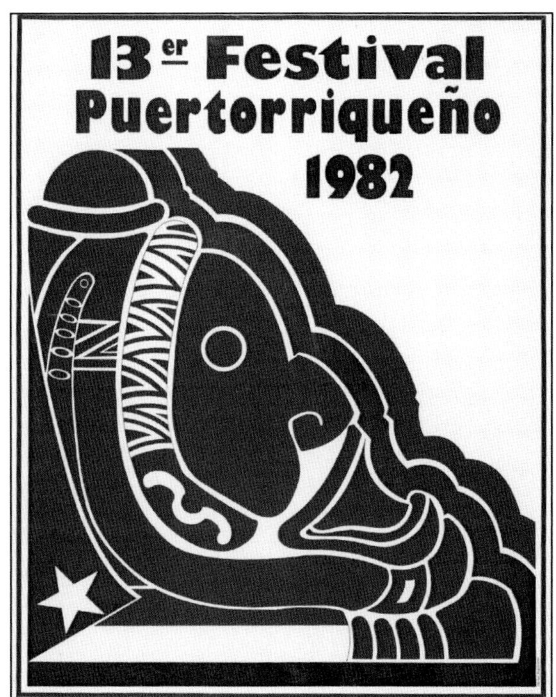

Puerto Ricans are very proud of their Taino Indian roots, and the 1982 program prominently featured Taino artwork on its cover and official poster. (GF.)
Los puertorriqueños son muy orgullosos de sus raíces taínas, y el programa de 1982 prominentemente muestra obras de arte taíno en su portada y cartel oficial.

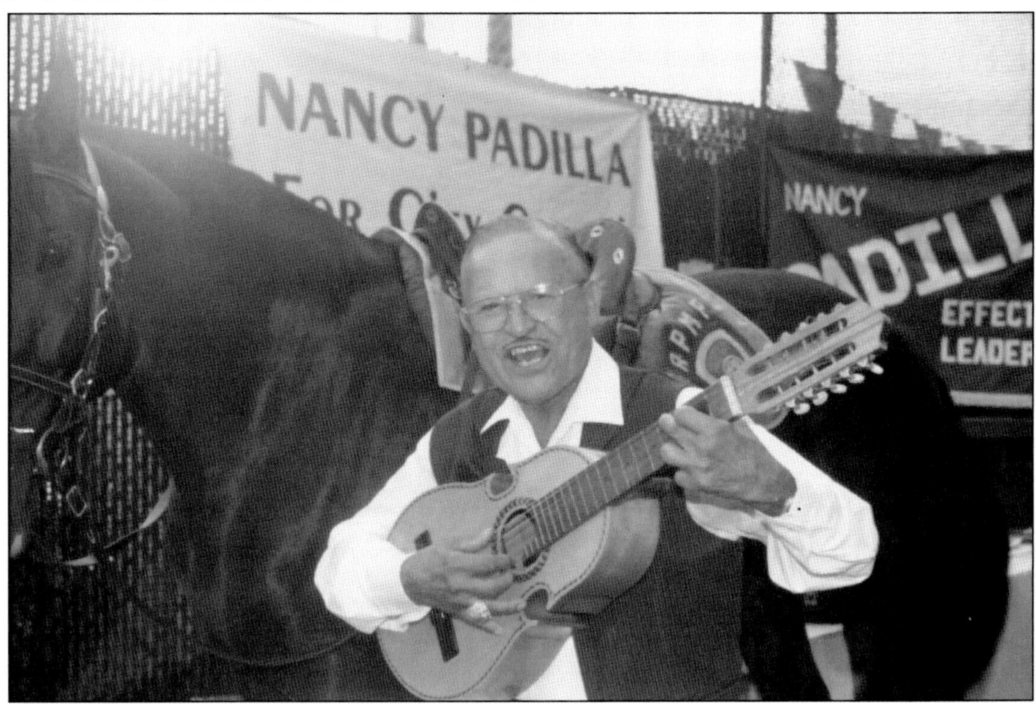

Popular Jíbaro folk music star Florencio "Ramito" Morales Ramos wowed the crowd at the 1985 Puerto Rican Festival. Among his most famous compositions is "Qué Bonita Bandera." (PF.)
La popular estrella de la música jíbara, Florencio "Ramito" Morales Ramos asombró a la multitud en el Festival de Puerto Rico en 1985. Entre sus composiciones más famosas están "Qué Bonita Bandera."

Six
Seis

Business

Negicios

Like immigrants before them, Latinos have come to Rochester for over a century seeking opportunity. The local farms were the employment draw for most of the first arrivals. After a few years on the farms, many found higher wages and better conditions in the manufacturing and service sectors.

Second-generation Latinos, armed with American educations and native English skills, began making inroads at Rochester's large white-collar employers. The population of college-educated Latinos also saw a sharp increase in the 1990s with the large-scale corporate recruitment efforts in Puerto Rico.

Many Latinos, since the early days, were moved by the entrepreneurial spirit to start their own businesses. In 1955, there were already several Latino-owned restaurants and grocery stores. In the 1970s, North Clinton Avenue was covered with Latino businesses. Groups such the Hispanic Business Association and the more recent Latino Rotary Club have provided support to the growing number of Latino businesses.

Como otros inmigrantes antes que ellos, los latinos han llegado a Rochester por más de un siglo en busca de oportunidades. Las fincas locales atrajeron la mayor parte de los recién llegados. Después de unos años en las fincas, muchos encontraron mejores salarios y mejores condiciones en los sectores manufactureros y de servicios.

La secunda generación de latinos, armados con educación estadounidense y habilidades de habla inglés, comenzó a hacer incursiones profesionales en las grandes empresas de Rochester. La población de latinos profesionales también vio un fuerte aumento al comienzo de los 1990s con los grandes esfuerzos de impresas locales en reclutar empleados en Puerto Rico.

Muchos latinos, desde los primeros días fueron movidos por el espíritu empresario a iniciar su propio negocio. En 1955, ya existían varios latinos que eran dueños de restaurantes y mercados latinos. En la década de 1970, el norte de la Clinton Avenue estaba cubierto de negocios latinos. Grupos como la Asociación Hispana de Negocios de Rochester y la más reciente Latino Rotary Club han prestado apoyo al creciente número de empresas latinas.

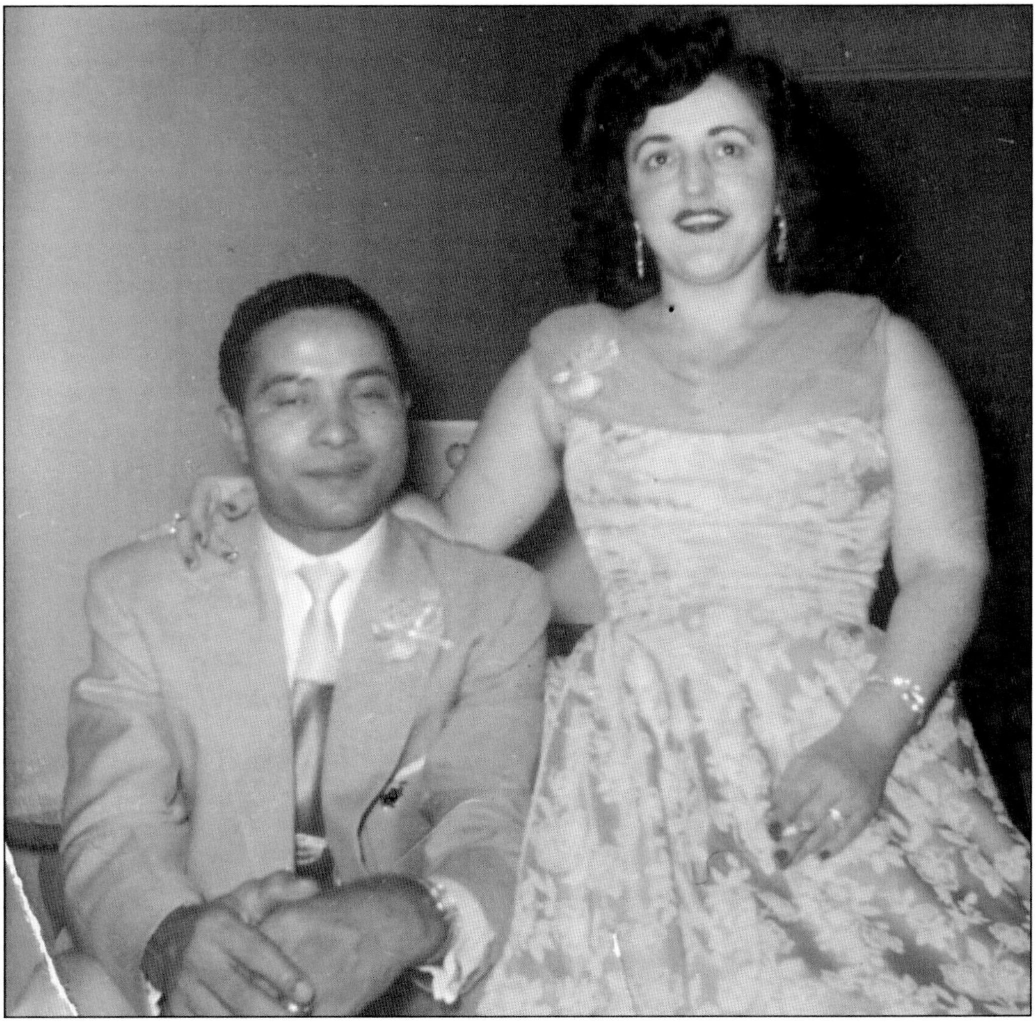

Pablo and Rosa Colon, shown here on October 12, 1957, were among the first Latino grocery store owners. (PZF.)
Pablo y Rosa Colón, quienes fueron de los primeros dueños de un mercado latino se muestran aquí el 12 de octubre de 1957.

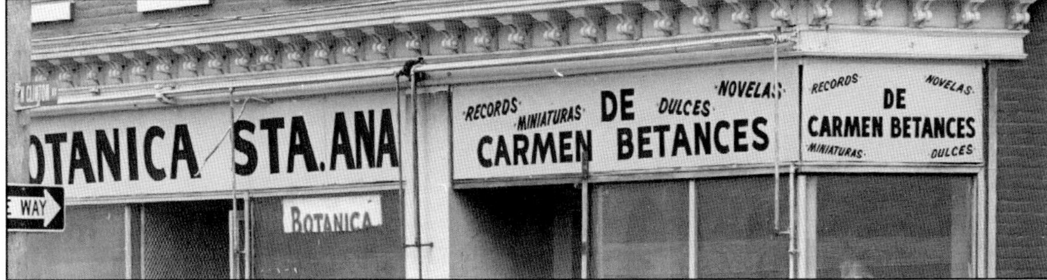

A well-known Latino-owned retail store in 1976, Carmen Betances's Botanica sold records, novels, candy, and religious supplies for Santeria. (D&C.)
Una conocida tienda Latina en 1976 era la Botánica de Carmen Betances donde vendía discos, novelas, dulces y productos religiosos de santería.

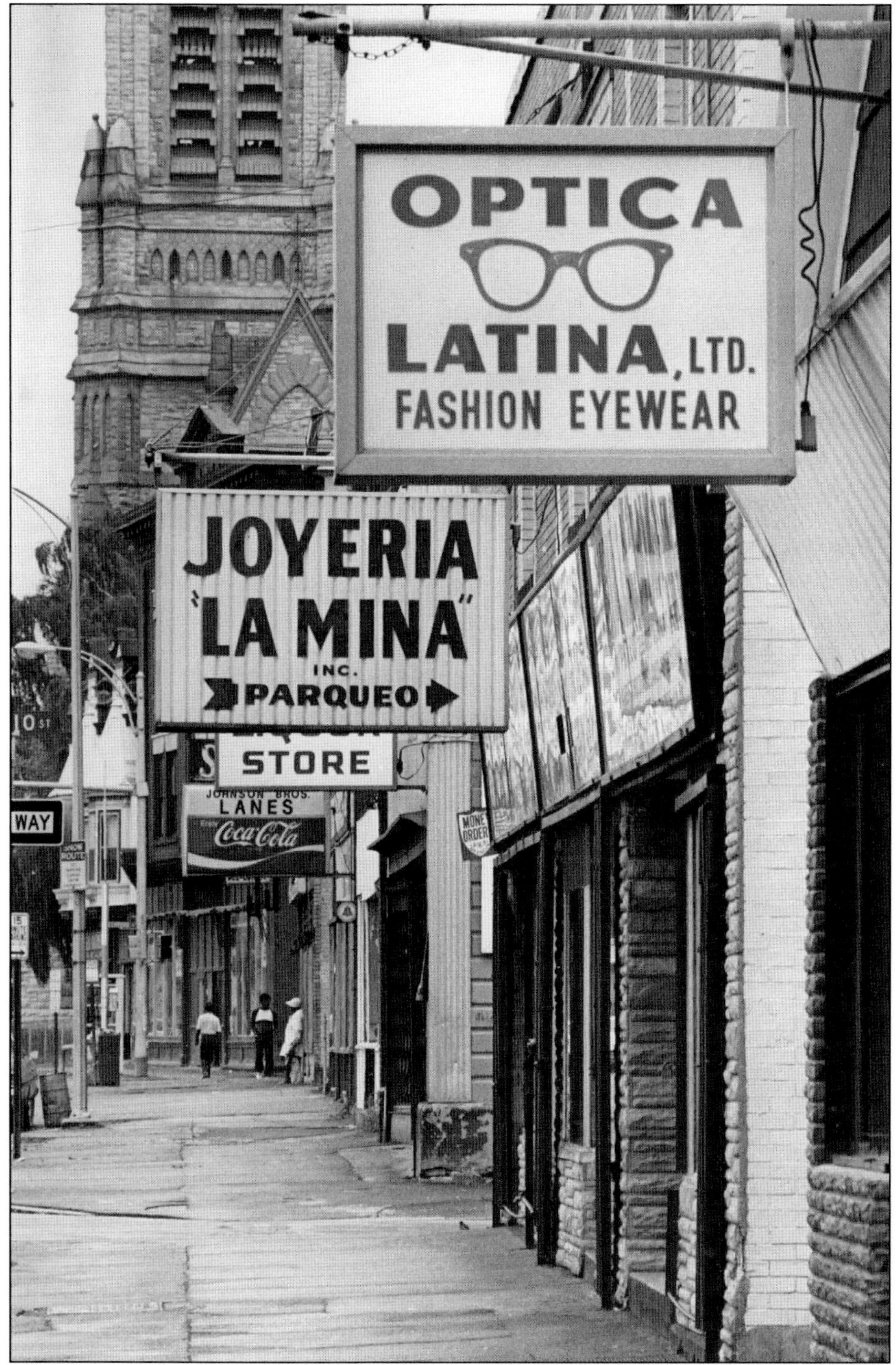

Looking South down North Clinton Avenue in 1976 reveals just some of the many Latino businesses that called the area home. (D&C.)
Mirando hacia el sur por la North Clinton Avenue en 1976 se ven sólo algunas de las muchas empresas latinas que existian en la zona.

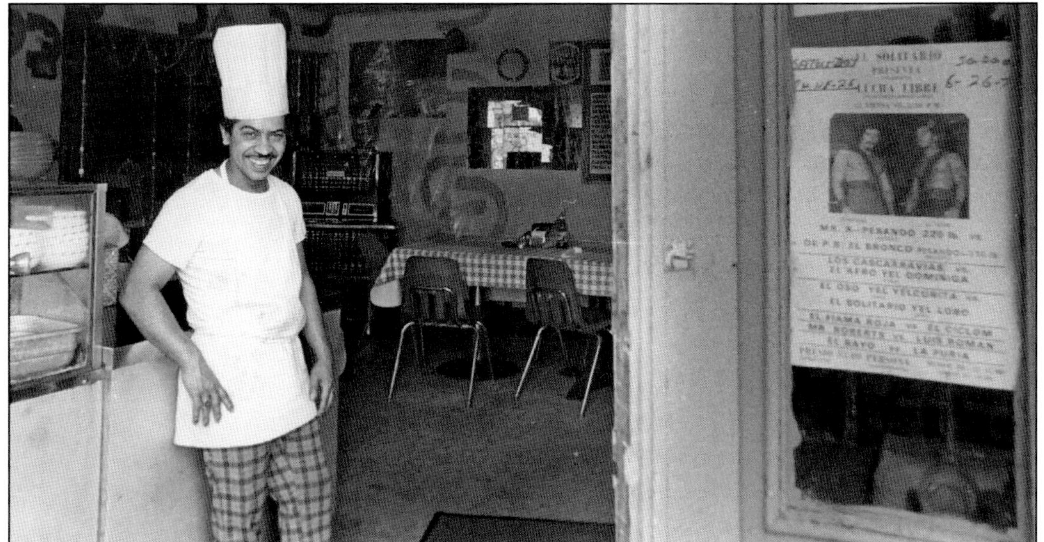

Manuel "Manolo" Maldonado was the owner of El Pilon restaurant on North Clinton Avenue when this picture was taken on July 7, 1970. He would go on to start several popular Puerto Rican eateries, including El Taino and Tu Casa. (D&C.)
Manuel "Manolo" Maldonado era el dueño de "El Pilón" restaurante en la North Clinton Avenue cuando se tomo esta fotografía el 7 de julio de 1970. Luego él lanzo varios restaurantes puertorriqueños populares, incluyendo El Taino y Tu Casa.

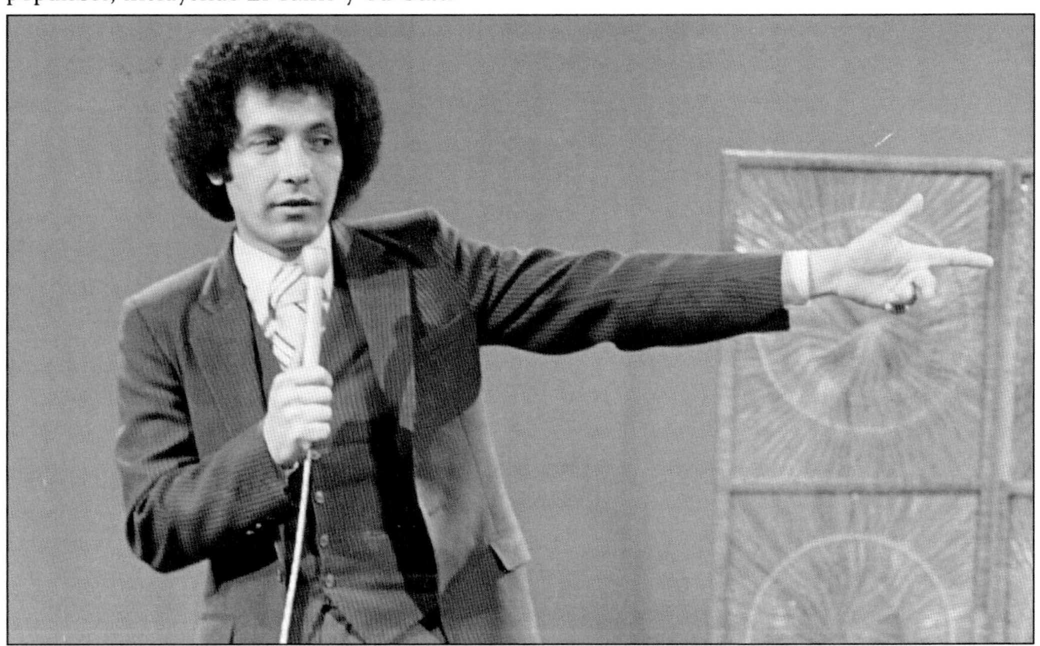

El Show de Gelan began in 1981, becoming the first local Latino television show. Local musician and businessman Angel "Gelan" Colon hosted the cable show. Colon was also the owner of Tropical Music Center on North Clinton Avenue. (JR.)
El Show de Gelan comenzó en 1981, convirtiéndose en el primer programa latino de la televisión local. Músico y empresario local Ángel "Gelan" Colón, organizó el programa de cable. Colón fue también el propietario de Tropical Music Center en la North Clinton Avenue.

Entrepreneur Wissel Irizarry, shown here in 1972, started El Indio Grocery on Clifford Avenue. He would eventually own three Super Duper Supermarkets. (D&C.) Empresario Wissel Irizarry, que se muestra aquí en 1972, comenzó la bodega El Indio en Clifford Avenue. Con el tiempo llego a ser propietario de tres Supermercados Super Duper.

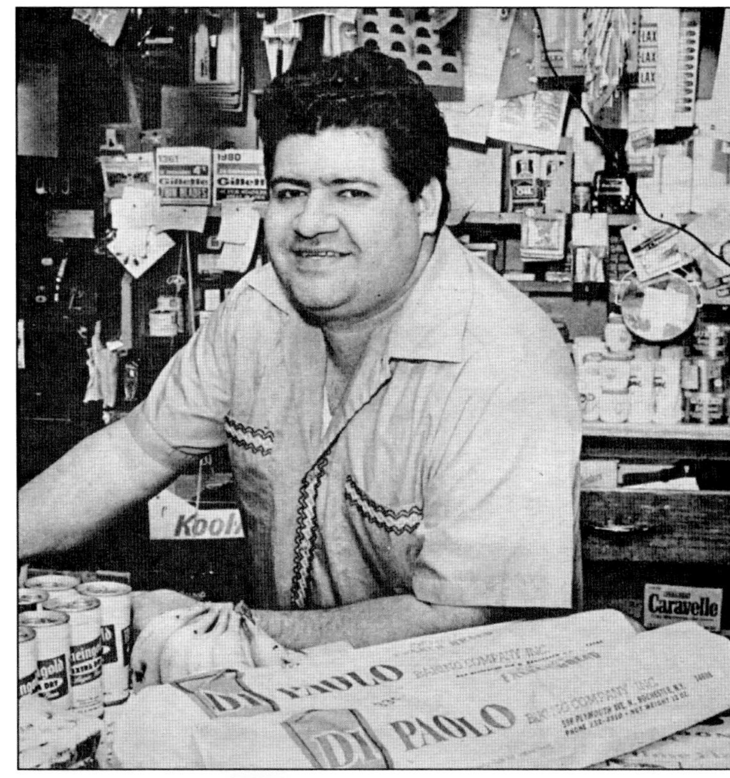

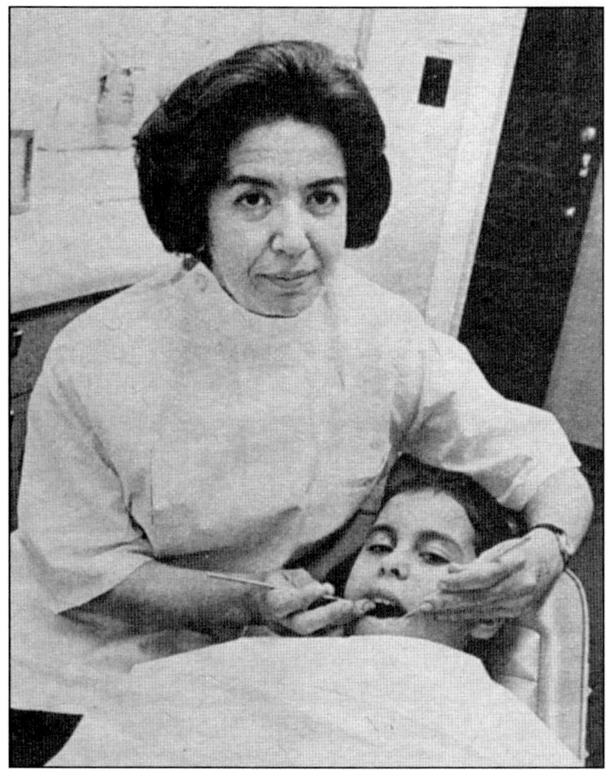

Dr. Olga Sarda, a Cuban dentist, works at her North Clinton Avenue office in 1972. (D&C.) Dra. Olga Sarda, una dentista cubana, trabaja en su oficina de North Clinton Avenue en 1972.

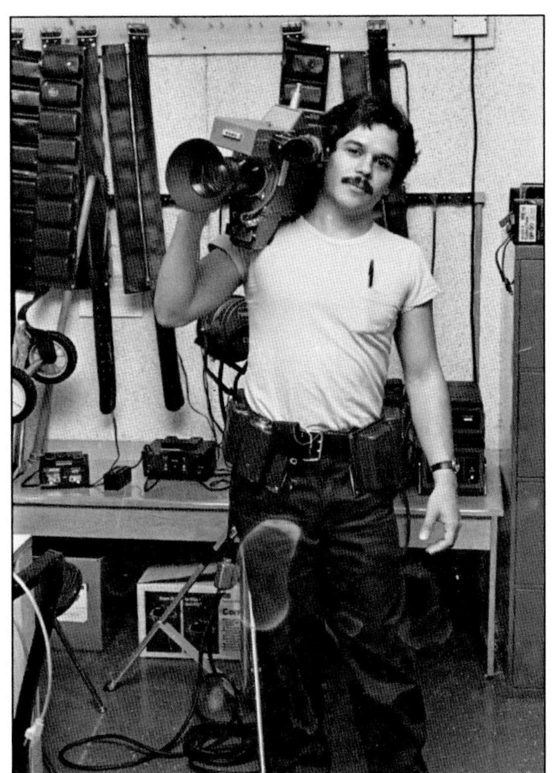

John Rodriguez began working at WOKR Channel 13 as a cameraman in 1979, becoming the first Latino to work at a local television station. (JR.)
John Rodríguez comenzó a trabajar en el Canal 13 como camarógrafo en 1979, convirtiéndose en el primer empleado latino en una estación de televisión local.

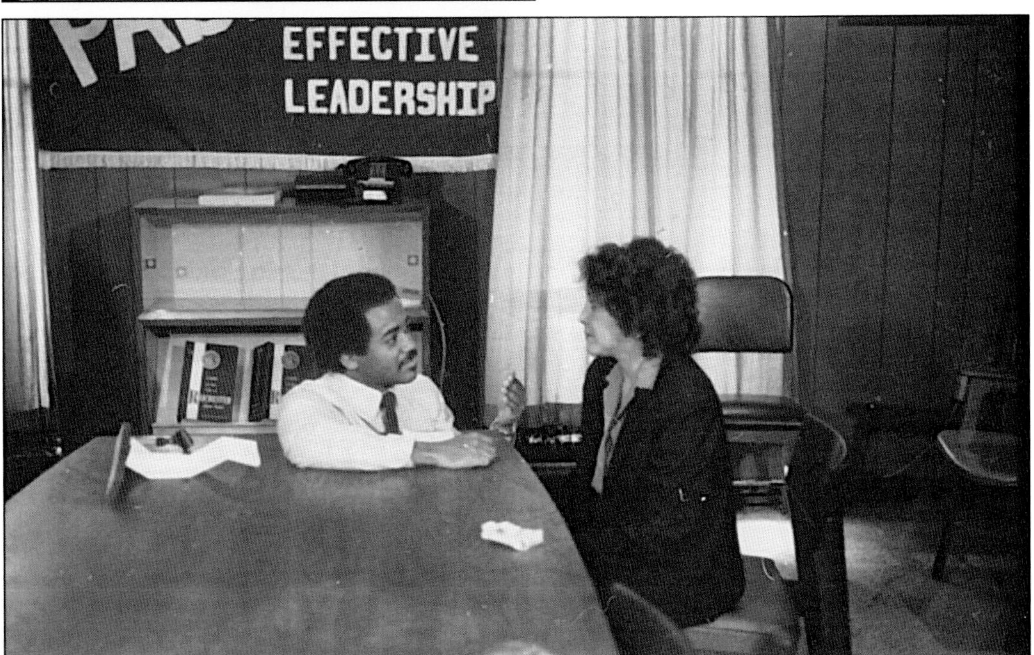

Ivan Roman was the first Puerto Rican reporter at the *Democrat and Chronicle*. He is shown here in 1985 interviewing Nancy Padilla. (JR.)
Iván Román fue el primer periodista puertorriqueño en el *Democrat and Chronicle*. Él se muestra aquí en 1985, entrevistando a Nancy Padilla.

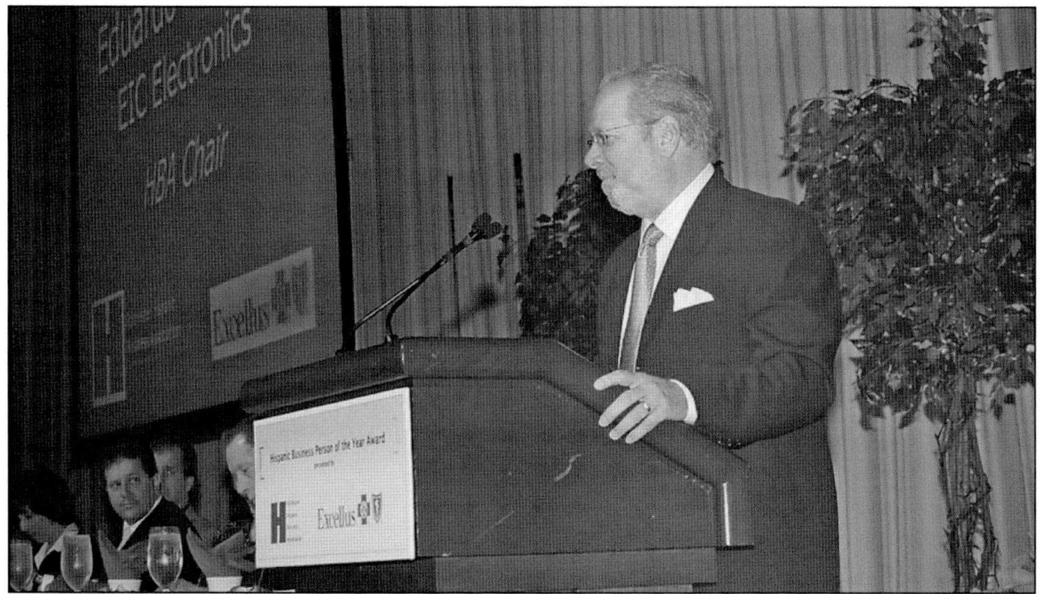

Business leader Ed Navarro was born in Cuba and immigrated with his family to Rochester after Castro took power, settling down in the 1960s on North Clinton Avenue. He was owner of EIC Industries and former chairman of the Rochester Hispanic Business Association. (D&C.)
El líder empresarial Ed Navarro nació en Cuba y emigró con su familia a Rochester después de que Castro tomó poder, estableciéndose en la década del los 1960s en la North Clinton Avenue. Era propietario de EIC Industries y ex presidente de la Asociación de Negocios Hispanos de Rochester.

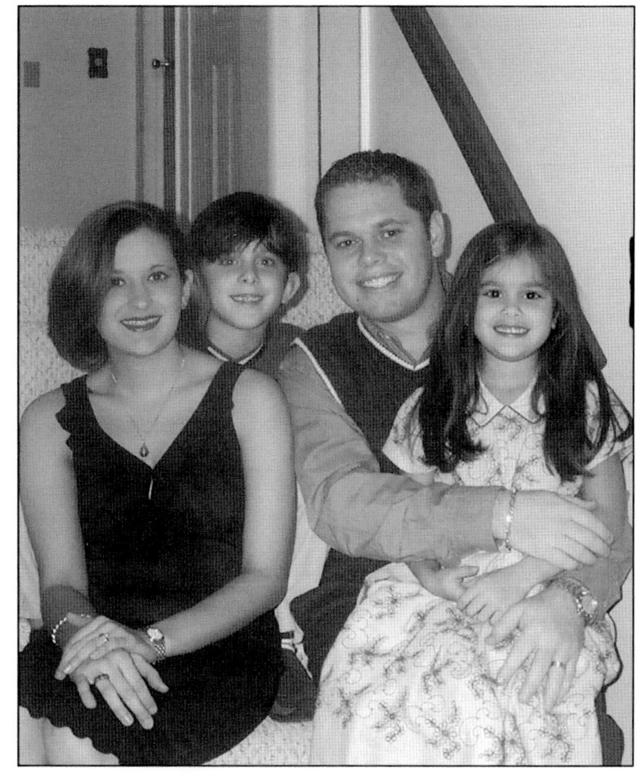

Beginning in the early 1990s, hundreds of college graduates were recruited from Puerto Rico by area corporations. The Figueroa family, from left to right, Anabelle Gil-Borges, Ricardo Jose Figueroa, Ricardo R. Figueroan, and Paola Figueroa arrived and settled in Walworth, New York. Engineer Ricardo R. Figueroa would go onto become president of HOLA at Kodak and SHPE. (RF.)
Al partir de la década de los 1990s cientos de graduados universitarios fueron reclutados en Puerto Rico por empresas de Rochester. La familia Figueroa, de izquierda a derecha, Anabel Gil Borges, Ricardo José Figueroa, Ricardo R. Figueroa y Paola Figueroa llegaron y se instalaron en Walworth, Nueva York. El ingeniero Ricardo R. Figueroa llegó a ser presidente de HOLA en Kodak y SHPE.

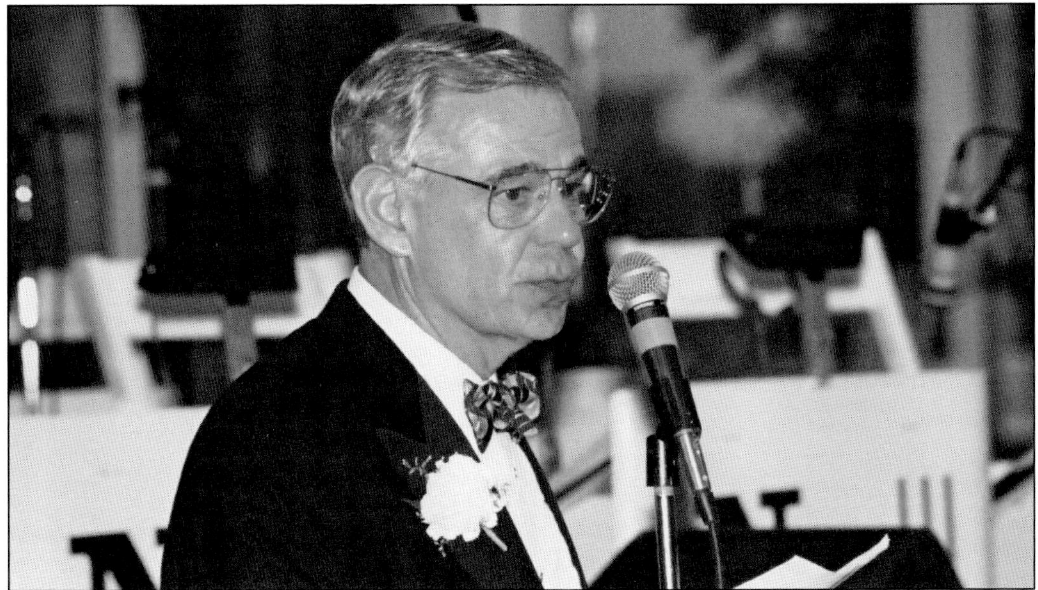

Carlos Carballada has been a business leader in the community for over 30 years, having occupied executive positions with M&T Bank, Rochester Central Trust, and the First National Bank of Rochester. In 2006, he was named commissioner of the Department of Economic Development for the City of Rochester. (IA.)
Carlos Carballada ha sido un icono empresarial en la comunidad por más de 30 años, habiendo ocupado cargos ejecutivos superiores con M&T Bank, Rochester Central Trust, y el First National Bank de Rochester. En 2006, fue nombrado comisario del Departamento de Desarrollo económico de Rochester.

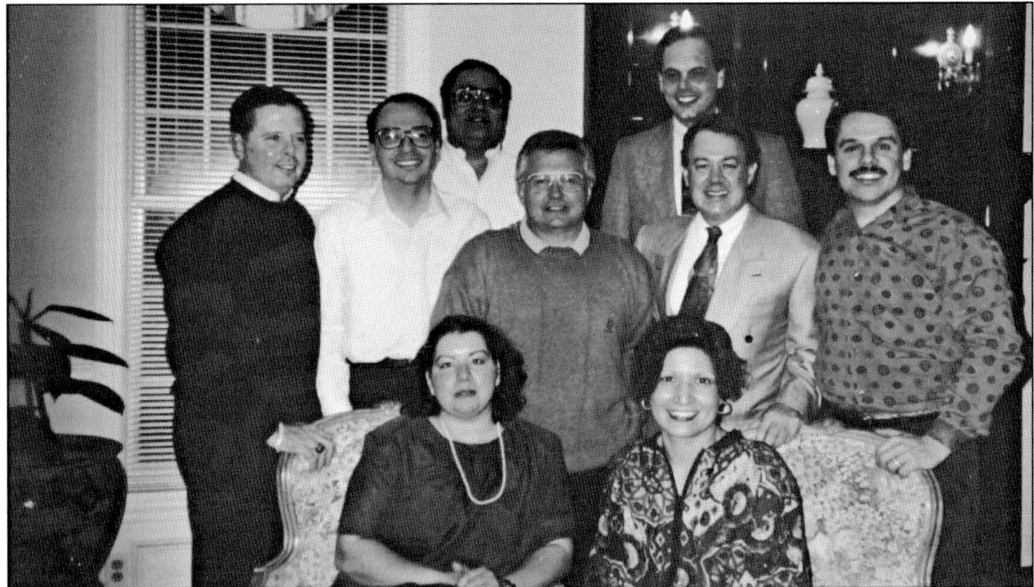

The Rochester Hispanic Business Association was founded in 1989 and is now part of the Rochester Business Alliance. (JR.)
La Asociación Hispana de Negocios de Rochester fue fundada en 1989 y ahora es parte del Rochester Business Alliance.

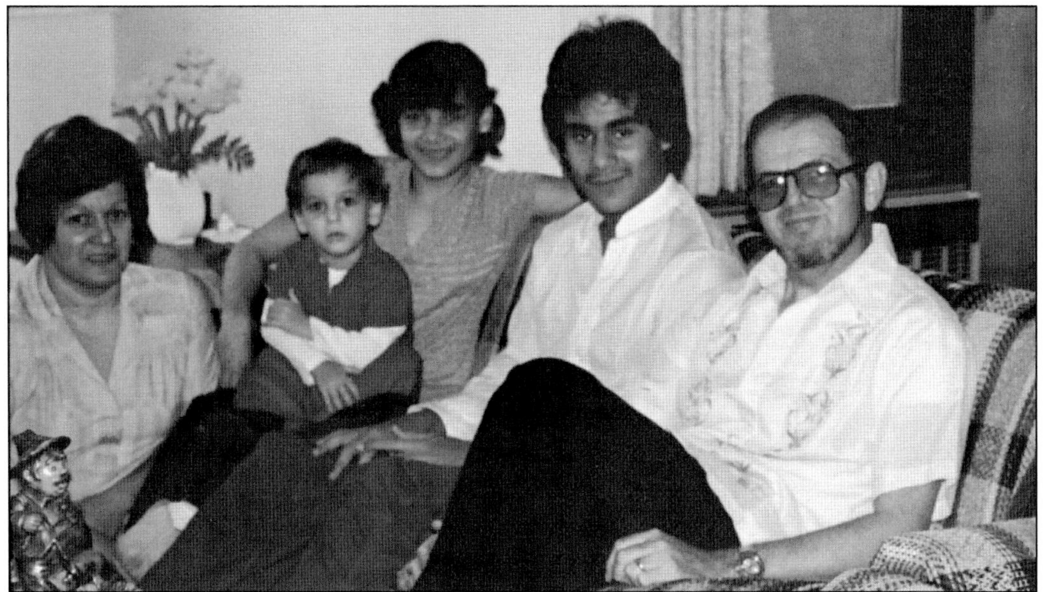

Luisa E. Martinez de Baars, founder of the Rochester Latino Rotary, arrived from Puerto Rico with her family in 1979. From left to right are Luisa, Jose Eduardo Lugo, Elizabeth Maria Lugo-Erb, Luis Guillermo Baars, and Wim Baars. (LB.)
Luisa E. Martínez de Baars, fundadora del Rochester Latino Rotary, llegó de Puerto Rico con su familia en 1979. De izquierda a derecha, Luisa, José Eduardo Lugo, Elizabeth María Lugo-Erb, Luis Guillermo Baars, y Wim Baars.

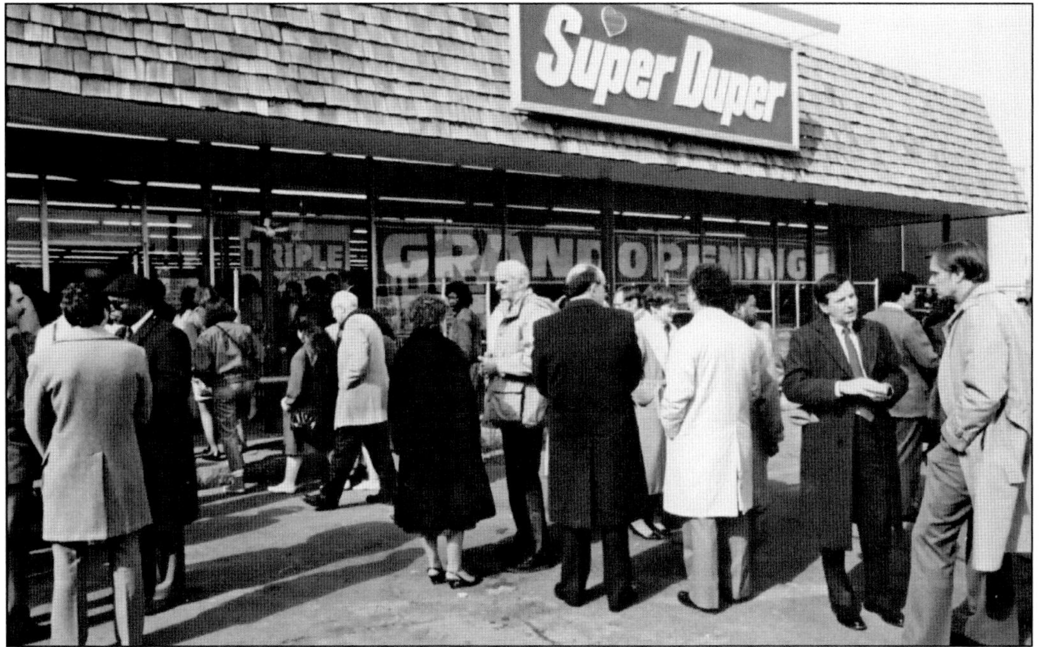

Julio Vazquez bought the former Irizarry-owned Super Duper Supermarket on Hudson Avenue. A large crowd gathered for the grand opening on March 8, 1988. (JV.)
Julio Vazquez compró el supermercado Super Duper que era de los Irizarry en la avenida Hudson. Una gran multitud se reunió para la gran inauguración el 8 de marzo de 1988.

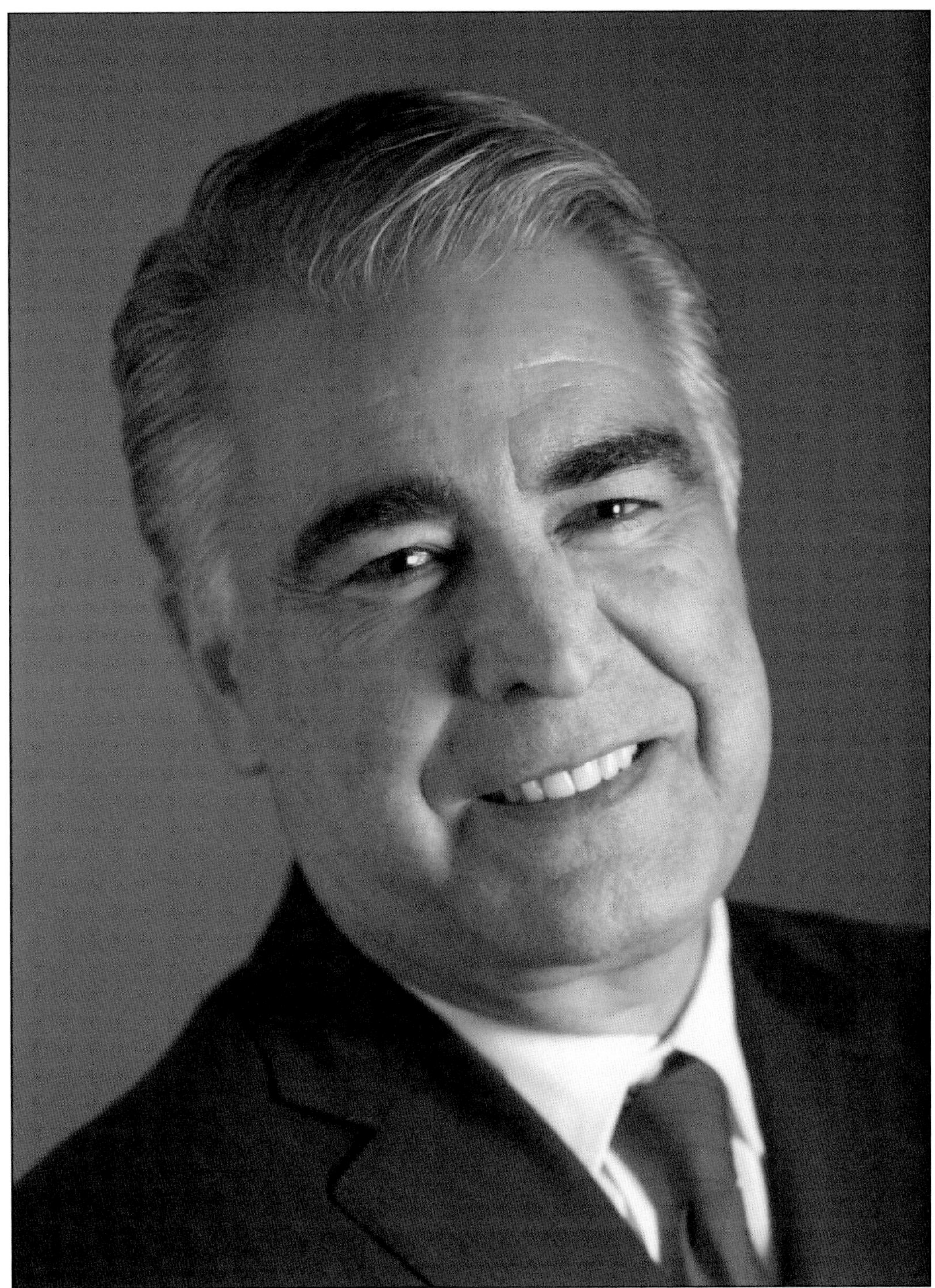

Spaniard Antonio Perez joined Eastman Kodak in 2003. On May 19, 2005, Pérez was named CEO of Eastman Kodak after the retirement of Daniel Carp. (EK.)
El español Antonio Pérez se unió a Eastman Kodak en el 2003. El 19 de mayo de 2005, Pérez fue nombrado director general de Kodak, después de la jubilación de Daniel Carp.

Eight
Ocho

SPORTS

Deportes

American troops stationed in Latin America spread baseball throughout the region, and Puerto Ricans arrived with their love for the national pastime firmly established. The community quickly organized its own baseball and softball leagues. One early leader was Puerto Rican Tony Alomar, a former player for the Rochester's AAA Redwings team and uncle to major-league stars Sandy and Roberto Alomar. Tony Alomar and his immediate family decided to make their home in Rochester after his playing days were over. Starting in the late 1960s, he helped organize several local leagues. Besides Tony Alomar, the Rochester Redwings have also had countless Latino ball players come through the organization.

Rochester produced several amateur and professional boxers, including Olympic trial qualifier Pablo de Jesus. One of the best-known Latino athletes from the area is Danny "the Giant Killer" Padilla, who trained with Arnold Schwarzenegger and appeared in his landmark film *Pumping Iron.*

Las tropas estadounidenses situadas en América Latina dieron difusión al béisbol en toda la región, y los puertorriqueños llegaron con su amor por el pasatiempo nacional firmemente establecido. La comunidad rápidamente organizó sus propias ligas de béisbol y softbol. Uno de los primeros líderes fue el puertorriqueño Tony Alomar, un exjugador de los Redwings de Rochester y tío de dos estrellas de las grandes ligas, Sandy y Roberto Alomar. Tony Alomar y su familia inmediata, decidieron hacer su hogar en Rochester después de que su carrera como jugador había terminado. A finales de los 1960s, ayudó a organizar varias ligas locales. Además de Tony Alomar, los Redwings de Rochester también han tenido muchos peloteros latinos en su equipo y han ganado campeonatos de la Copa Gobernador.

Rochester ha producido varios boxeadores aficionados y profesionales incluyendo al calificador olímpico Pablo de Jesús. Uno de los atletas latinos más conocidos de la zona es Danny "el Asesino de Gigantes" Padilla quien entrenó con Arnold Schwarzenegger y apareció en la película *Pumping Iron.*

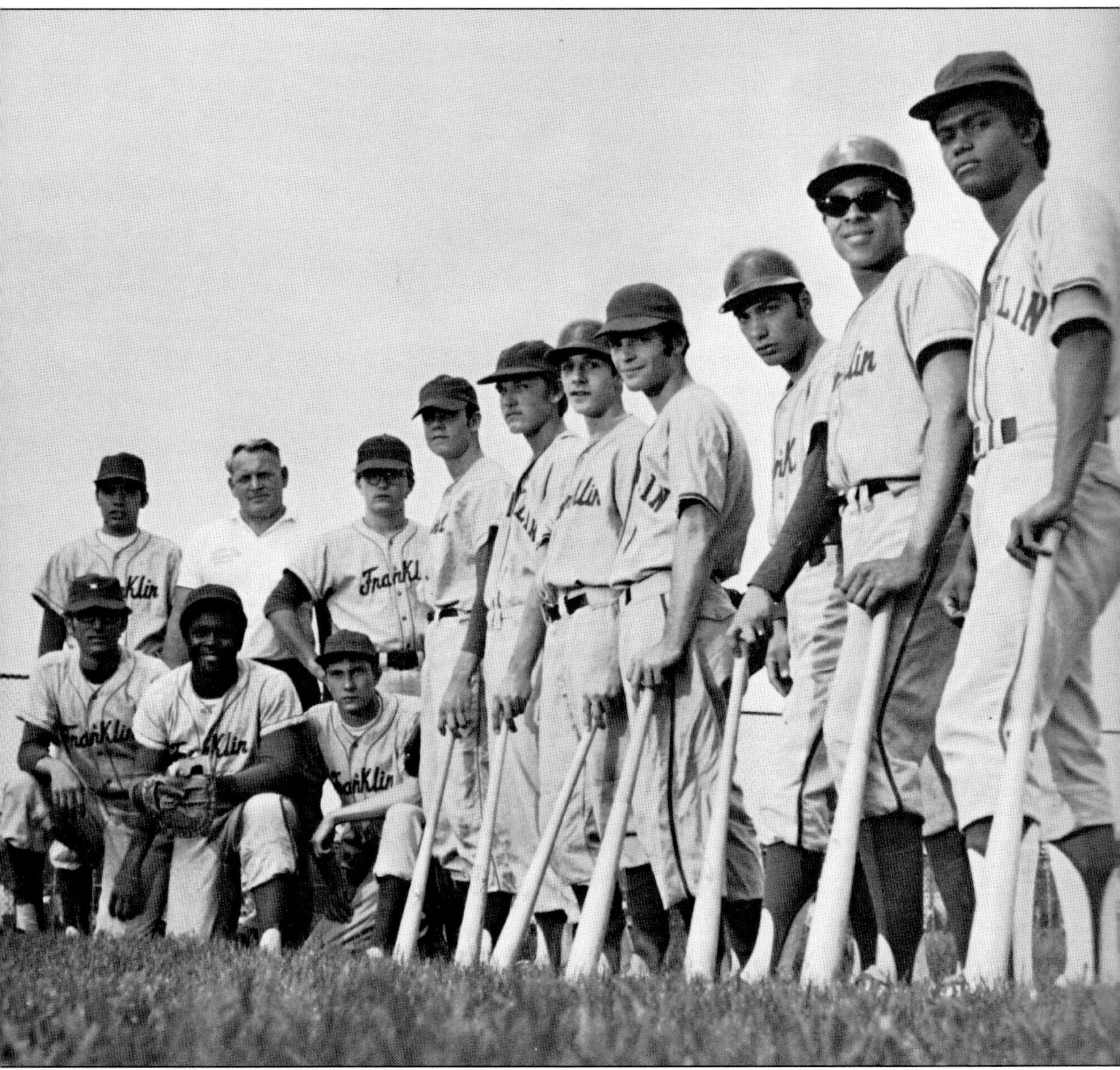

By the late 1960s, the children of Rochester's first Latino immigrants were beginning to make their way on to area high school teams. The 1970 Benjamin Franklin High School City Co-Champion team starred several Latino players. (VB.)

A finales de la década del los 1960s, los niños de los primeros latinos inmigrantes a Rochester comenzaron a integrarse a los equipos de las escuelas locales. El equipo del 1970 de la Benjamin Franklin High School llego a ser co-campeón de la cuidad con varios jugadores latinos.

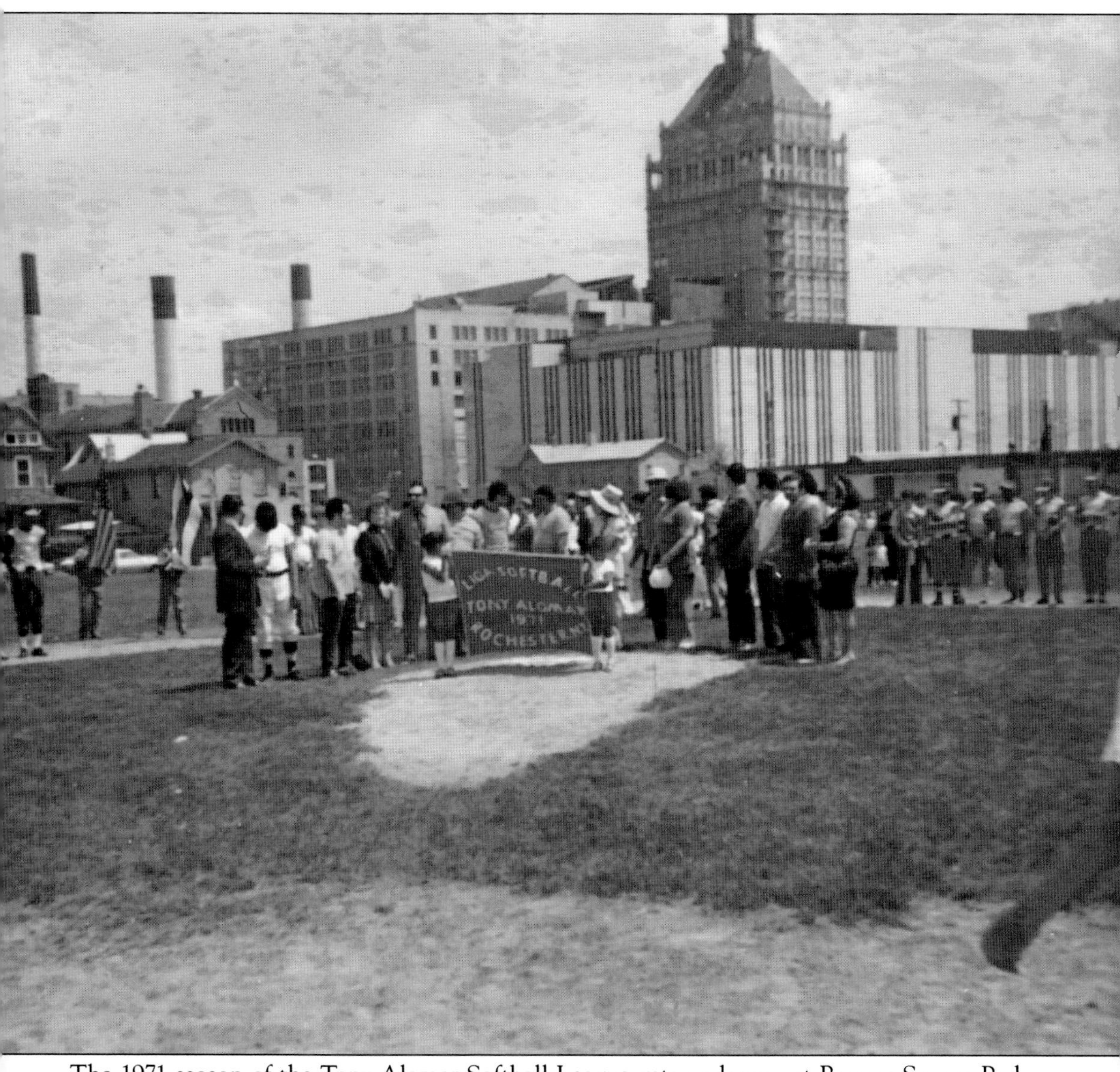

The 1971 season of the Tony Alomar Softball League gets underway at Browns Square Park. Puerto Rican Alomar played for the Rochester Red Wings and settled in Rochester where he helped organize baseball and softball leagues. (RMV.)

La temporada de 1971 de la Liga de Softbol Tony Alomar se pone en marcha en Browns Square Park. El puertorriqueño Alomar jugó para los Red Wings de Rochester y se quedo a vivir en Rochester donde ayudó a organizar ligas de béisbol y softbol.

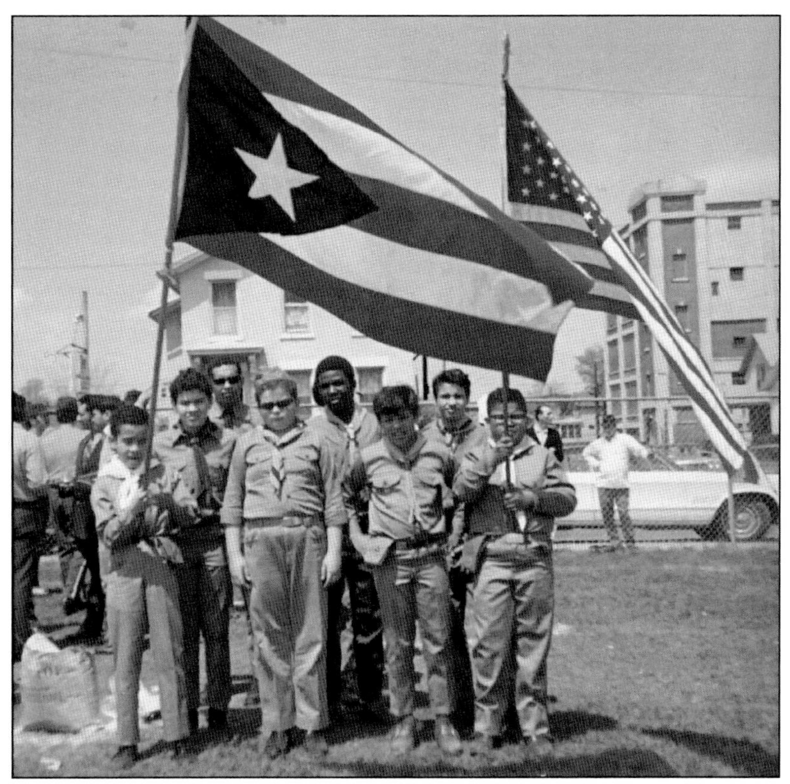

The baseball league games were a popular community event. Here the Mount Carmel Latino Boy Scout Troop acts as the color guard before a game in May 1971. (RMV.) Los juegos de béisbol eran eventos populares en la comunidad. Aquí, la tropa de Boy Scouts latinos de la iglesia Monte Carmelo actúa como guardia de honor antes de un juego en mayo de 1971.

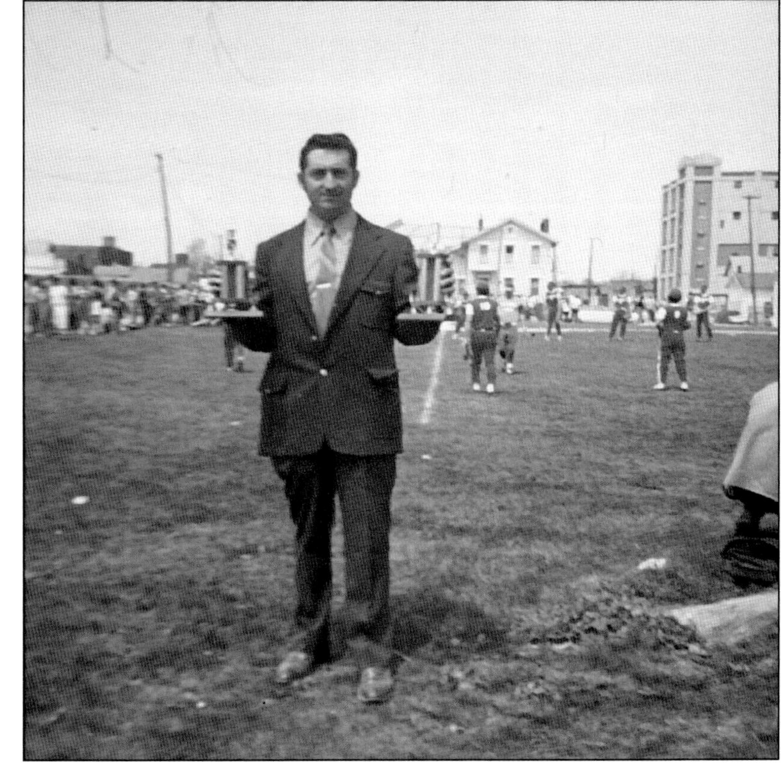

Organizer of the Roberto Clemente League, Wilfredo Villarrubia gets ready to hand out trophies in 1971. (RMV.) Wilfredo Villarrubia, organizador de la Liga Roberto Clemente se prepara para entregar los trofeos en 1971.

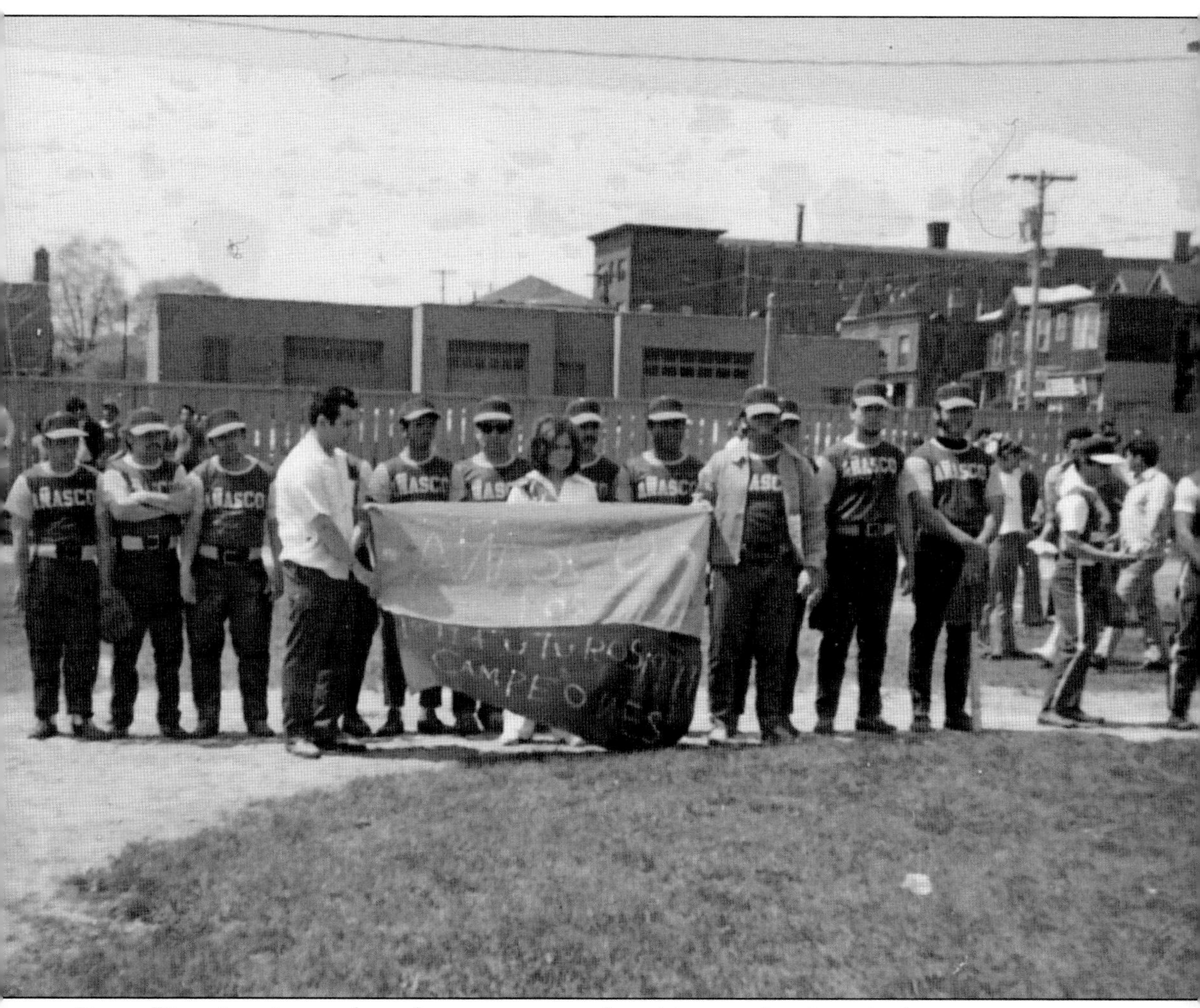

Puerto Rican immigrants from the same town, such as Añasco, often organized teams to represent their hometown. (RMV.)
Inmigrantes puertorriqueños de las mismas ciudades, como Añasco, organizaban equipos para representar a su ciudad natal.

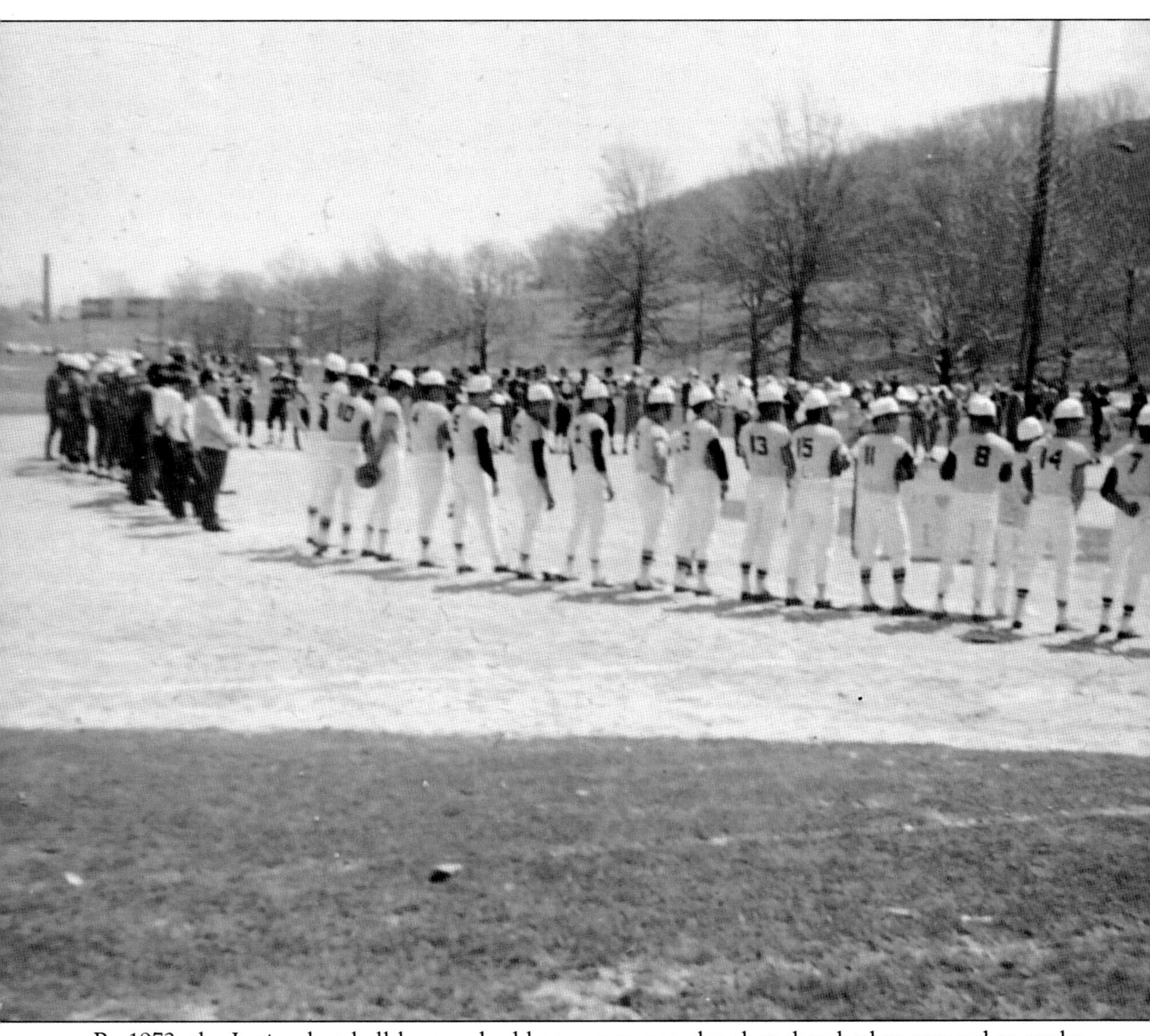

By 1972, the Latino baseball leagues had become so popular that they had to expand to parks outside the traditional neighborhoods. This game was being played at Cobbs Hill Park on the corner of Culver Road and Monroe Avenue. (RMV.)

En 1972, las ligas de béisbol latinas se habían vuelto tan popular que tuvieron que extenderse a parques fuera de los barrios latinos. Este juego se organizo en el Cobbs Hill Park en la esquina de la calle Culver y la avenida Monroe.

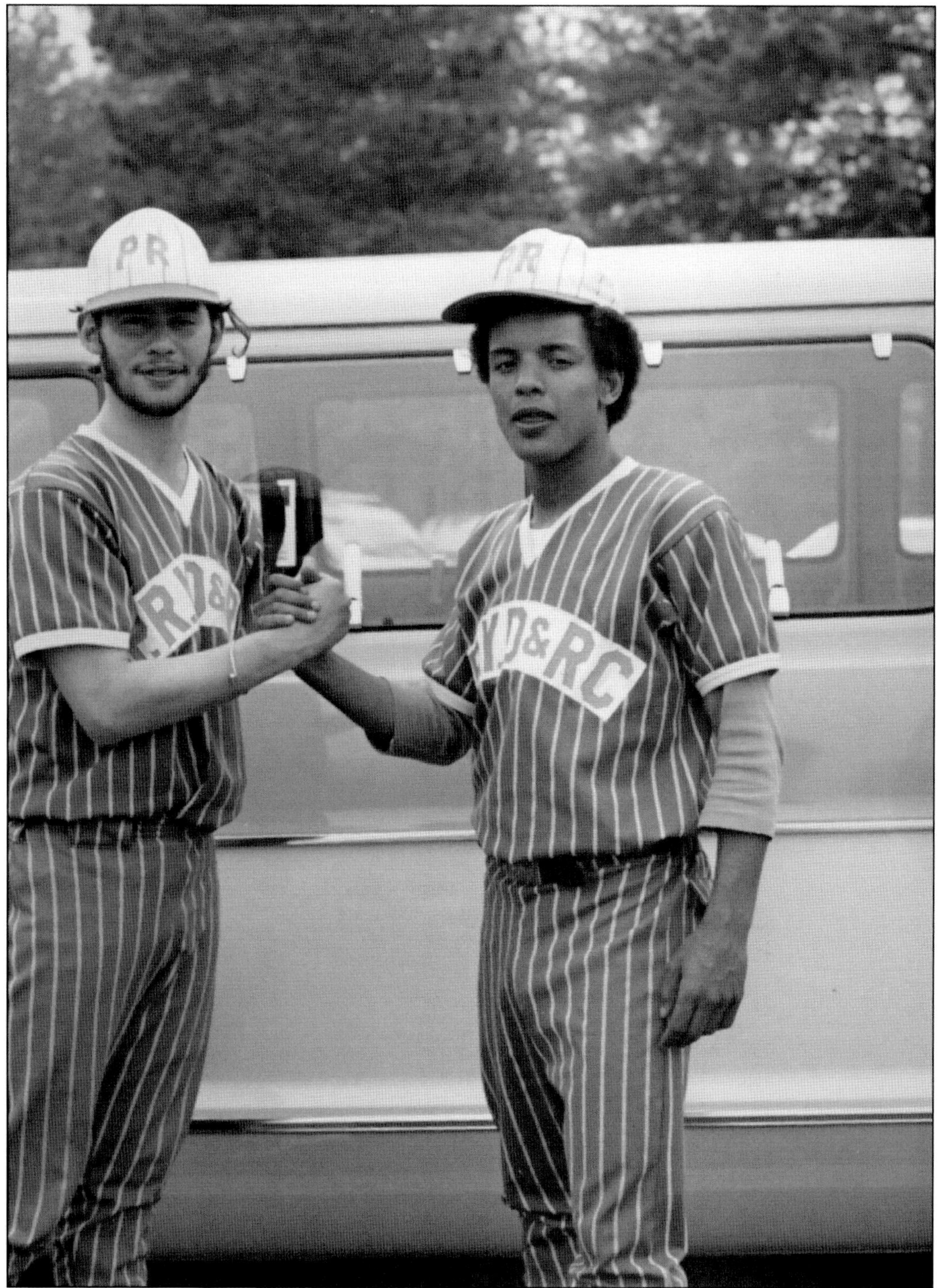

In the summer of 1973, Charlie Ortiz and "Chicken" Quiñones play in the Puerto Rican Youth Development Catholic Youth Organization (CYO) baseball league. (GPB.)
En el verano de 1973, Charlie Ortiz y "Chicken" Quiñones jugaban en la liga de béisbol del Puerto Rican Youth Development y el Catholic Youth Organization (CYO).

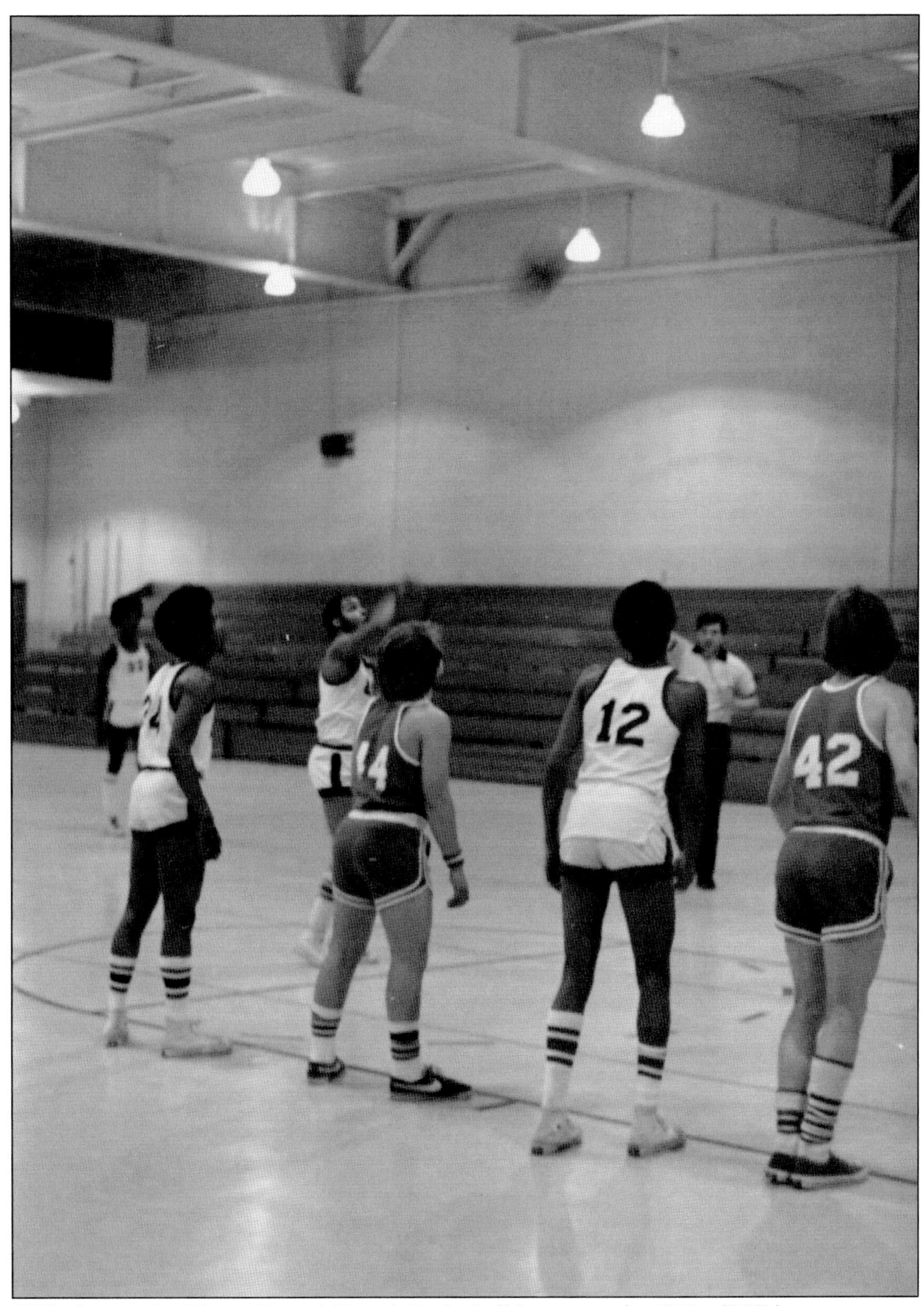

CYO also ran the Mount Carmel Church Basketball League in the 1970s. (GPB.)
CYO también dirigió la liga de baloncesto de la Iglesia Monte Carmelo en la década de los 1970s.

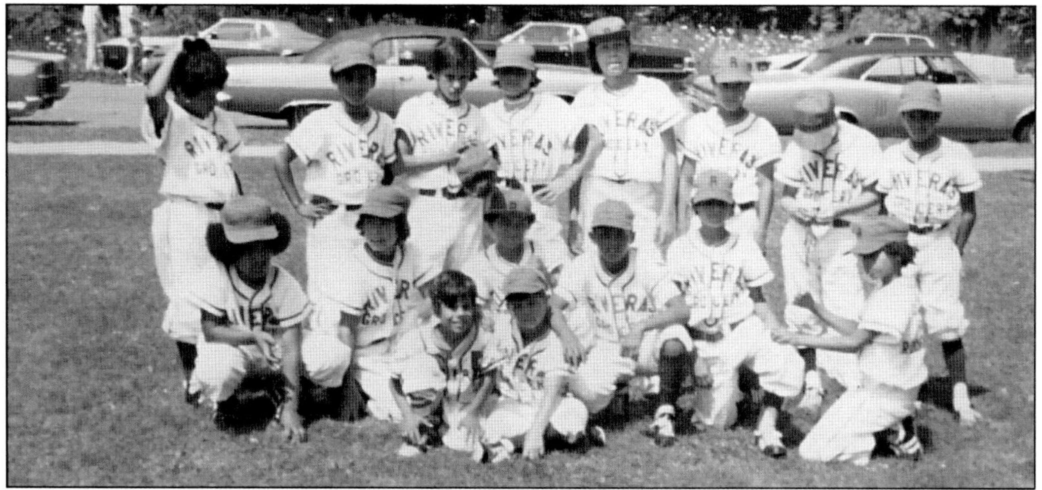

Local Latino businesses like Rivera's Grocery sponsored the teams and brought food and drinks for the kids after the games, like this one shown in 1974. (PN.)
Negocios locales latinos como Rivera's Grocery, patrocinaba los equipos y regalaba comida y bebidas para los niños después de los juegos, como este que se muestra en el año 1974.

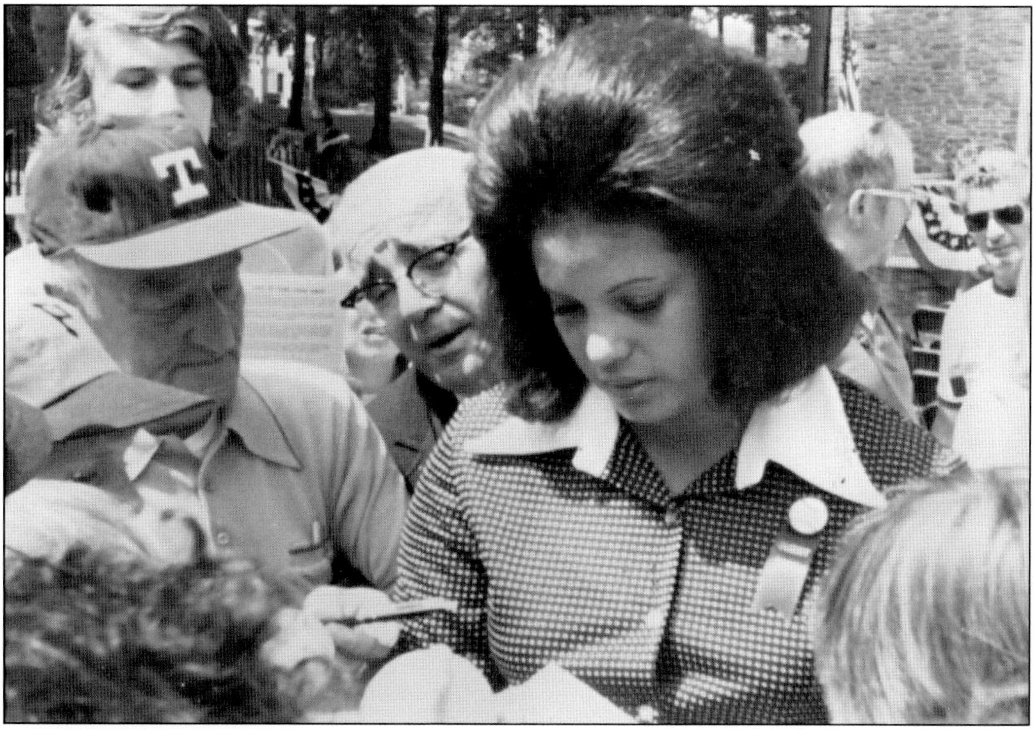

Organizer Pedro Nuñez took the kids of the Roberto Clemente League to see Roberto Clemente's posthumous induction into the Baseball Hall of Fame in Cooperstown, New York, in 1974. In this historical photograph, Roberto Clemente's widow, Aida, talks to reporters. (PN.)
El organizador Pedro Núñez llevó a los niños de la Liga Roberto Clemente para ver la inducción póstuma de Roberto Clemente en el Salón de la Fama del Béisbol en Cooperstown, Nueva York, en 1974. En esta fotografía histórica, la viuda de Roberto Clemente, Aida, habla con los periodistas.

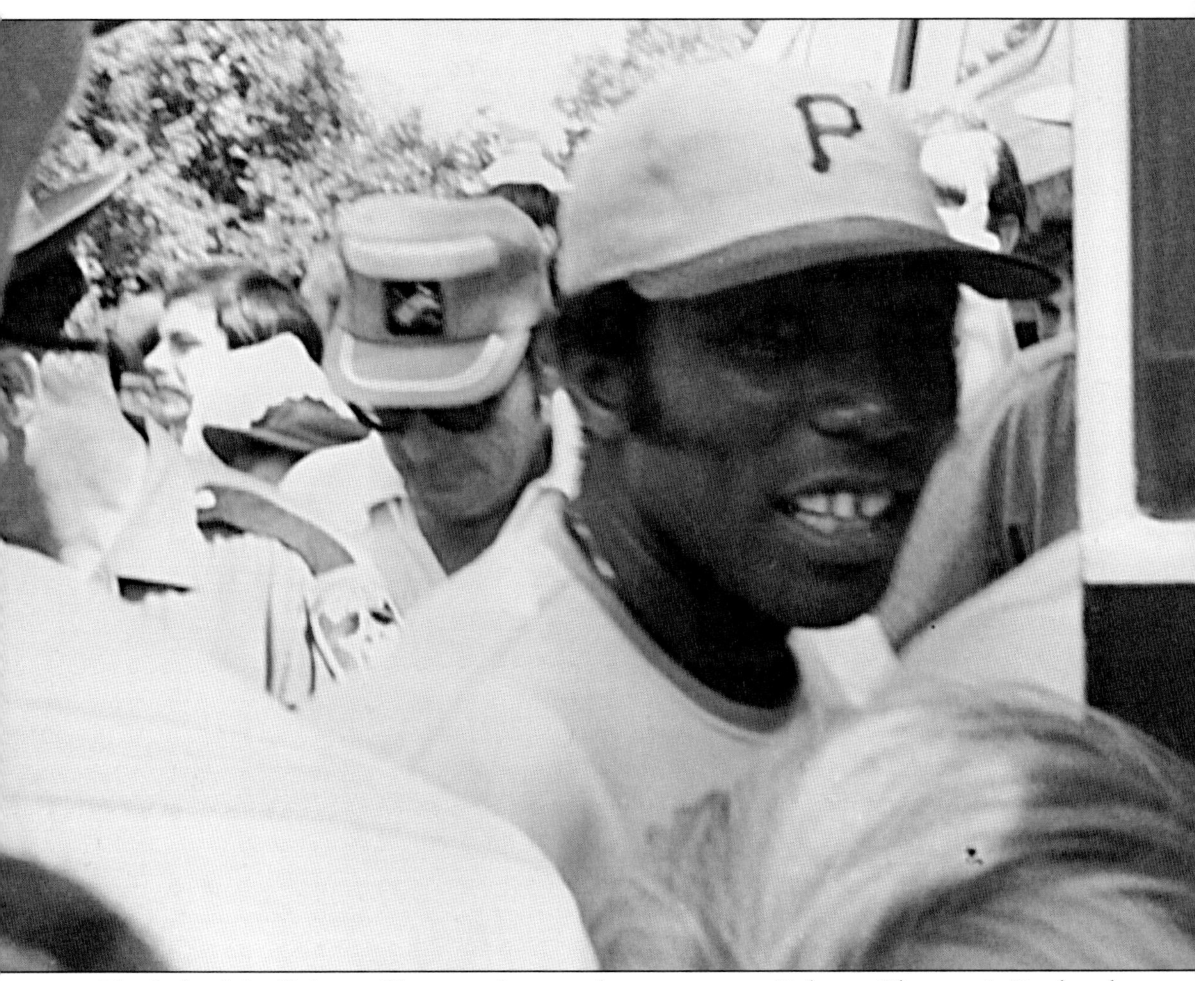

The kids of the Roberto Clemente League also got to meet Roberto Clemente's Pittsburgh Pirates teammate Panamanian Manny Sanguillén and watch the Pirates play an exhibition game. (PN.)
Los chicos de la Liga Roberto Clemente también pudieron conocer al panameño Manny Sanguillén, compañero de equipo de Roberto Clemente en los Piratas de Pittsburgh y ver a los Piratas jugar un partido de exhibición.

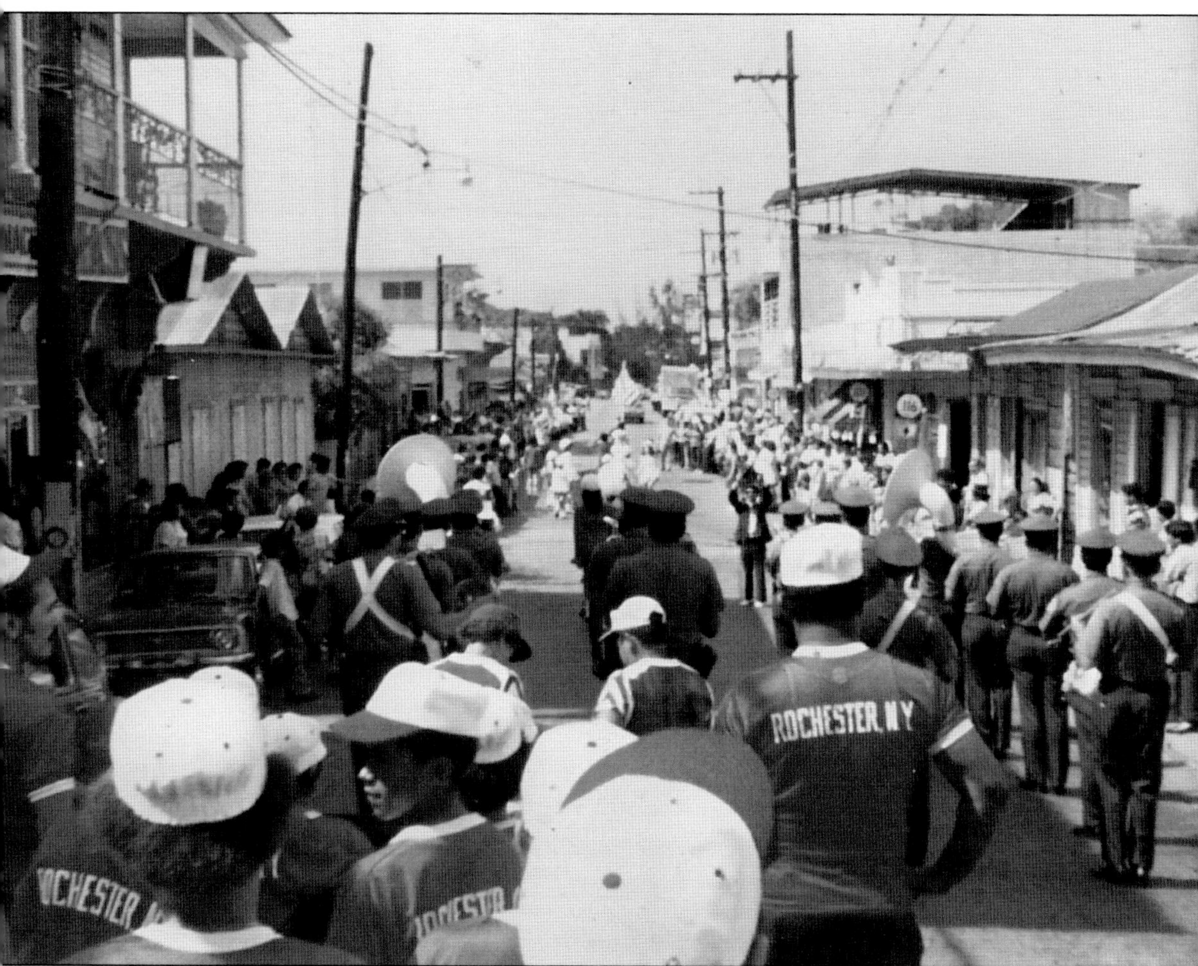

In 1974, several of the teams from the Roberto Clemente League traveled to Lajas, Puerto Rico, to play in a tournament. The team was met with a large parade that included bands and teams from other Puerto Rican communities on the mainland. (PN.)
En 1974, varios de los equipos de la Liga Roberto Clemente viajaron a Lajas, Puerto Rico, para jugar en un torneo. Los equipos fueron recibidos con un gran desfile que incluyó equipos de otras comunidades puertorriqueñas en los Estados Unidos.

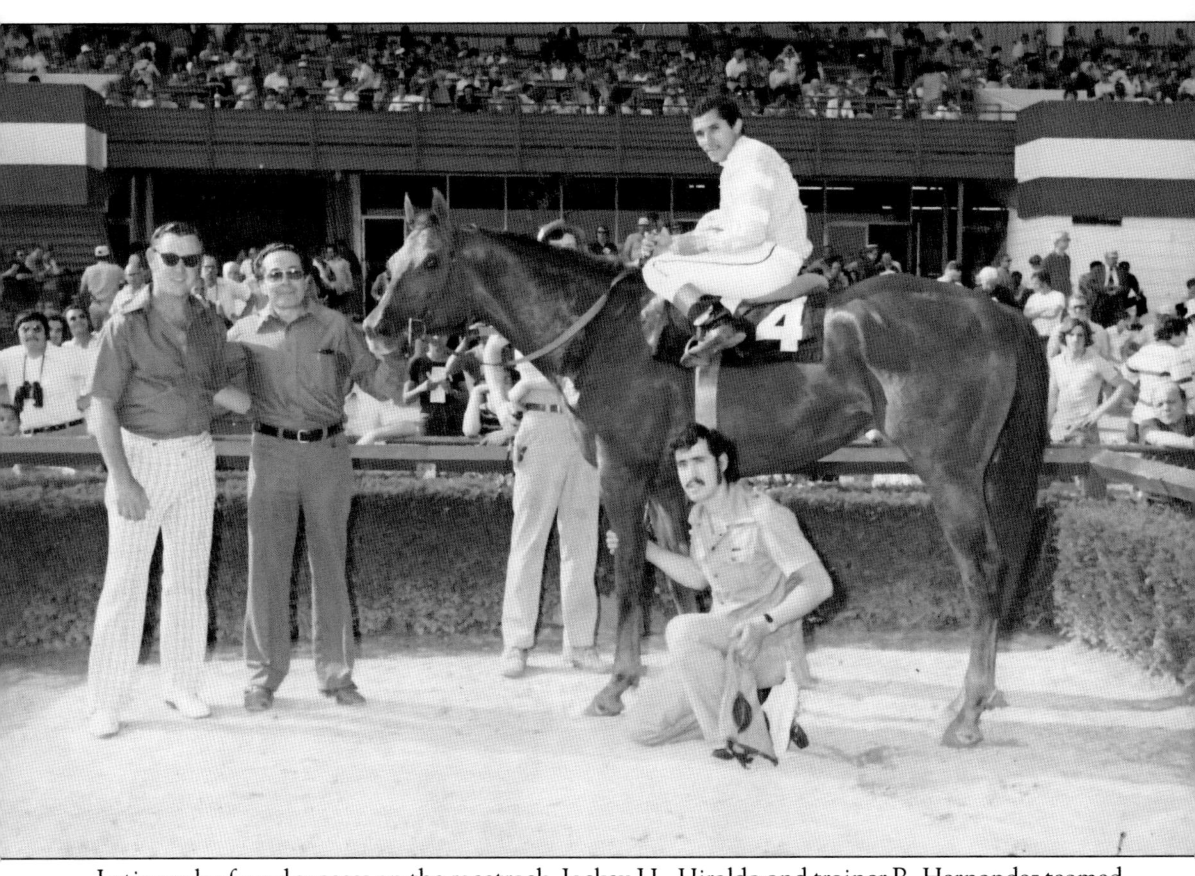

Latinos also found success on the racetrack. Jockey J.L. Hiraldo and trainer R. Hernandez teamed up to win this race at Finger Lakes Track on July 5, 1976. (PF.)
Los Latinos también encontrarón el éxito en las carreras de caballo. El jinete J.L. Hiraldo y el entrenador R. Hernández se unieron para ganar esta carrera en el hipódromo de los Finger Lakes el 5 de julio de 1976.

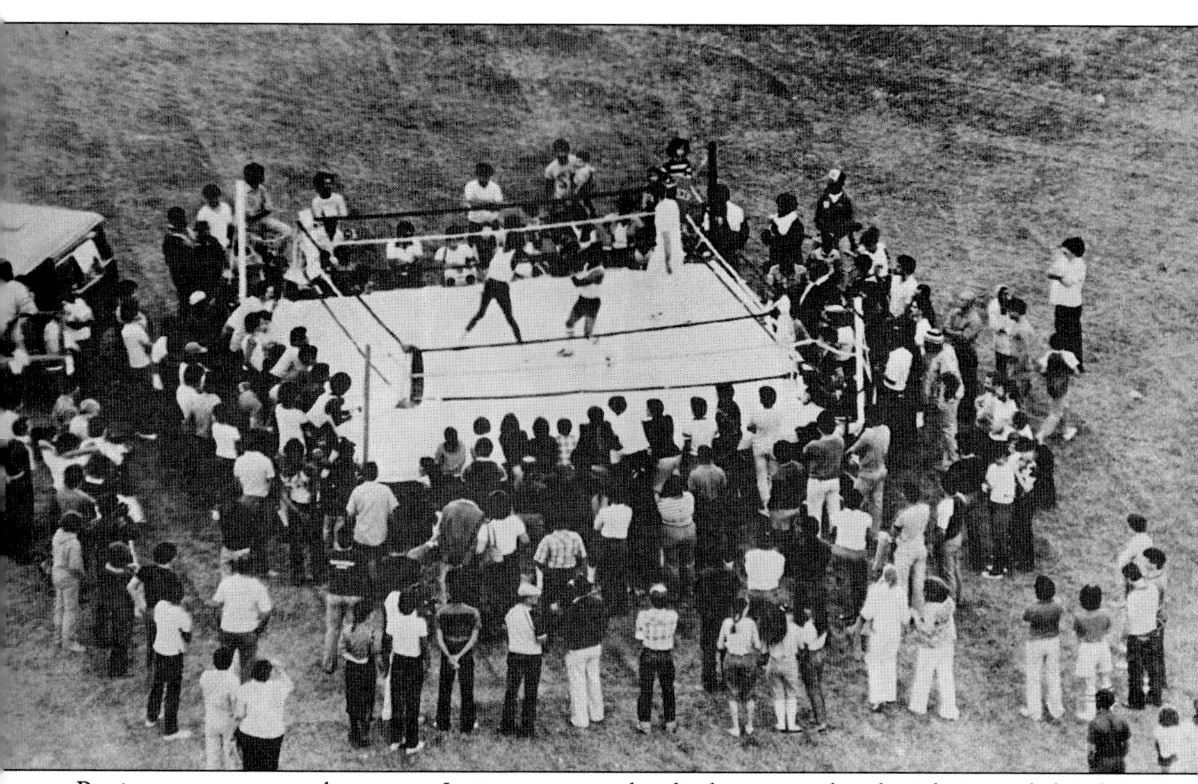

Boxing was very popular among Latinos, as seen by the large crowd gathered to watch local fighters at this ring in Samuel Torres Park in 1982. (GF.)
El boxeo era muy popular entre los latinos, como se ha visto por la gran multitud que se reunió en 1982 para ver los combatientes locales en el parque Samuel Torres.

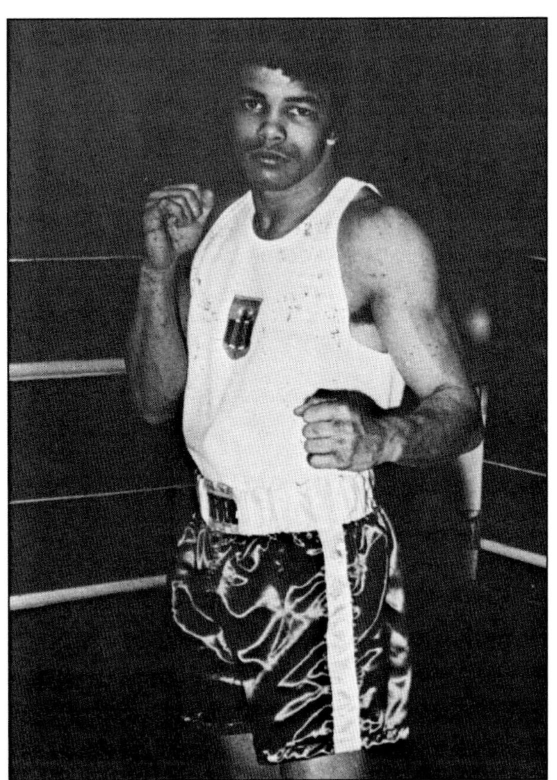

Pablo de Jesus, a local Puerto Rican boxer, was the Police Athletic League 165-pound champion in 1978 and went on to become an Olympic trial qualifier. (GF). Pablo de Jesús fue un boxeador puertorriqueño local que fue campeón del peso de1 65 libras en el Police Athletic League en 1978 y se logro ser invitado a las clasificaciónes olímpicas.

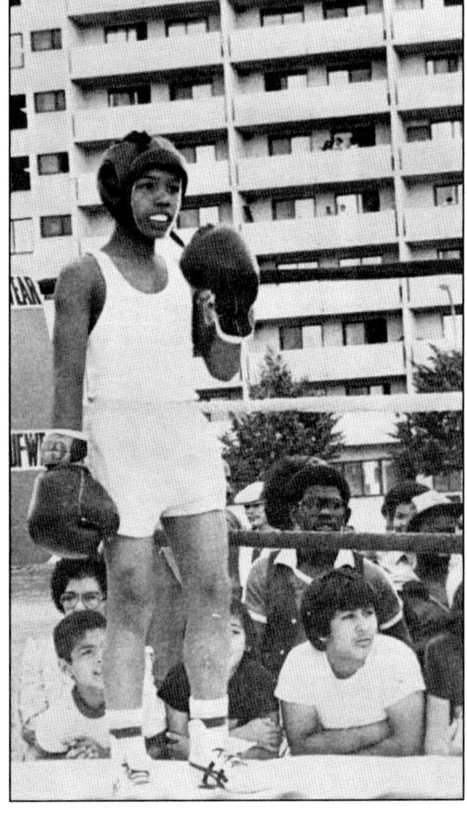

Many youth got their start in boxing in local clubs at fights like this one, held during the 1982 Puerto Rican Festival. (GF.) Muchos jóvenes lograron su comienzo en el boxeo en clubes locales y en peleas como esta organizada en el Festival Puertorriqueño en 1982.

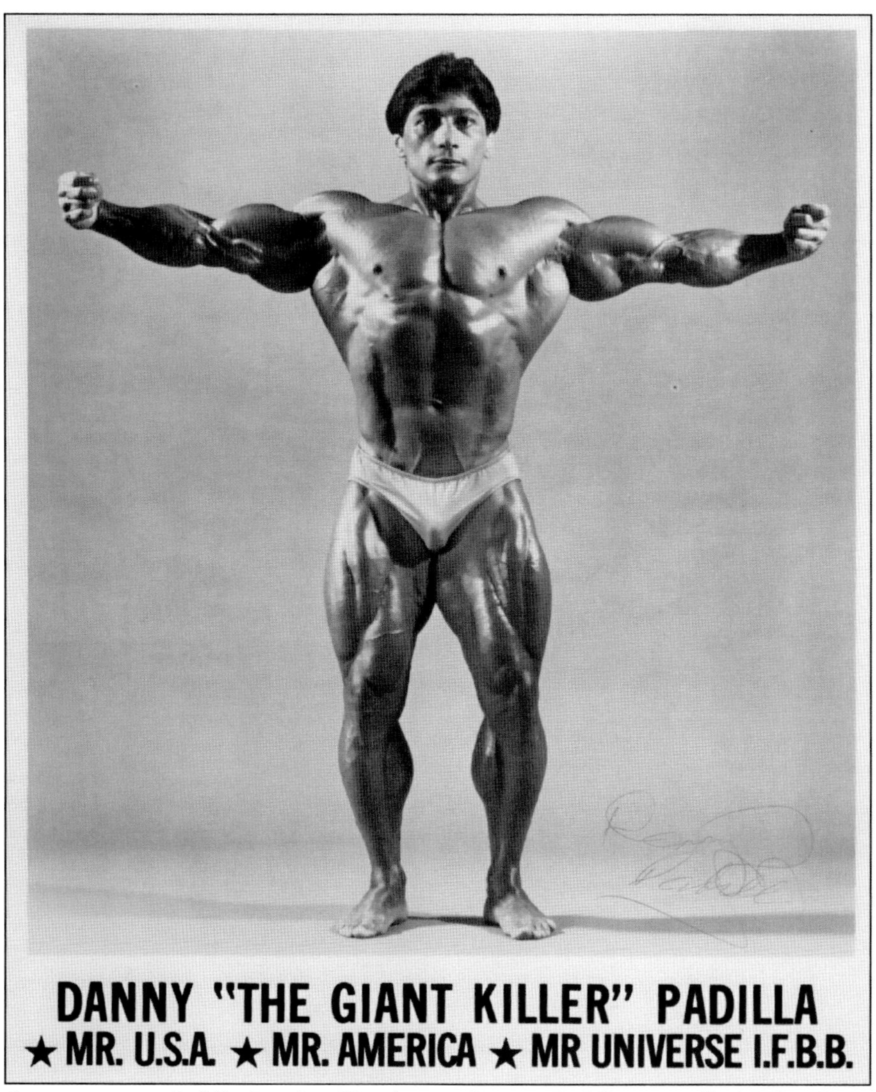

Part of the pioneering Padilla family of Rochester, Danny Padilla was called "The Giant Killer" because of his short stature and reputation for beating much taller competitors. Padilla burst onto the national scene by winning the International Federation of Bodybuilders (IFBB) Mr. USA competition in 1975. He was then invited by Joe Weider to train in California and became close friends with Arnold Schwarzenegger. He also appeared in Schwarzenegger's legendary film *Pumping Iron*. Padilla went on to win several more international titles, including the IFBB Mr. Universe (lightweight division) in 1977. He was inducted into Joe Weider's IFBB Bodybuilding Hall of Fame in 2009. (PF.)

Parte de la familia pionera Padilla de Rochester, Danny Padilla fue llamado "El Asesino de Gigantes" debido a su baja estatura y la reputación por vencer a competidores mucho más altos. Padilla fue lanzado a la escena nacional al ganar la competencia International Federation of Bodybuilders (IFBB) Mr. USA en 1975. Él fue invitado por Joe Weider para entrenar en California y comenzó en una estrecha amistad con Arnold Schwarzenegger. También apareció en la legendaria película de Schwarzenegger, *Pumping Iron*. Padilla ganó más títulos internacionales, entre ellos el Mr. Universo IFBB (división de peso ligero) en 1977. Fue incluído en el Joe Weider IFBB Salón de la Fama de Culturismo en 2009.

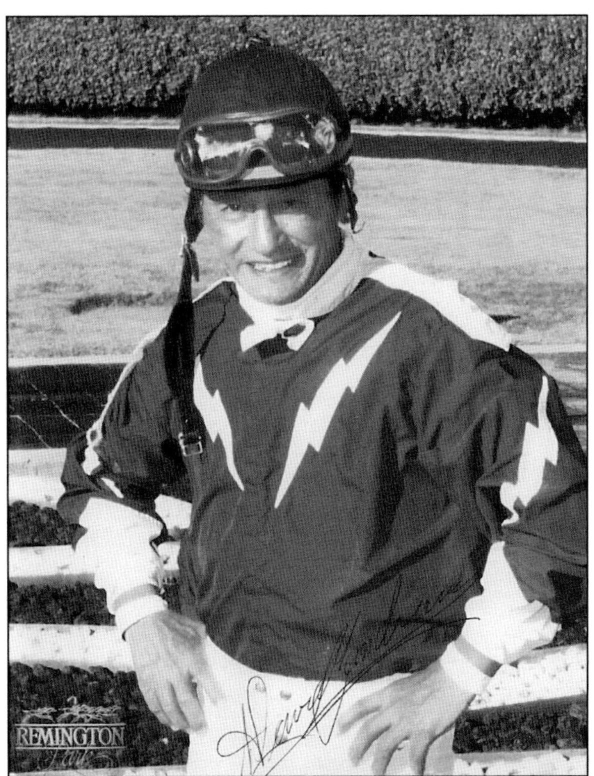

Puerto Rican David Zambrana of Rochester became a popular horse-racing jockey in the 1970s and 1980s while racing at nearby Finger Lakes Racetrack. (PF.)
El puertorriqueño David Zambrana de Rochester se convirtió en un popular jinete de carreras de caballo en las decadas de los 1970s y 1980s, al competir en el hipódromo cercano en Finger Lakes.

Future Major League Baseball star Dennis Martínez played for the Rochester Redwings in the early 1970s at old Silver Stadium on Norton Street. The Nicaraguan pitcher was known as "El Presidente." (RCB.)
Futura estrella de las grandes ligas de béisbol, Dennis Martínez, jugó para los Redwings de Rochester en la década del los 1970s en el viejo Silver Stadium en la calle Norton. El lanzador Nicaragüense fue conocido como "El Presidente." (RCB.)

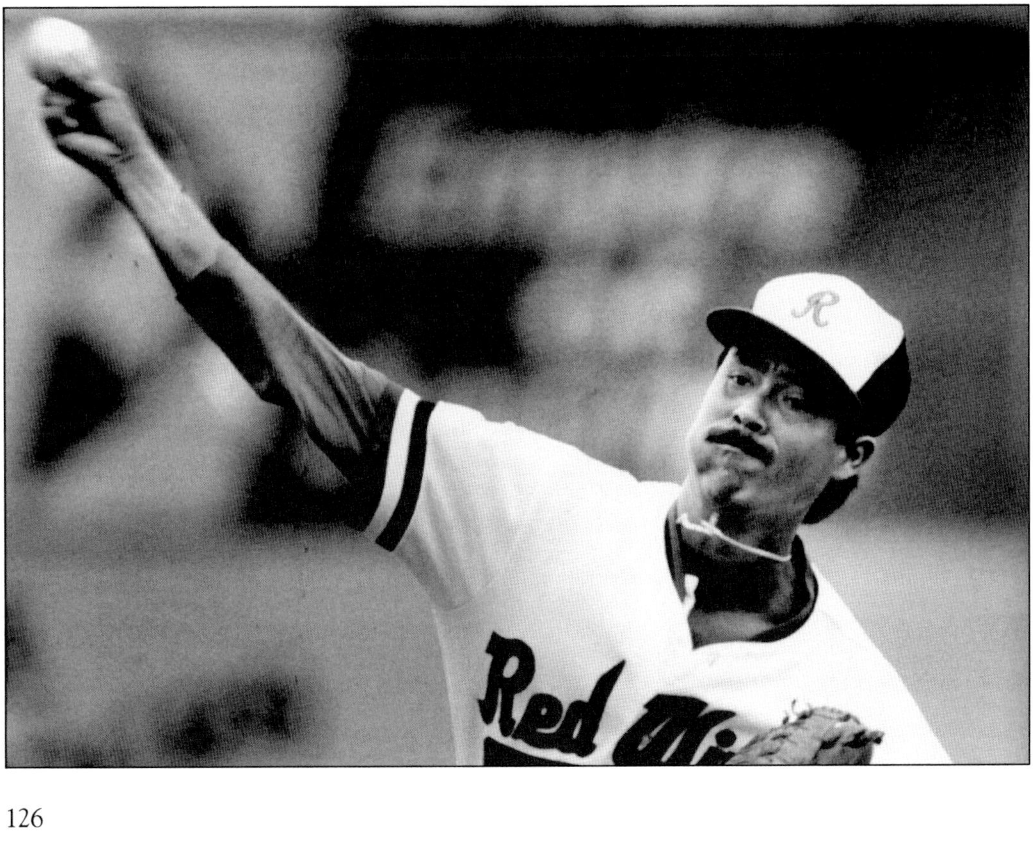

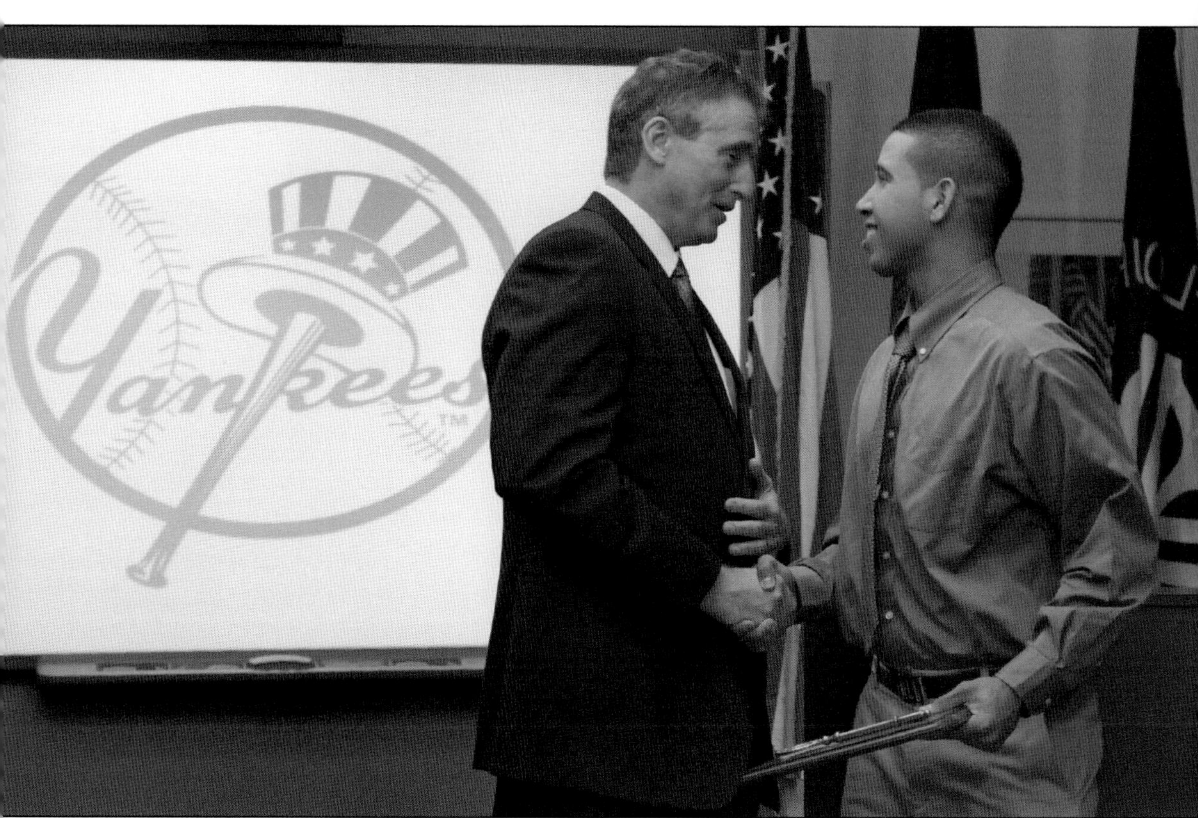

The New York Yankees' first-round pick, Chris "Cito" Culver, was given the key to the City of Rochester by Mayor Robert Duffy on September 20, 2010. Culver became the first Rochester-area baseball prospect ever taken in the first round of the Major League Baseball draft. (D&C.) Chris "Cito" Culver fue escogido en la primera ronda por los Yankees de Nueva York, y recibió la llave de la Ciudad de Rochester por el alcalde Robert Duffy, el 20 de septiembre de 2010. Culver se convirtió en el primer jugador del área de Rochester en ser selecionado en la primera ronda para jugar en las grandes ligas de béisbal.